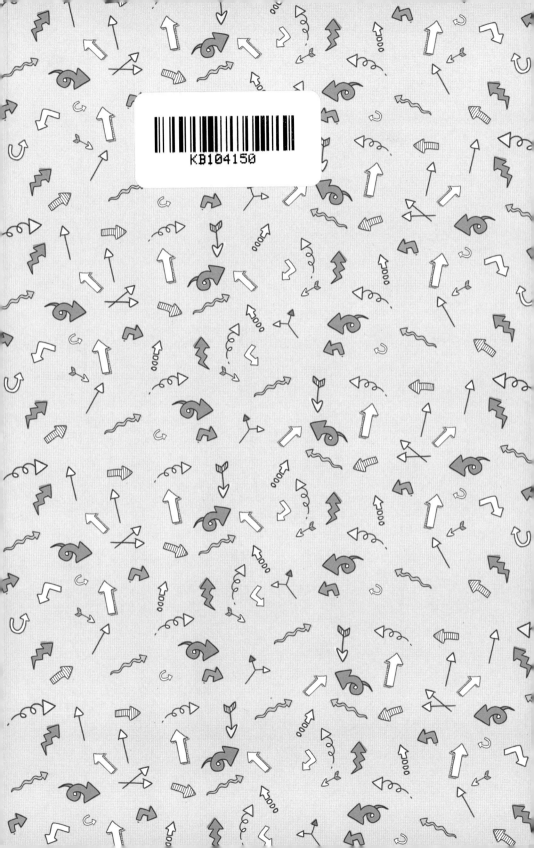

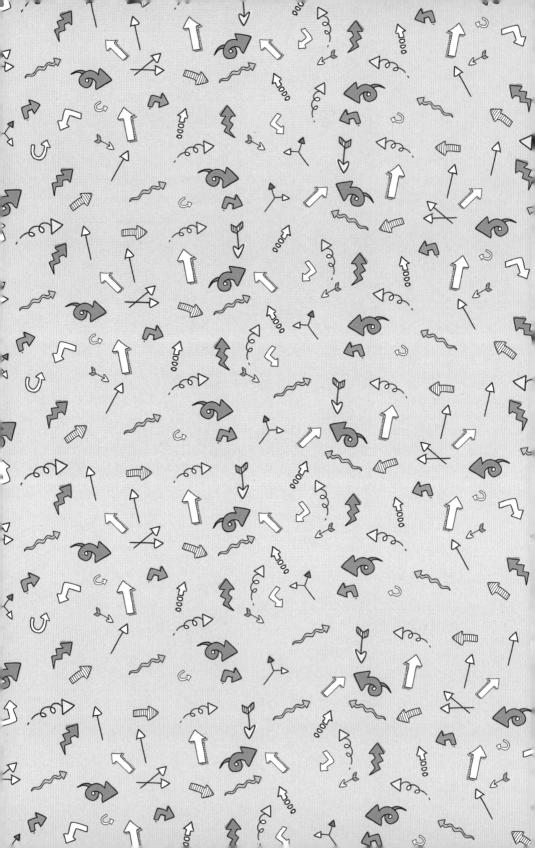

고교학점제란 무엇인가?

학교 교육의 성공적 진화를 위한 플랫폼

고교학점제란
무엇인가?

발행일	2019년 02월 01일 초판 1쇄 발행
	2021년 08월 20일 초판 7쇄 발행
지은이	김성천, 민일홍, 정미라
발행인	방득일
편 집	박현주, 허현정, 문지영
디자인	강수경
마케팅	김지훈

발행처	맘에드림
주 소	서울시 도봉구 노해로 379 대성빌딩 902호
전 화	02-2269-0425
팩 스	02-2269-0426
e-mail	momdreampub@naver.com

ISBN 979-11-89404-09-3 93370

학교 교육의 성공적 진화를 위한 플랫폼

고교학점제란 무엇인가?

김성천 · 민일홍 · 정미라 지음

맘에드림

학교 교육, 교육과정 중심으로 진화하라!

우리나라의 고등학교 교육과정은 '포드주의' 시스템으로 봐도 과언이 아닙니다. 학창시절에 우리들 대부분은 문과와 이과로 이분화된 교육과정을 경험했습니다. 즉 우리나라 교육은 아주 오랫동안 수학을 못하면 문과, 잘하면 이과라는 지극히 단순한 도식에 따라 이분화된 교육과정에 맞춰 아이들을 우겨 넣어왔던 거죠. 교육계 종사자로서 참으로 미안한 마음이 들 뿐입니다.

새로운 세상이 요구하는 미래교육 담론의 핵심, 고교학점제

학생은 많고 교사는 부족하던 시절에는 아마도 그러한 방식이 최선이었을지 모릅니다. 하지만 시대가 바뀌었습니다. 획일화된 교육과정에 맞춰 표준화된 인재를 찍어내듯 양산하던 교육 방식으로는 미래사회가 요구하는 역량들을 키워낼 수 없는 게 현실입니다. 오늘날에는 학급당 학생 수가 계속해서 줄고 있으며, 학생 각자의 적성에 맞는 진로교육의 중요성이 대두되고 있습니다. 한때

출신대학이 40년의 삶을 좌우한다며 전공은 무시한 채 오로지 대학 간판만을 따지던 시절도 있었지만, 어느덧 고리타분한 이야기가 되고 말았습니다. 미래사회가 요구하는 인재상이 바뀌고, 다양화됨에 따라 교육도 학습자 개개인의 특성에 맞는 개별화·맞춤형 교육으로 전환해야 한다는 목소리가 점점 더 힘을 얻어가고 있는 것입니다.

한마디로 세간에는 근대주의 교육을 깨고, 미래교육으로 나아가야 한다는 담론이 무성합니다. 표준화·획일화 교육을 바꾸자는 목소리가 하루가 다르게 점점 더 거세지고 있습니다. 미래교육 담론의 핵심이 바로 그것입니다. 하지만 진짜 문제는 담론을 넘어 어떻게 실천할 것인가에 달려 있지 않을까요? 필자들은 그 해법 중 하나로서 **고교학점제**에 주목합니다. 그런데 어찌된 일인지 고교학점제를 두 손 들어 열렬히 환영하는 사람들은 별로 보이지 않는 것 같습니다. 대체 왜 그럴까요? 아마도 고교학점제는 마치 나비효과처럼 향후 그 파장과 여파가 어디까지 미칠지 섣불리 예상하기가 어렵기 때문일 것입니다.

고교학점제는 단순히 학교 교육과정의 일부를 바꾸거나 교과목 일부를 신설하는 수준을 넘어섭니다. '좋은 학교란 무엇인가?', '졸업기준은 어떠해야 하는가?', '학점제에 맞는 시설은 무엇인가?', '고교학점제에 맞는 대입체제는 무엇인가?', '교원양성 시스템은 어떠해야 하는가?', '학교와 지역 간 교육과정 연계는 불가능한가?', '내신 절대평가를 위한 길은 무엇인가?', '책임교육을 어떻게 실현할 것인가?', '교육부와 교육청은 무엇을 해야 하는가' 등등에 관한 근본적인 질문을 던지고 있으며, 아울러 우리에게 구체적 실행을 요구하니까요.

이렇듯 고교학점제를 생각해보면 해결해야 할 과제들이 한두 가지가 아닙니다. 이 책은 바로 그러한 과제들에 관한 이야기를 담았습니다. 골치 아픈 과제들에 대해 머리를 싸매고 고민하다 보면 "에잇, 그냥 익숙한 예전 방식으로 하자!"는 이야기가 절로 튀어나올지도 모릅니다. 편안한 타율의 길을 갈 것인가, 아니면 조금 불편한 자율의 길을 갈 것인가? 우리는 바로 그 기로에 서 있는 것입니다.

특히나 고교학점제는 많은 현장의 교사들을 불편하게 만들 것입니다. 고교학점제는 단위학교와 교사들의 교육과정, 수업, 평가에 관한 권한을 일정하게 확장시켜주는 효과도 있지만, 선택 영역이 커지는 만큼 교육과정의 불안정성이 커질 테니 교사들을 지금보다 불편하게 만들 가능성과 개연성이 있으니까요. 그렇기 때문에 필자들은 이 책을 통해 지원 시스템을 함께 구축하는 노력이 얼마나 절실히 필요한지를 역설합니다.

고교학점제의 실현을 위한 필수요건, 정책과 실천의 만남

고교학점제는 어느 날 갑자기 하늘에서 뚝 떨어진 개념은 아닙니다. 우리 교육과정의 역사를 돌아보면 이미 고교학점제의 요소가 곳곳에 숨어 있고, 고교학점제를 향한 진화의 과정을 충분히 확인할 수 있습니다. 게다가 이미 현장에서는 일종의 준학점제 요소가 작동하고 있습니다. 단지 우리가 체감하지 못하고 있을 뿐이죠. 이에 필자들은 이 책에서 고교학점제와 관련된 모든 쟁점과 문제의식들을 담아내고자 노력하였습니다.

> '누가 고교학점제는 반대하고 찬성하는가? 또 그 이유는 무엇인가?', '교육과정 개편의 역사에서는 고교학점제 요소가 어디에 어떻게 반영되어 있는가?', '해외 선진국의 고교학점제는 어쩐지 우리의 교육과정과는 철학과 작동 방식, 문화 등에서 질적 차이가 있는 것 같은데, 그들의 학점제는 어떤 특성을 가지고 있고 또 우리에게는 어떤 시사점을 주는가?' '우리나라에서 이미 (준)고교학점제를 운영하는 학교들이 있는데, 그 특성은 무엇이고 우리에게 어떤 시사점을 주는가?', '왜 그들은 어려운 길을 걷고 있는가?', '우리는 앞으로 무엇을 해야 하고, 또 어떻게 준비해야 하는가?'

우리 필자들은 이와 같은 수많은 질문들을 설정하고, 그 답을 찾기 위해 고민했습니다. 변화는 **정책**과 **실천**이 함께 만남으로써 이루어집니다. 우리 교육 현장에서는 이미 오래전부터 수업과 교육과정, 평가를 바꾸기 위한 노력이 지속되어왔습니다. 그렇습니다. 혁신교육의 승부처는 교육과정-수업-평가 영역에서 이루어집니다. 그리고 이 노력은 고교학점제라는 정책 환경을 만날 때 더 활짝 꽃피울 수 있습니다.

학생 중심, 현장 중심, 미래교육이 중요하다는 이야기들은 많이 하고 있는데, 구체적으로 우리가 무엇을 해보자는 것인지에 관한 실천적 담론은 다소 부족해 보였던 게 사실입니다. 정책관계자들은 현장이 움직이지 않는다고 푸념하고, 현장에 있는 분들은 정책과 제도가 바뀌지 않는데 무슨 소용이 있냐며 투덜거립니다. 하지만 이렇게 서로를 탓하기만 해서는 나아갈 수 없습니다. 서로를 탓하기 전에 함께 움직여야 합니다. 담론을 넘어 실천으로, 실천을 통한 제도와 정책 변화를, 제도와 정책이 다시 실천을 강화시키는 **교육과정의 선순환체제**를 꿈꾸어보면 어떨까요?

무더운 여름날, 수업 내용을 알아듣지 못하면서도 어쩔 수 없이 책상 앞에 앉아 있어야 하는 우리 학생들을 생각하면서 필자들은 이 책을 집필하였습니다. 그 학생들은 어찌 보면 과거 우리의 모습이었고, 우리가 만나고 있는 제자들일 수도 있으며, 또 내 자식일 수도 있습니다. 그렇기 때문에 학생 개인의 문제로 국한해서 볼 게 아니라, 시스템의 문제로 봐야 하는 것입니다. 그리고 그 시스템을 해결하는 방법 중 하나가 바로 고교학점제입니다.

미래교육으로 도약하기 위한 첫 번째 플랫폼

물론, 고교학점제가 우리 교육의 제문제를 모두 해결해줄 만능열쇠라는 뜻은 아닙니다. 그렇지만 최소한 미래교육으로 도약하기 위한 첫 번째 플랫폼이 되어줄 것입니다. 고교학점제의 정신은 고등학교를 넘어 중학교와 초등학교로도 확장되어야 합니다. 적어도 단위학교별로 교과목을 개설할 수 있는 권한, 그것을 감당할 수 있는 교원의 자율성이 보장되어야 합니다. 그리고 좋은 교육과정이 무엇인지를 함께 치열하게 논의할 수 있는 학교와 지역 공동체의 숨결이 함께 작동해야 합니다. 즉 **교육과정 거버넌스**를 모색해야 할 시점에 이른 거죠.

이 책을 집필하는 데 인터뷰와 자료를 기꺼이 제공해주신 많은 분들께 진심으로 감사드립니다. 동시에 교육정책디자인연구소에서는 고교학점제를 주제로 몇 차례의 정기모임을 가졌는데, 그 과정에서 이 책의 문제의식과 아이디어들을 많이 얻을 수 있었습니다. 교육정책디자인연구소 선생님들에게 감사드립니다. 고교학점제를 고민하는 데 관련 선행연구를 진행했던 한국교육과정평가원 이광우 박사, 경기도교육청 주주자 장학사(전, 경기도교육연구원 연구사). 서울시교육연구정보원 김정빈 박사님께 특별히 감사의 말씀을 전하고 싶습니다. 고교학점제의 가치와 철학을 지지하는 이 땅의 학생과 학부모, 교원, 정책 전문가들에게 이 책을 바칩니다.

필자들을 대표하여 김성천 드림

차 례

CHAPTER 01

왜
고교학점제인가?

교육 백년대계를 위한 진화의 플랫폼

CHAPTER 04
공동교육과정 중심의
준고교학점제 운영과 성과
우리나라의 사례분석 1

CHAPTER 05

고교학점제를 실시하고 있는
우리나라 학교들

우리나라의 사례분석 2

CHAPTER 06

고교학점제,
어떻게 디자인할 것인가?

학점제가 나아가야 할 올바른 방향

CHAPTER 01

왜
고교학점제인가?

교육 백년대계를 위한 진화의 플랫폼

교육은 백년지대계(百年之大計)라는 말이 있다. 이 말은 곧 교육에 대해서는 단기적인 해결책에 연연하기보다는 장기적인 안목에서 큰 그림을 그릴 필요가 있다는 뜻이다. 2018년 8월 2022학년도 대입개편안이 발표되었다. 현장의 교사들은 물론 학부모들까지 여기저기에서 볼멘소리가 들려온다. 각자의 상황에 따라 저마다 입장이 다른 탓이다. 하지만 이해관계가 제각각인 사람들의 요구를 모두 만족시키기란 어렵다. 그보다는 장기적으로 보았을 때 어떤 방향이 최선인가를 고민해야 할 때가 아닐까? 고교학점제는 그러한 관점에서 볼 때 우리가 매우 의미 있게 주목해야 할 제도이다. 어쩌면 대학 입시에 종속되어 있는 우리나라 고등학교 교육을 정상화하기 위한 최선의 선택이 될지도 모른다.

교육계 종사자이거나 관심을 갖지 않은 이상, 아마 2022년도 대입개편안이 발표되면서 **고교학점제**라는 용어를 접한 분들도 있을 것이다. 그만큼 '고교학점제'라는 용어는 아직 우리에게 다소 생소한 것이 사실이다. 혹시 대학교처럼 고등학교 수업을 운영하겠다는 의미일까? 아니면 선진국의 고등학교처럼 운영하겠다는 의미일까? 고교학점제가 문재인 정부의 국정과제라는데, 굳이 이것을 채택한 이유는 무엇일까? 현장은 준비가 되어 있는가? 교사들은 고교학점제를 정말 원하는가? 혹시 흉내만 내다가 끝나는 건 아닐까? 이 모든 질문에 대해 현재로서는 확실히 대답하기 어렵다. 아직 가보지 않은 길이기 때문이다. 또한 고교학점제의 의미와 논의는 중층과 복합 요인을 지니고 있으므로 어느 한 가지 정답을 제시하기도 어렵다. "고교학점제란 무엇인가?"라는 질문에 대해 교육부 홍보자료에서는 다음과 같이 정의하고 있다.

> "고교학점제는 학생 개개인의 진로와 적성에 따라 교과목을 스스로 선택하여 이수하고, 누적학점이 일정 기준에 도달하면 졸업하는 제도"

사실 진로나 진학의 경로는 학생들마다 다양한데, 현 교육체계 안에서는 이러한 다양성이 제대로 충족되지 못하고 있는 게 현실이다. 이에 "학생들마다 다양한 경로를 촉진할 수 있도록 학교 안팎으로 다양한 교과목을 개설하고, 학생의 선택권을 실질적으로 보장하면서 진급 내지는 졸업에 필요한 학점을 이수하는 교육과정 시스템"으로 정의할 수 있을 것이다.

개념 정의를 이해했다고 해도, 아직까지는 과연 이러한 제도를 도입해야만 하는지 그 필요성에 대해서는 다소 모호할 것이라고 생각한다. 그래서 이제부터는 '고교학점제'가 왜 도입되어야 하는지를 설명하기 위해 어떤 관점에서 고교학점제를 바라보면 좋을지 이야기하려 한다.

01 책임교육의 관점에서 고교학점제를 바라보자

대부분의 일반고등학교 수학시간을 예로 들어보겠다. 솔직히 적지 않은 학생들이 교사가 가르치는 수업 내용을 제대로 따라가지 못하고 있는 게 현실이다. 이유 또한 제각각이다. 기초가 형성되지 않아서, 예습 복습을 하지 않아서, 선생님이 제대로 가르치지 못해서, 교육과정이 어려워서 혹은 수학에 흥미를 잃은 지 이미 오래라서 등등 학생들이 수업을 제대로 따라가지 못하는 이유는 매우 다양하다.

그런데 안타깝게도 이는 비단 수학만의 문제는 아니다. 수학을 포기한 수포자, 영어를 포기한 영포자 등은 이미 오래전부터 우리나라 교육이 골머리를 앓고 있는 고질병 중 하나다. 학창시절의 기억을 한번 떠올려보라. 나름 노력한다고 하는데, 특정 과목의 성적이 원하는 대로 나오지 않아서 마음 고생했던 기억을 여러분도 가지고 있을 것이다. 성적이 부진한 학생들에게 "그러니까 평소에 예습 복습을 철저히 하라고 했지!" 하고 질책할 수도 있다.

하지만 과연 이 모든 것을 오롯이 학생만의 문제로, 또 책임으로 규정할 수 있을까? 그러기엔 현재의 우리나라 교육체제는 여러 가지 면에서 허점을 드러내고 있다.

출석일수는 학생들의 성취수준을 담보할 수 없다

우리나라에서 학년 진급이나 졸업을 결정하는 핵심 변수는 출석일수이다. 「초·중등교육법 시행령」45조에서는 주 5일 수업을 실시하는 학교의 경우, "매 학년 190일 이상을 진급 및 졸업에 필요한 일수"로 규정하고 있다. 동 시행령 50조에서는 "학생의 각 학년 과정의 수료에 필요한 출석일수는 제45조의 규정에 의한 수업일수의 3분의 2 이상으로 한다."고 규정하고 있다.

이 말은 곧 출석일수만 채우면, 누구나 졸업할 수 있다는 뜻이다. 조금 과장해서 말하면 고등학생이 사칙연산을 못해도, 자기이름을 한자로 쓰지도 못하고, 알파벳이 뭔지 몰라도 졸업하는 데 아무런 문제가 없다는 뜻이다. 현장에서 교사들이 이러한 학생들을 수업에서 만나면 난감하면서도 안타깝다. '대체 어디서부터 손을 대야 하는가? 고등학생에게 초등학교와 중학교에서 배워야 할 내용을 가르쳐야 하는가?' 참으로 마음이 복잡해진다.

사실 이러한 심각한 학습결손은 공교육 시스템 안에서는 결코 일어나서는 안 되는 중대한 사건이다. 그럼에도 불구하고 이와 같은 엄청난 학습결손이 발생했을 때 현재로서는 누구 하나 책임질 사람이 없다. 필요한 출석일수의 1/3 이상만 결석하지 않으면 진급과 졸업이 가능한 이 희한한 시스템은 책임교육의 관점에서 볼 때 분명 치명적인 문제가 있다고 봐야 할 것이다. 적지 않은 나라에서 학점제를 운영하거나 졸업자격시험을 치르는 등으로 최소한의 **성취기준**을 제시하고 있다는 것과 비교할 때 참으로 대비가 되지 않을 수 없다.

이런 관점에서 보자면 현 교육체계 안에서는 공부를 못하는 책임은 오롯이 학생과 뒷바라지에 소홀한 학부모의 탓으로 돌리고 있는 셈이다. 하지만 이것이 과연 모든 학생의 교육을 담당하는 공교육기관이 내뱉을 수 있는 변명일까? 따라서 이제라도 교육과정에서 제시한 최소한의 성취기준을 도달하게 만들고 지원하는 시스템을 모색해야만 한다.

경쟁에서 뒤처진 학생들, 사실상 방치되다

현재 학교 현장에는 전혀 다른 두 가지 패턴으로 공교육의 비정상화 현상이 나타나고 있다. 우선 상위권 학생을 중심으로 나타나는 현상이다. 이른바 명문대학에 들어가기 위한 치열한 경쟁이 점점 더 걷잡을 수 없는 양상으로 진행되면서, 과열 현상이 나타나고 있다. 이러한 과열 현상과 정반대로, 최하위권 학생을 중심으로는 무관심과 방치 현상이 발생하고 있다. 교육에서 아예 소외되고 있는 것이다. 이는 과열 현상과는 정반대인 냉각 현상이라고 할 수 있다.

한쪽은 너무 뜨거워서 활활 타버릴 지경이고, 또 다른 한쪽은 너무 추워서 꽁꽁 얼어버릴 지경이다. 하나의 교실에 사하라 사막의 열기와 북극의 한기가 서로 공존하는 셈이다. 대체 이러한 모순을 어떻게 바라봐야 하고, 또 어떻게 해소해야 할까?

도달해야 할 성취기준과 실제 학생 개개인이 도달하는 성취기준 사이에는 일정한 간극이 발생하고 있는데, 그 간극을 메우는 것은 학부모나 학생 개인의 몫으로 전가되고 있다. 결국 학원으로 떠넘겨진 이 역할은 대한민국 사교육 시장의 과열을 부추기는 주요 원인이 되고 있다.

언제까지 공교육이 당연히 담당해야 할 역할을 사교육에 떠맡긴 채 나몰라라 할 것인가? 이제는 사교육이 아니라 공교육이 이 문제를 감당하는 책무성이 필요하다. 그러나 이를 교사 개개인의 실력과 열정의 문제로 귀결해서는 곤란하다. 해법은 **시스템**이다. 그리고 시스템의 핵심은 바로 **교육과정**이다.

불평등은 경쟁으로 해결될 수 없다

경제적 여유가 없는 학생들의 처지는 더욱 딱하다. 왜냐하면 사교육의 힘조차 빌릴 수 없는 형편이기 때문이다. 그들에게 사교육은 그림의 떡이다. 어쨌든 수업시간에 의존할 수밖에 없는 것이다. 하지만 교사의 수업을 하루 종일 앉아서 듣고 있어 봐야 제대로 따라가지도 못하는데, 출석일수 때문에 억지로 앉아 있어야 하는 학생들의 고통은 대체 누가 어떻게 해소해주어야 하는 걸까?

이러한 고통, 이러한 불평등은 아무리 국가 수준의 학업성취도 평가를 시행하고, 못하는 학교와 잘하는 학교를 구별하여 경쟁시킨다고 해서 해결되는 문제가 아니다. **책임교육**의 관점에서 학생 개개인을 도와줄 수 있는 **교육과정 시스템**이 절실히 필요한 시점이다.

고교학점제야말로 그러한 시스템을 구축하는 데 유익하다. 고교학점제는 최소한의 교과 성취기준에 도달하지 못한 학생들을 그저 탈락시키고 구별시키는 데 목적을 두지 않는다. 근본적 목적은 그런 학생들을 제대로 도와줄 수 있는 지원 시스템을 구축하는 데 있다. 동시에 학생 개개인의 재능과 흥미, 수준을 고려한 **선택의 가치**를 중시한다.

죽었다 깨어나도 수학이 되지 않는 학생에게 군이 고급 수학까지 강제할 이유는 없다. 그런 학생이라면 차라리 기본 수학을 익히고 난 다음에 그 자신의 진로에 맞는 다른 교과를 선택할 권리를 보장해주어야 한다. 그리고 학생은 선택에 따른 삶의 경로를 스스로 탐색한다. 학교 밖 체험 활동이 아닌 일상의 교육과정과 수업에서 진로를 탐색할 수 있어야 한다는 뜻이다. 교육과정은 곧

'삶'이다. 학생이 선택을 했다면 책임 역시 스스로 져야 한다. 학생의 책임을 지원해줄 수 있는 시스템을 함께 만들어야 한다. 그것이 진정한 공교육의 책무가 아닐까?

고교학점제는 책임교육의 가치를 품고 있다. 이는 학생 개인의 선택에 따른 책임을 요구하면서도, 학생이 학점에 도달하지 못할 우려가 있을 때 지원해주는 시스템을 함께 모색하는 이중 의미를 갖는다.

> 안타까울 때가 있어요. 제가 수업을 맡고 있는 학생 중 하나는 정말 착한데, 집안이 어려워서 학비 지원을 받아야만 하는 아이예요. 수업 때 졸지 않으려고 애를 많이 쓰는데, 결국 졸게 되죠. 수업 내용을 하나도 알지 못하거든요. 아이의 품성을 보면, 이런 아이들이 정말 잘 되어야 하는데도, 이 친구가 갈 수 있는 대학은 뻔히 정해져 있죠. 아이들에게 영어 단어라도 외우게 하고, 협력학습을 통해 공부를 잘하는 아이들이 못하는 아이들을 가르치는 방식도 적용하고 있고, 개별상담도 하지만 한계가 있어요. 수학은 나쁘게 말하면 (이 아이들이) 상위권 학생들을 위해 깔아주는 역할을 하는 거예요. 고등학교에서는 교사들이 아이들의 학습에 개입한다고 해도 학습결손이 심한 경우, 이미 늦은 경우가 많아요.
>
> - P고등학교, 영어교사

02 진로교육의 관점에서 바라보자

현재 우리나라 교육 시스템은 몇몇 과목을 제외하고, 모든 학생이 거의 동일한 교육과정을 이수한다. 그리고 일정 수준의 출석일수만 채우면 졸업할 수 있다. 이에 비해 고교학점제를 시행하게 되면 우선 졸업에 필요한 학점을 이수하게 하고, 그 학점을 얻기 위해서는 일정한 기준에 도달하도록 요구한다.

진로를 고려한 학생 선택권 개념이 취약한 현 고교 교육

학생에게는 스스로 도달해야 할 최소한의 과업이 존재함을 부인할 순 없다. 다만, 이미 수학을 포기한 학생에게 강제적으로 이수할 과목을 제시하면서 무조건 이수 기준에 도달하라고 요구하는 방식은 곤란하다. 여기에서 주목해야 할 것이 바로 학생들의 교과목 **선택권 보장**이다.

예컨대, 미래에 작가가 되기를 꿈꾸며 국어국문과에 진학하고 싶어 하는 학생들에게 물리Ⅱ라든지 고차원 기하학은 큰 의미가 없다. 굳이 본인이 희망을 해서 듣는다면 모를까 제도적으로 수강을 강제할 하등의 이유가 없는 것이다. 차라리 국어 내지는 인문학 관련 교과목을 좀 더 심화해서 듣게 해주고, 수학이나 과학 교과는 기초소양이나 융합적 사고력, 핵심역량을 기르는 수준에서 기본을 충실히 배우도록 하면 충분할 것이다. 또는 통합사회 내지는 통합과학을 통해 일정 수준 융합적 사고를 키우도록 하면 된다.

그러나 현재 우리나라 교육과정에서는 진로를 고려한 학생 선택권의 개념이 매우 취약하다. 초등학교와 중학교는 국민공통과목 성격이 강해서 사실상 선택의 개념이 거의 없다. 초등에서는 창체 활동을 통해서 일부 구현이 가능하고, 중학교는 겨우 몇 단위에 불과할 뿐이다. 자유학기제 또는 자유학년제를 통해 과거에 비해 중학교 교육의 숨통이 다소 트이기는 했지만, 과목 선택 개념은 겨우 한 과목 정도에 불과하다. 그나마도 교사 수급을 고려하다 보면 매우 제한된 선택권만 학생에게 주고 있다. 앞으로는 초등학교와 중학교도 국민공통과목 성격을 지닌다고 해도 일정 비율의 교과 선택 폭을 현재보다는 늘릴 필요가 있다.

고등학교는 필수교과를 제외하고는 선택교과로 풀 수 있다. 예컨대 2015 개정 교육과정에서는 국어와 영어, 수학의 경우, 각각 10단위를 필수로 설정하고 있다. 국영수의 경우, 1학년 1학기와 2학기만에 매주 5시간씩 이수하면 국영수를 더 듣지 않아도 된다.

하지만 현실은 어떠한가? 대부분의 학교에서 매 학기마다 대부분의 전교생이 똑같이 국영수를 거의 다 듣고 있다.

오직 대학 입시에만 초점을 맞춘 획일화된 교육과정의 강제

대체 왜 이러한 현실이 발생하는 걸까? 그 이유를 살펴보면 다음과 같다. 첫째, **수학능력시험** 때문이다. 수학능력시험에서는 각 영역별로 교과목 수를 반영한다. 예컨대 국어만 해도 공통국어, 문학, 독서, 매체와 언어, 화법과 작문을 수능 교과목에 반영한다면 학교에서는 해당 과목을 교육과정 편제표에 반영하지 않을 수 없다. 이처럼 수능 교과목 구조에 맞추어서 단위학교 교육과정을 설계하다 보면 학생들의 진로나 희망을 고려한 개별화된 교과목 설계가 어려워진다. 수능 과목 구조는 고교 교육과정 편성과 직결된다는 점에서 현행보다 수능 반영 교과목을 줄이거나 수능에서도 필수와 선택 영역으로 구분하면서 필수 영역에 반영되는 교과목을 줄여야 한다.

둘째, **상대평가** 시스템이 작동하기 때문이다. 우리나라는 내신 성취평가제(절대평가)를 제대로 적용하지 못하고 있다. 성취평가제 도입 논의는 비교적 오랫동안 이루어졌지만, 학교 간 편차의 문제라든지, 성적 부풀리기 현상, 절대평가제를 적용할 수 있는 현장의 역량, 대입 변별력 등 다양한 이유를 들어 성취평가제를 유보하고, 상대평가제도를 적용하고 있다.

각 고등학교의 입장에서는 내신 1등급 학생들을 최대한 많이 배출하기를 원한다. 하지만 1등급을 받으려면 수강자 수 대비 상위 4%에 들어야 한다. 예컨대 400명이 수강을 한 경우에는 산술적으로 해당 교과 1등급을 최대 16명 배출할 수 있다. 그러나 만약 40명이 수강을 하면 1.6명밖에 배출할 수 없다. 즉 선택의 폭을 다양화하여 학생별 선택교과목 수를 늘릴수록 수강자 수는 줄어들기 때문에 1등급을 받는 학생들은 적어질 수밖에 없다. 음모론의 시각에서 보면 수학 교과목을 많은 학생들이 수강하면 할수록 상위권 학생들에게는 유리해진다는 뜻이다.

그런데 선택교과를 반영하면 이야기는 달라진다. 예를 들어 기초 수학교과목을 만들었다고 가정해보자. 하위권 학생들이 기초 수학교과목을 듣기 위해 대거 빠져나간다면, 미적분 과목이라든지 확률과 통계 과목은 비교적 수학을 좋아하거나 우수한 학생들만 듣게 될 테니, 그들끼리 경쟁하게 된다. 결국 극단적으로 보면, 하위권을 깔아주던 학생들이 대거 빠져나갔기 때문에 기존에 중상위권을 유지하던 학생들은 내신 획득에서 불리해질 수 있다. 물론 학생부종합전형에서는 정량지표만 보지 않고, 학생의 진로와 연관된 교과목 이수 여부라든지 성장 경험도 의미 있는 기준으로 살펴보겠지만, 기본적으로 교과 내신과 같은 정량요소를 상당한 비중으로 살펴보기 때문에 학교 입장에서는 선택교과목을 많이 늘리는 것에 대한 부담을 가질 수밖에 없는 것이다.

세 번째로는 **학교의 편의** 때문이다. 공통교과와 필수교과목 위주로 교육과정을 편성하면 아무래도 운영의 안정성은 높아지고, 불확실성은 낮아진다. 그러나 선택교과목이 많아질수록 불확실성은 커지고, 안정성도 낮아진다. 필수교과목이 많을수록 시수 운영이나 교사를 확보하기에도 비교적 용이하다. 그러나 교과목 선택이 많아지면 이야기는 달라진다.

교사의 입장에서도 자신의 과목을 선택하는 학생이 몇 명이고, 몇 학급이냐에 따라서 자칫 다음해 자리를 보장받지 못할 수도 있다. 반대로 학생들의 선택권이 많아지면 경우에 따라서 기존에는 한 학기 또는 1년에 한 과목만 가르치면 되었는데, 2~3과목의 교과를 가르쳐야 하는 상황이 생길 수도 있다. 예컨대 지금까지는 사회문화 과목을 4단위씩 4반을 들어가면 주당 16시간의 수업 시수가 나왔는데, 학생들의 선택교과목이 많아지면서 법과 사회 2반, 사회문화 2반이 나올 수 있다. 두 과목을 가르치느냐 한 과목을 가르치느냐는 교사의 삶의 질과 직결된다. 비록 수업의 총량은 같아도 과목 수가 늘어나면 수반되는 행정, 수업 준비 시간, 평가와 기록에 관한 절대 시간이 늘어나버리기 때문이다.

다양성을 인정하지 않는 표준화된 교육 시스템의 한계

대학 입시만 놓고 생각한다면 어쩌면 현재의 고등학교 교육 시스템이 가장 효율적일지도 모른다. 그럼에도 불구하고 고교학점제를 실시해야 하는 이유는 무엇인가? 바로 우리 학생들의 능력과 관심 그리고 진로와 수준이 천차만별이기 때문이다. 학생 인구가 많았던 산업화 시대에는 한 반에 40~60명, 때로는 그 이상도 수용해서 가르쳐야 했다. 이러한 시절에 학생 한 명 한 명의 특성과 소질을 고려한 교육과정을 운영한다는 건 상상조차 어려웠다. 기껏해야 영어와 수학 과목 중심으로 수준별 이동 수업을 실시하는 차원이었지만, 이마저도 하위반 학생들의 낙인효과가 커서 교사는 교사대로 힘들어하고, 학생들은 학생들대로 자존감에 상처를 받는 등 부작용이 만만치 않았다.

즉 학생 수는 많고 교사 수는 턱없이 부족했던 그 시절에는 대량생산 대량소비의 시대에 맞게 표준화된 교육과정과 수업 그리고 평가가 효율성 면에서 최선의 선택일 수밖에 없었던 것이다. 그 결과 공통교육과정, 주입식 수업, 국가주도형 일제식 평가(학력고사와 수능) 시스템이 작동한 것이다. 이른바 한줄세우기 교육이 통하던 시절이었다.

그러나 이러한 교육이 과연 정상적인가? 바람직한가? 많은 이들이 의문을 제기하였고, 실제로 표준화된 방식에 내재된 심각한 문제점들이 속속 드러나기 시작했다(최승복, 2018; 교육정책디자인연구소, 2018). 이른바 혁신교육과 미래교육의 관점에서 우리 교육의 현주소를 성찰하는 목소리가 점차 높아졌고, 교육의 기존 문법체계에 대한 균열이 시작된 것이다.

다양성을 보장하려면 결국 교육과정으로 승부해야 한다

교육과정과 수업, 평가의 변화는 결국 혁신교육의 본질이며, 이 과정에서 교사와 학생의 성장이 함께 이루어진다. 교육과정의 다양화, 참여 중심 수업, 과정 중심 평가 그리고 충실한 기록은 굳이 혁신교육이라는 이름으로 칭하지 않아도 학교가 감당해야 할 본연의 모습이다. 그렇다면 학생들이 지닌 고유성과 개별성을 교육 체제에서 어떻게 보장할 수 있는가? 우선 학급담임과 학생 간의 **좋은 관계**에서 비롯될 수 있다. 학생에 대한 관심과 사랑 없이는 고유성과 개별성 또한 보장하기 어렵다. 이는 교사 개인의 자질과 노력에 의해서 일정하게 풀어갈 수 있다. 수업을 잘 기획하면 학생들의 참여를 보장할 수 있다. 주입식 강의식 수업에서 탈피하여 프로젝트를 진행하고, 모둠별 활동을 진행하는 과정 역시 학생의 고유성과 개별성을 보장하는 방식이다.

그런데 이제는 한층 더 과감해져야 할 때다. 바로 고교학점제를 통해 교육과정에서 정면 승부를 해야 할 때가 온 것이다. 학생들은 교육과정에서 자아를 만나고, 역량을 키워야 한다. 학교 밖이 아니라 교육과정을 통해 진로를 설계해야 하고, 진로에 맞는 보편 역량과 특수 역량을 함께 길러야 한다. 이를 위해서는 현행 수능에 종속된 표준화된 교육과정에서 벗어나야 한다. 사실 여기까지는 누구나 인정하는 바이기도 하다.

실제로 7차 교육과정 이후부터는 나름대로 교육과정에서 학생 선택권을 보장하려고 했고, 교육부와 교육청도 정책적으로 교과교실제, 고교교육력제고사업, 교과중점학교, 공동교육과정 및 주문형 강좌, 캠퍼스형 고교, 온라인 교육과정 등 다양한 정책을 추진해오고 있다. 그러나 이러한 정책들은 아직까지 일부 학생들에게만 적용되었을 뿐 고등학교 교육 전반의 변화라고 평가하기는 어렵다. 학생 맞춤 교육, 진로교육, 개성보장, 학생선택권 보장 등의 용어들은 더 이상 신선하지 않다. 교육과정 문서와 연수의 강사 PPT에서 항상 등장하는 말들이다. 이제는 담론에 그치지 않아야 한다. 가치를 현실로 변환시키는 용기가 필요한 시점이다. 고교학점제는 해묵은 우리의 과제를 해소할 수 있는 좋은 정책 지렛대이다.

> 저는 사회를 좋아하는데, 사회 수업에 더욱 집중해서 여러 과목을 들을 수 있어서 좋았어요. 사회과학방법론, 비교문화, 국제정치 등 심화 과목을 집중해서 들었죠. 좋아하지 않는 수학을 듣는 것보다 좋아하는 과목을 들으니깐 수업에서 의미를 찾을 수 있었고, 집중도 잘되더라고요. 흥미 있는 과목을 들으니깐 행복했고요. 물론 고1과 고2 때 기본적인 수학 교과목을 수강하기는 했어요. 본인이 원하는 과목을 선택해서 들어오니까 수업 분위기도 좋았어요. 우리 학교에서는 학점제에 따라서 공강시간이 발생하는데 자율시간이 생겨서 숙제를 하기도 하고, 자기만의 시간을 가져서 좋았어요. 무엇보다 저의 진로에 관해서 더욱 탐구할 수 있는 기회가 많이 생겼어요. 사회과학방법론 시간에는 앤서니 기든스의 《현대사회학》을 발제하고, 비교문화 수업시간에

는 유시민의 《국가란 무엇인가》를 발제하고 토론했어요. 민주주의가 정말 무엇일까 궁금해서 관련 책을 찾아서 스스로 읽어봤어요. 배움을 확장해나갔다고 생각합니다. 무엇보다 자기소개서를 쓸 때 가장 큰 도움을 받았어요. 하고 싶은 이야기가 참 많았거든요. 소인수 과목을 듣다 보니, 친구들과 자유로운 소통이 이루어졌고, 수업 분위기가 편했습니다.

- 이우고등학교, 3학년 재학생

고교학점제는 기존의 고등학교 교육이 자의든 타의든 지향할 수밖에 없었던 입시 중심 수업에서 벗어나 학생 자신의 진로에 맞는 과목을 최대한 선택할 수 있는 권리를 실질적으로 부여했다는 데 가장 큰 의미가 있다고 볼 수 있습니다. 물론 이전에 7차 교육과정 시기에도 수학 등 특정 교과에 대한 제한적 선택권이 있었지만, 실질적으로는 미미해서 학생들이 느끼기에는 별 의미가 없었죠. 하지만 4차 산업혁명을 준비하는 학생들에게 있어서 자신의 진로에 맞는 과목을 직접 선택하고 수강하는 고교학점제는 학생 자신의 자율성뿐만 아니라 책임의식 그리고 학습동기를 부여받는 데 있어서도 매우 필요하고, 그만큼 좋은 취지를 가지고 있다고 생각합니다.

- 영광고등학교 노병태 교사

03 고교체제 개편의 관점에서 바라보자

수월성과 평등성 중 어떤 가치를 중시할 것인가는 우리나라 교육에서 오랫동안 치열하게 이루어진 논쟁 중 하나이다. 학생들의 수준에 따라서 다양한 교육을 받아야 한다는 **수월성**의 가치와 공교육 정상화의 관점에서 교육을 바라보면서 아이들을 입시경쟁에 내몰지 말고, 격차 문제 해소를 위해 동일한 시설 및 교육 환경을 지닌 학교 시스템을 구축해야 한다는 **평등성**의 가치는 모두 그 나름대로 의미가 있으며, 지향해야 할 가치라고 볼 수 있다.

학교 간 수준 차이가 불러온 일반고의 슬럼화

수월성의 가치 자체를 나쁘다고 말할 순 없다. 미래교육의 중요한 방향 중 하나는 능력과 적성에 따른 개별화 맞춤형 교육의 추진인데, 엄밀히 말하면 이것도 일종의 수월성 개념으로 볼 수 있기 때문이다.

문제는 현행 체제에서는 수월성의 가치가 일부 우수한 학생을 중심으로 선발 효과에 기대어 명문고의 가치를 유지하는 방식으로 실현되고 있다는 점이다. 우수한 학생들을 먼저 선점하는 효과는 고입 전형에서부터 두드러진다. 소위 영재고와 과학고, 외국어고, 국제고, 자사고 등에서 먼저 우수한 학생들을 선발해가고, 심지어 특성화고마저 선발을 하고 나면, 마지막 단계에서 모두 떨어진 학생들이 일반고등학교로 진학을 하게 된다. 자연스럽게 일반고의 슬럼화 현상이 나타나게 된다.

학교는 기본적으로 우수한 학생과 그렇지 않은 학생들이 함께 어우러져야 한다. 그런데 학교급별로 우수한 학생들이 모인 학교와 그렇지 않은 학생들이 모인 학교로 나뉘는 순간, 학교 수업은 대단히 어려워진다. 기존의 수준별 수업이 효과를 보기 어려웠던 이유가 바로 여기에 있다. 예컨대 상반 학생들은 자부심에 가득 차 있는 반면, 하반 학생들은 열패감에 고개를 숙이고 마는 것이다. 현행 고교체제는 과거의 이러한 수준별 교실 수업이 사실상 수준별 학교로 치환된 양상을 보이고 있다는 점에서 심각한 문제를 안고 있다.

낙인효과가 발생하면 일반고의 어려움은 더욱더 가중된다. 학생 개개인들도 본래 특목고를 가야 했는데 일반고로 오게 되었다는 사실만으로 열패감을 안은 채 일반고에 마지못해 앉아 있게 된다. 본인은 본래 특성화고에 진학하기를 희망했지만, 그래도 대학에 가야 한다는 부모님의 요구에 의해 어쩔 수 없이 일반고 교실에 앉아 있는 학생들도 있다. 이런저런 이유로 모여 있는 일반고 등학교는 마치 갈 곳 없는 학생들이 모이는 마지막 종착점과 같은 처지가 되는 것이다.

2017 교육부 사교육비 조사 결과에 의하면 일반고 진학 희망자에 비해 자율고 및 과학고, 외국어고, 국제고 등 진학 희망자의 월평균 사교육비와 사교육 참여율이 높게 나타났다. 일반고 진학 희망자의 경우 월평균 27.0만원을 지출하고, 66.0%의 학생들이 사교육에 참여한다. 반면에 자사고를 포함한 자율고의 경우는 42.9만원, 76.3%, 과학·외·국제고 등의 경우는 46.6만원, 79.4%로 나타난 것이다. 이는 부모의 경제적 소득에 따라서 진학 희망학교 유형이 달라질 수 있음을 시사한다. 실제로 일부 특목고나 자사고의 경우 학비가 대학 등록금 수준에 이르기도 한다. 사회적 배려 대상자 학생들을 전형에서 일정 비율 의무적으로 선발하고 있으나 이 학생들이 특목고와 자사고에 진학을 했다고 해도 과연 소외감 없이 잘 다닐 수 있을지는 의문이다.

이러한 고교체제의 문제를 해소하기 위해 문재인 정부는 자사고와 외국어고의 전후기 전형을 통합하고, 특목고와 자사고에 대한 평가를 제대로 실시해서 설립 취지에 맞지 않는 자사고와 외국어고, 국제고는 일반고로 전환시키겠다는 방향을 세우고 있다. 만약에 특목고와 자사고 입학전형을 추첨형 선발로 전환하고, 전국단위 자사고를 광역단위 자사고로 전환한다면 자사고와 특목고의 위상은 크게 흔들릴 것이다. 나아가 「초·중등교육법 시행령」에 있는 외국어고와 국제고, 자사고를 경과조치를 두고 일반고로 전환한다는 조항을 만들거나 기존 외국어고, 국제고, 자사고의 설립 근거를 삭제하면 이른바 자사고와 외국어고, 국제고 일몰도 가능하다. 물론 이는 지난한 법적 쟁송 과정을 거쳐야 하고, 동시에 자사고와 특목고를 제도적으로 일몰시킨다고 해도 일정 기간 경과를 두고 진행되어야 할 것이다.

심화 교육과정을 원하는 학생들에 대한 배려

비록 자사고와 특목고의 폐해가 심각한 것은 사실이지만, 과학이나 외국어 등을 집중적으로 배우고 싶어 하는 학생들도 의외로 많다. 특정 교과 영역에 깊은 관심을 보이며, 뛰어난 역량을 발휘하는 학생들도 많기 때문이다. 그렇기 때문에 만약 이런 학생들이 일반고에 진학해서 자신이 공부하고 싶은 영역을 더 깊이 있게 공부할 수 있도록 지원해줄 준비가 마련되어 있는지에 대한 대답을 얻을 수 없다면 여전히 수월성 교육 논쟁은 계속될 것이다. 다만 이때의 수월성은 성적에 따른 구분이 아니라 **진로**와 **적성**을 기준으로 한 다양성의 개념을 적용해야 한다. 바로 이 지점에서 고교학점제는 일반고를 살리는 동시에 복잡한 고교체제를 단순화하면서도 여러 가지 논란을 잠재울 수 있다.

이를 위해서는 우선 굳이 특목고와 자사고가 아니라, 일반고에 진학하더라도 각 학생의 진로와 적성에 맞는 교육이 가능한 **교육과정 구현**이 필요하다. 개별학교를 교육과정으로 특화시키고, 이를 지역별로 학생들이 상호 교류할 수 있는 방식으로 전환한다면 혁신의 새로운 패러다임이 전개될 수 있다.

동시에 기존 외국어고와 자사고의 경우, 나름대로 교육과정을 특화시킨 자원과 경험을 구축하고 있을 것이다. 이러한 시스템을 우리 교육의 자산으로 잘 활용할 필요가 있다. 즉 외국어고와 자사고를 일반고로 전환한다고 해도, 이 학교를 교과중점학교와 같은 형태로 전환하고, 이 학교의 교육과정을 지역단위의 학생들이 함께 이용할 수 있는 시스템으로 구축한다면 기존의 고교체제 패러다임이 완전히 바뀌게 된다. 공공재 내지는 공유지의 관점에서 개별 교육과정의 특성을 정책적으로 활용하자는 뜻이다. 그렇게 되면 일반고 전환 시 교사의 과원 문제 등을 우려하고 있는 외국어고와 자사고의 고민도 함께 덜 수 있다.

좋은 학교란 무엇인가? 선발 효과에만 기댄 채 우수한 학생들을 많이 확보하려는 학교를 진정한 명문학교라고 할 순 없을 것이다. 어떤 학생들이 들어오건 그 학생의 성장에 도움을 주는 교육과정을 운영할 수 있는 학교야말로 진정한 명문학교가 아닐까? 고교평준화는 중학생들의 입시경쟁을 완화하고, 공교육 정상화에 기여했다. 그러나 현행 평준화 시스템은 다채로운 빛깔의 고등학교를 만들어내는 데는 실패했다고 봐야 할 것이다.

교육과정의 획일화는 고교평준화의 궁극적인 목적이 아니다. 그렇다면 이제 고교평준화 시즌2가 필요하다. 고교평준화 시즌2는 학교마다 다양한 교육과정을 운영하면서 학교와 학교 간 연대를 통해 어떤 고등학교를 가더라도 자신의 꿈을 이루는 데 도움을 주는 교육과정과 수업을 만나게 해주는 데 목적이 있다.

다시 말해서 굳이 특목고나 자사고에 가지 않아도 일반고에서 그 꿈을 이룰 수 있는 학교 시스템이 필요한 것이다. 고교학점제야말로 고교체제를 둘러싼 해묵은 과제를 해소하는 데 유용한 정책 지렛대가 아닐 수 없다. 다음 학생의 이야기는 우리나라 고등학교 교육의 고질적 병폐를 엿볼 수 있는 동시에, 고교학점제를 통해 체제 자체의 근본적인 혁신이 필요한 이유를 함께 생각해보게 한다.

> 지금 우리들은 수업에 대한 기대치가 떨어져 있어요. 얻을 수 있는 게 없다는 생각이 강하고, 관심을 가지고 무엇인가를 선택하는 것도 쉽지 않아요. 그저 대학에 잘 들어가기 위해서, 수능 때문에 교과목을 선택할 따름이지요. 수학을 좋아해도 수학 점수가 나오지 않으면 문과로 가는 식이에요. 저는 교육과정체제 개선과 함께 수업 개선도 중요하다고 생각해요. 제가 학생회장으로 활동하면서 학생들과 함께 수업의 질 개선을 위해 나름 주관식 의견을 모아서 선생님들에게 피드백을 드리려고 했는데, 학교 측도 그렇고 선생님들의 반응도 좋지 않아서 중단했던 기억이 납니다. 고교학점제에 대해서 저는 관심을 갖고 있고 또 응원하

겠지만, 경직된 교육과정에서 공부했던 저로서는 그것이 무엇인지 제대로 상상하기 어렵습니다. 저희는 그렇다 쳐도 후배들만큼이라도 선택권이 보장되는 좋은 수업과 교육과정을 받으면 좋겠습니다. 제가 학점제에 대해 기대를 거는 이유 중 하나입니다.

- A고등학교 3학년 재학생

04 혁신교육의 관점에서 바라보자

혁신교육이란 우리 교육의 제문제(諸問題)를 교육주체들의 자발적 참여를 통해 나름대로 변화를 이루기 위한 총체적인 노력과 흐름 이라고 할 수 있다. 폐교 직전에 몰렸던 학교를 살려보겠다고 시 작한 교사와 학부모의 자발적 참여와 노력이 혁신학교와 혁신교 육이라는 놀라운 열매로 이어졌다. 단위학교의 실천이 교육청의 공약과 정책으로 채택되었으며, 나아가 문재인 정부의 국정과제 로 '혁신학교 확산'이 채택되었다. 교육부에서도 혁신학교 담당자 를 배치하면서 정책과 제도의 지원 방안을 모색하고 있다.

보편적 가치 지향을 넘어 이형화의 관점이 필요하다

이광호 외(2017)[1]는 혁신학교 운동을 3단계로 분류했다. 혁신학교 1.0은 소수의 학교가 **자발적**으로 참여한 단계이다. 2.0은 **제도화** 단계로서 양적 확대와 질적 심화를 이루면서 혁신교육지구사업이나 마을교육공동체와 같이 지역 가치와 결합하는 흐름으로 설명한다. 3.0은 교육청을 넘어 **중앙정부**를 바라본다. 국내적으로는 혁신학교의 가치를 담아 대입제도 등 국정과제 수준의 변화를 꾀하는 흐름이 있고, 혁신학교 역사가 10년 이상 축적되면 해외에서도 부러워할 만한 학교 모델을 제시할 수 있다는 기대를 담고 있다. 그와 동시에, 미래사회에 맞는 혁신학교 모델의 진화를 제시한다. 이는 혁신학교 정책이 머무르지 않고, 끊임없는 성찰과 반성을 통해 계속 진화하는 모습을 상정한다.

김성천(2018)[2]은 혁신학교 정책의 여섯 가지 차원의 딜레마를 제시하였다. 제도화 차원의 딜레마로서는 운동문법 vs 정책문법, 성과 설정의 딜레마로서는 학업성취도 vs 미래형 학력, 추진 전략의 딜레마로서는 양적 확산 vs 질적 심화, 정책 목표의 딜레마로서는 공교육 정상화 vs 미래학교 모델, 정책 모형의 딜레마로서는 동형화 vs 이형화, 정책 계승의 딜레마로서는 단절성 vs 지속 가능성을 제시하였다.

여기에서 우리가 좀 더 주목해볼 것이 바로 동형화와 이형화다. **동형화**란 경기도교육청에서 제시한 혁신학교 추진 모델이 타 지역과 유사한 양상을 보이고 있음을 의미한다. 이러한 동형화는 혁신

---

1. 이광호 외(2017), "경기교육중장기발전방안2", 경기도교육청
2. 김성천(2018), "혁신학교 정책의 여섯가지 차원의 딜레마", 〈교육문화연구〉 24권 2호, 33-56

학교의 보편적 가치를 지향하는 데 도움이 된다. 그러나 혁신학교 정책 역시 시간에 따라서 그 지향점이 달라지기도 하고, 지역별로도 차별화를 꾀하게 된다. 이러한 과정을 **이형화**라고 말할 수 있다. 이때 이형화의 핵심요소 중 하나는 급별 이형화이다. 초등학교와 중학교는 혁신학교 모델이 비교적 많이 나타나고 있지만, 고등학교의 경우 상대적으로 그 모델이 부족한 실정이다. 혁신학교의 보편적 운영 원리를 적용하면서도, 초등학교나 중학교와 달리 고등학교는 선택교육과정의 특성을 잘 살릴 수 있는 구조라는 점을 감안한다면 고등학교의 혁신 모델이 매우 절실한 상태다. 혁신학교가 고교학점제에 더욱 관심을 기울여야 할 이유가 바로 여기에 있다.

고교학점제는 단순한 교육과정 편제의 개선을 의미하지 않는다. 학교의 비전과 철학, 방향을 공동체 구성원들과 함께 논의해야 한다. 좋은 수업에 대한 상을 구성원들이 공유하지 않은 상태에서 그저 외부 강사 몇 명을 초빙하여 특색 교과목을 개설하는 데 그쳐서는 안 된다는 뜻이다. 즉 고교학점제는 수업 혁신이 이루어지지 않은 상태에서는 자칫 공허한 이야기로 들릴 수 있다. 고교학점제가 성공하려면 교사들의 협력적 문화와 학부모의 지원, 학교장의 리더십, 교육지원청과 지역사회의 지원이 잘 어우러져야 한다. 아울러 혁신학교의 운영 원리를 기본으로 하면서 고등학교의 특성을 가미해야 할 것이다.

이제 교과 영역에서의 정면 승부가 필요한 시점이다

물론 우리나라는 대입제도라는 현실적, 구조적 장벽이 만만치 않다. 따라서 이러한 장벽을 제거하기 위한 혁신학교 3.0 시대를 열어나가야 한다. 혁신교육의 가치가 기존 대입제도와 중앙정부의 각종 정책에도 스며들어야 한다. 그러면서도 새로운 혁신고등학교 모델이 필요한데 승부처는 **교육과정**이다. 물론 좋은 교육과정을 운영하려면 학교민주주의, 학습공동체, 학부모 참여, 업무 정상화 등이 수반되어야 한다. 혁신학교의 목적은 좋은 교육과정 운영을 통한 학생들의 성장에 있다. 따라서 교육과정 영역에서 혁신학교 주체들이 정면 승부를 펼칠 필요가 있다.

백병부·김성천 외(2014)[3]의 연구는 일반고 학생들에게 이와 같은 질문을 던진다. "일반고등학교의 위기에 대해 동의하는가?" 이 질문에 상당수의 학생들이 동의했다. 그런데 다시 질문을 던졌다. "여러분이 다니고 있는 학교도 위기인가?" 재미있는 건 일반고가 위기라고 인식하면서도 정작 우리 학교는 위기가 아니라고 답변한 학생들이 의외로 많았다는 점이다. 그 학교가 어떤 학교인지를 추적해봤다. 이 연구를 토대로 오재길 외(2015)[4]는 소위 명문고와 혁신고 패러다임으로 분석해서 설명한다.

---

3. 백병부·김성천 외(2014). "경기도 일반고등학교 활성화 방안 연구". 경기도교육연구원
4. 오재길 외(2015). "통계로 보는 교육정책". 경기도교육연구원, p.14

| 표 1-1 | 명문고와 혁신고 패러다임 차이

	A학교 패러다임	B학교 패러다임
학교 철학	명문대 많이 보내기	교육과정을 통한 성장 스토리 만들기
생활지도	응보적 생활지도	회복적 생활지도
만남의 원리	통제와 규율	관계와 자치
교육과정	수능에 종속된 교육과정	수시에 대비한 특색 교육과정
수업	교사 개인기 의존 (폐쇄와 고립)	학습공동체 의존 (개방과 공유, 참여)
평가	지필평가를 통한 서열화	논서술형, 수행평가, 관찰평가, 정 의적 평가를 통한 학생 성장 기 록(교육과정-수업-평가 일체화)

위의 표에서 분류한 내용을 살펴볼 때 A학교 패러다임을 명문고
로, B학교 패러다임을 혁신고로 명명할 수 있을 것이다. B학교의
패러다임에서 학교 철학은 교육과정을 통한 성장 스토리 만들기
로 설정한다. 성장 스토리 만들기는 참여 중심 수업으로 이루어질
수 있지만, 교육과정 재구성만으로 구현하기에는 한계가 있다. 결
국 교육과정 편제를 통해 학생들의 진로와 연결된 교육과정으로
이어져야 한다. 그리고 이러한 철학의 완성은 궁극적으로 고교학
점제를 통해 구현되어야 할 것이다.

진로교육 관점에서 볼 때 고교학점제는 그 의미가 큽니다. 문이과로 고
정된 현행 교육과정에서는 아이들의 꿈과 재능을 고려하고 있다고 보
기 어려워요. 아이들의 선택권이 강화되면 자기의 꿈과 대학전공과 관
련하여 필요한 교과목을 선택할 수 있습니다. 진로의 관점에서 볼 때

고교학점제는 반드시 가야 할 길입니다. 하지만 지금은 어렵죠. 획일적인 교육과정을 운영하는데, 그 이유는 대학 수능에 맞춘 교육과정이기 때문입니다. 지금도 계열 속에서 교과 적성을 일부 볼 순 있지만, 직업 적성을 담아내지는 못해요. 고교학점제를 막상 실행한다고 할 때, 아이들의 꿈이 워낙 다양하다 보니 어쩌면 결국 일부 과목을 개설하는 수준에 머무를 가능성이 크지요. 무엇보다 교육과정에 관한 비전이 수립되지 않았습니다. 학교 안에서 합의도 어렵고, 교육과정 자체에 합의도 쉽지 않습니다. 어떤 인재를 기를 것인지가 합의되어 있나요? 지금의 진로교육의 수준을 가지고는 학생들은 사유하는 힘이 턱없이 부족해요. 단순 체험 위주가 아니라 독서나 철학 등을 통해 사유하는 존재로 길러야 하고, 문해력이 있어야 자기의 삶을 찾아가는데, 단순 전공 흥미를 찾는 수준으로는 어렵습니다. 진로에 대해서 교육과정을 통해 찾아가고 설정하는 힘이 현재는 약할 수밖에 없어요. 고교학점제를 통해 패러다임을 바꿔야 합니다.

- K고등학교, 교사

05 학교 자치와 교사의 자율성 관점에서 바라보자

우리나라 교육과정은 기본적으로 중앙집권적 특성을 띤다. 교육부가 주도하는 교육과정 개편, 국정교과서 시스템, 학력고사 및 수능과 같은 정부 주도형 평가체제는 우리의 교육과정이 획일화되고, 단위학교의 자율성이 축소되는 3세트 정책이라고 볼 수 있다.

경직된 교육과정 운영이 야기한 프로크루스테스 현상

물론 중앙집권은 무조건 '악'이고, 분권과 자치는 '선'으로 규정할 순 없다. 우리나라가 이러한 제도를 도입하게 된 맥락도 따지고 보면 분단 현실에서 나타난 이념 대립의 양상이라든지 대학 자율로 대입제도를 맡겼다가 입시 부정 사태가 발생했던 사례 등을 간과할 수 없기 때문이다. 특히 개별학교에 모든 것을 맡겼을 때 교사와 학교, 지역 간 편차 등의 문제가 발생할 수 있으므로, 국가 차원에서 일정하게 교육과정에 대한 비전과 방향을 제시할 수밖에 없다. 동시에 교사의 전문성에 대한 신뢰라든지 단위학교의 민주적 논의와 협의, 통제 시스템이 함께 작동하지 않으면 오히려 국가가 관리하는 시스템보다 훨씬 더 많은 문제를 양산할 수도 있다.

다만 우리나라 교육의 가장 큰 문제점 중 하나로 지적되는 것이 바로 **경직된 교육과정**이다. 교육과정과 평가에 관한 주도권을 국가가 움켜쥔 채 좌지우지하다 보니 단위학교에서는 어느 순간 스스로 판단하고 책임을 지기보다는 상급기관의 지침과 지시가 무엇인가를 먼저 확인하게 된 것이다. 이러한 습성이 오랫동안 쌓이게 되면 교육과정은 단위학교에서 고민할 영역이 아니라는 인식과 함께 그저 주어진 교육과정과 교과서를 가지고 학생들에게 전달이나 제대로 하면 된다는 식의 DNA가 형성된다.

여기에 상급기관의 입시 자료로 각종 평가 자료가 활용되다 보니 객관성과 공정성이 강력하게 요구되었고, 이 과정에서 5지선다형 지필고사가 평가의 주류로 자리매김하였다. 중간고사와 기말고사 없는 평가를 상상하기 어렵고, 일부 교과에서 상시평가와 과정평가, 수행평가 위주로 평가 시스템을 바꾸려고 하지만, 학부모의 거센 저항에 부딪히기도 한다.

이처럼 교사들은 평가에 관한 권한을 제대로 행사하지 못한 채 상급기관의 지침에 맞추어 평가를 진행하게 된다. 교과 특성을 반영한 다양한 성취기준이 있고, 이를 확인할 수 있는 다양한 평가가 작동해야 하는데, 오로지 5지선다형 지필평가로 환원된다.

이러한 문제를 극복하려는 차원에서 일부 개혁적인 교사들은 교사별 평가를 주장하기도 한다. 현재 대부분의 학교에서는 학년별 평가를 실시한다. 같은 교과 교사들이 합의하여 문제를 출제하는데 그러다 보니 지필고사 위주로 평가가 진행되는 경향이 나타난다. 가르친 사람이 교과의 특성을 반영하여 다양한 방식으로 평가를 할 수 있는 권한을 달라는 것이 바로 교사별 평가의 핵심이다.

현재의 교육과정은 필수교과와 기준시수를 일정하게 제시하고 있다. 교육과정이 개편되면서 단위학교의 자율성을 점차 확대하는 방향으로 나아가고 있지만, 여전히 필수교과가 많고, 그나마도 입시를 고려하여 교육과정을 짜다 보니 단위학교의 자율성은 확보되기 어렵다. 학생들의 수준과 능력, 관심은 다양한데 여전히 기성복형 교육과정을 강조한다. 학생들의 요구와 상황은 다양한데, 교육과정은 여전히 몇 가지 옵션밖에 제시하지 못하고 있다. 즉 손님에 딱 맞는 침대를 제시하기보다는 침대에 손님을 맞추기 위해 손님의 신체를 늘리거나 자르는 일종의 프로크루스테스 현상[5]이 발생하고 있는 셈이다.

국정 교과서에서 검인정 교과서로 넘어가고 있지만, 단위학교에서는 여전히 상급기관에서 선정한 몇 가지 교과서 옵션을 고를 뿐이다. 교육과정, 평가, 교과서 선택에 관한 권한이 교사들에게 실질적으로 주어지지 않은 상황에서 과연 교사를 전문가로 볼 수

---

5. 프로크루스테스는 '잡아 늘리는 자'라는 뜻의 고대 그리스 전설에 나오는 강도의 이름으로, 오직 자기만의 기준으로 자신의 기준에 맞지 않으면 강제로 잘라내거나 구겨 넣었다고 한다.

있을까? 교사 스스로 전문성을 발휘하여 판단하고 책임을 지는 시스템이 작동되지 않는 한 현장에서 창의성과 자율성의 발현을 기대하기란 솔직히 어려울 것이다.

교과 이기주의를 최소화한 교육 거버넌스

교육과정은 학생들의 발달단계를 고려하여 만들어졌다기보다는 온갖 이해관계의 전쟁터 같은 양상을 보인다. 본인의 전공 교과가 교과서와 교육과정에 조금이라도 더 들어가야 한다며 사활을 걸다 보니 내용도 많아지고 어려워진다. 역량이니 융합이나 주제통합수업이니 하는 말들은 그저 화려한 수사에 불과하다.

교육과정과 교과서 영역으로 들어오면 전공별 전투가 벌어진다고 봐야 한다. 교육과정 시수 하나 줄이고 늘임에 따라 신규 교원은 물론 현직 교원의 수급에도 문제가 생기고, 심지어 대학 학과의 존폐에까지 영향을 미친다. 이러한 상황에서 적지 않은 교수와 교사들은 수능 과목에 본인의 전공 영역이 들어가야 한다며 목소리를 높일 수밖에 없다. 만약 학생 부담 경감을 위하여 수능 교과목을 줄이려고 하면, 분명 관련 학회들이 집단행동에 나설 것이다. 이러한 현상은 모든 교과의 주체들이 필수교과이기를 원할뿐, 선택교과이기를 원하지 않는 데 있다.

이에 몇 가지 원칙이 필요하다. 우선 학생의 발달단계에 맞는 새로운 교육과정의 내용과 체계가 필요하다. 그리고 교과 이기주의가 작동할 수 있는 공간을 최소화해야 한다. 이른바 **교육과정 거버넌스**가 필요한 이유가 여기에 있다. 이때의 교육과정 거버넌스는 두 가지를 내포한다.

첫째, 국가 수준의 교육과정을 수립할 때 교과전문가 위주로만 구성하지 말아야 한다. 교과 전문가들은 본인의 전공 영역을 우선시할 수밖에 없고, 나아가 제자들의 생존과도 연결되다 보니 사활을 걸고 자기 전공 강화에 팔을 걷어붙이게 된다. 이런 상황에서는 주제 융합과 통합이 제대로 이루어질 수 없다. 교육과정을 만들 때 교사들도 많이 참여하기는 하지만, 대체적으로 교수들의 제자들이 들어가는 경향이 있다 보니 교과 확대 요구에 응할 수밖에 없다. 이러한 현실을 개선하려면 시민사회단체나 학부모, 교육학 및 아동심리학 전문가 등 여러 분야의 다양한 주체들이 내용체계 구성에 함께 참여해야 한다. 물론 교과교육학 분야의 전문가들이 중심을 잡아야 하겠지만, 내용 감축과 난도 조절 등은 스스로 하기에는 어렵기 때문에 외부 전문가들이 함께 해야 한다.

둘째, 교육과정에 관한 권한을 교육부와 교육청, 단위학교가 함께 나누는 시스템을 의미한다. 개별학교에서 학생들의 요구를 파악하여 교육과정을 편제·운영할 수 있는 권한을 좀 더 많이 주어야 한다. 현재 일반학교에 비해 자율학교가 교육과정 편성의 자율권을 좀 더 많이 가지고 있는데, 어찌 보면 자율학교와 일반학교의 구분 없이 자율성을 더 많이 보장해주어야 한다. 예컨대 만약 교과시수를 학교에서 '감'했으면, 별도의 교과목이나 프로그램을 '증'할 수 있는 모델을 구축해야 한다. 자율학교가 일반학교에 비해 20%의 시수증감 자율성을 지니고 있는데, 이를 50% 수준까지 확대할 필요가 있다.

이를 위해서는 일정 범주 내에서 교육과정과 교과목을 개설할 수 있는 권한을 개별학교에 부여해주어야 하며, 교과서 자유발행제까지 나아가야 한다. 최근 마을교육공동체와 혁신교육지구사업을 통해 지역교육과정을 만들려는 흐름이 활발하다. 마을과 지역을 제대로 배울 수 있는 교과목을 상상해볼 순 없을까?

평가에 관한 권한 또한 개별학교에 부여해야 한다. 현재 대부분의 자율적 영역이 범교과 활동 중심으로 이루어져 있다. 범교과 활동조차도 사실은 무슨 사안이 터질 때마다 '○○교육 강화'를 위하여 각종 지침들을 생성하면서 의무적으로 감당해야 할 시수들이 너무 많아서 단위학교에서 이 시간을 제대로 활용할 만한 공간이나 여유가 없는 실정이다. 국회에서도 마찬가지다. 특정 사안이 터져야 '○○법률'을 만들고, 그 내용에서는 '○○교육 의무화' 내지는 교육 몇 시간을 확보하라고 요구하는 식이다.

국가 수준의 교육과정을 준용하면서도 개별학교에서 스스로 기획하고, 실천할 수 있는 교육과정의 자율 공간을 현재보다 더욱 넓혀야 한다. 이 모든 것을 위해서는 물론 학교 민주주의가 제대로 작동해야 할 것이다. 교육과정 편성의 권한을 위해 학부모와 학생, 교원, 지역민이 함께 소통하고 방향을 설정할 수 있는 교육과정 거버넌스 시스템을 구축해야 한다. 진정한 교권은 교육과정과 수업, 평가 영역의 자율성 확보이며, **학교 자치**는 **교육과정 자치**를 의미한다(서지연 외, 2018). 거버넌스는 교육과정 영역에서도 실현되어야 한다. 고교학점제는 교육과정 거버넌스 형성을 촉진할 수 있다. 왜냐하면 공동체가 함께 논의하고, 기획하고, 참여하고, 소통하는 고교학점제의 문화적 토대를 형성하는 과정은 '일방적 교육과정', '주어진 교육과정', '공급자 중심 교육과정'의 틀에서 탈피하도록 만들어줄 것이기 때문이다.

단위학교가 필요한 교과목을 스스로 개설하고 이를 운영할 수 있는 시스템을 보장해준다면 이는 교육과정 패러다임의 변화로 볼 수 있다. 동시에 교과목을 개설하고 희망 학생을 대상으로 맞춤형 평가가 진행된다면 자연스럽게 교사별 평가가 이루어지는 셈이다. 고교학점제는 **단위학교의 자율성**을 보장하면서 **교사의 전문성**을 보장하는 시스템으로서 그 의미가 크다. 단위학교의 교과목 개설은 그만큼 교사의 전문성과 자율성을 인정한다는 점에서 상징적 의미가 크다. 이제 '편리한 타율'이 아니라 '힘들지만 보람 있는 자율'의 길을 교사들이 적극 주장하고 모색해야 한다. 고교학점제는 분명 기존의 경직된 학교 시스템을 한층 유연하게 해주면서 학생 맞춤형 교육으로 나아가는 데 촉매제 역할을 해낼 것이다.

학점제에 대한 이해와 교사의 준비도는 현재 매우 약하다고 봅니다. 심지어, 2015 개정 교육과정에 대한 준비도 약합니다. 교장과 교감의 이

해도 약해요. 뭘 하려고 해도 학교장의 벽을 넘지 못하고 있습니다. 공립은 그나마 교사 간 교류 시스템도 있지만, 사립은 교사 티오(TO) 안에서 교과목을 개설합니다. 공립에 비해 사립은 교류가 약하죠. 사립의 경우, 건전성과 개방성, 공공성 개념이 약하다 보니, 재단 측에서는 우리 학교 교사가 밖으로 나가서 다른 체제를 보는 것은 학교경영에 도움이 되지 않는다는 인식을 하고 있어요. 제 나름대로 학교에 고교학점제에 관한 준비가 필요하다는 담론을 제시하고는 있지만, 여전히 학교는 뭐가 뭔지 모르죠. 안에서부터 학점제를 준비할 수 있도록 소인수 교과목을 만들고 아이들 흥미를 고려한 교과목이라도 열자는 것인데, 여전히 대입에 도움 안 된다는 관점을 고수합니다. 상대평가 시스템이다 보니 입시에 도움이 되는 교과목만 개설하자는 게 현재의 교장 교감 마인드죠. 기존의 평가권 내에서만 사고합니다. 고교학점제의 출발을 위해서는 교사들의 평가권 인정이 필요합니다. 상대평가가 아니라 절대평가로 바뀌어야 하고요. 그래야 소인수 과목 개설도 가능해지고, 수능에 매이지 않는 진로 중심의 교육과정 설계가 가능해져요.

- K고등학교 교사

지금까지 우리는 어떤 관점에서 고교학점제를 바라봐야 하는지, 또 고교학점제가 현행 교육체계에 어떤 혁신적인 해법을 제시해 줄지를 살펴보았다. 이제 다음 장에서는 고교학점제가 우리나라 교육과정의 흐름 속에서 어떻게 존재해왔는지에 관해 살펴볼 것이다. 이를 통해 학점제의 도입은 미래교육으로 나아가기 위한 필연적이고 자연스러운 현상임을 다시금 확인할 수 있을 것이다.

CHAPTER 02

고교학점제는 미래교육의 피할 수 없는 흐름이다

교육과정 개정의 흐름 속에 존재하는 학점제

고교학점제를 도입함으로써 그동안 학생 각자의 다양성을 무시해온 획일적 교육과정에서 벗어나 학생들의 선택권을 보장하고, 나아가 교육과정이 대학 입시는 물론 그들의 진로와 좀 더 밀접하게, 즉 현실과 좀 더 가까워질 수 있을 것이다. 그런데 고교학점제에 대한 생소한 인식과는 달리 이미 고교학점제는 우리나라 교육과정 개정의 흐름 속에서 존재하고, 또 조금씩 성장해오고 있었다. 이 장에서는 고교학점제가 그간의 교육과정 속에서 어떻게 성장해왔는지를 살펴봄으로써, 앞으로 고교학점제로 나아갈 수밖에 없는 필연성을 이해하는 데 도움을 주려고 한다.

앞에서는 현행 고교 교육의 고질적인 문제점과 함께 이에 대한 근본적인 해결책을 제시해줄 방안으로서 고교학점제의 도입 필요성을 중심으로 살펴보았다. 많은 분들이 오해하고 있는 부분이 있는데, 사실 고교학점제는 문제인 정부의 대선 공약으로 어느 날 갑자기 등장한 개념이 아니다. 그래서 이제부터는 고교학점제가 과거 우리나라 교육과정의 변화 속에서 여러 가지 모습으로 그 내용을 내포하고 있었음을 살펴보고자 한다.

특히 고교학점제는 학생 선택행 교육과정을 통해 교육의 다양성을 확보하고자 하므로 먼저 학생 선택 중심의 교육과정에 대한 내용을 알아보고자 한다. 다음으로 2015 개정 교육과정에 나타난 학점제의 근거와 구성요소를 살펴보고, 마지막으로 고교학점제 도입과 성숙을 위해서 향후 개정되어야 할 제반조건들을 살펴보고자 한다.

01 학생 선택 중심의 교육과정 도입 근거는?

앞에서도 이야기했지만, 학생들 각자가 타고난 개성이나 능력은 제각각이다. 하지만 우리나라 고등학교 교육과정은 산업화와 맞물려 강력한 효율성 중시 차원에서 이러한 차별성은 거의 무시된 채 학교와 교사 중심의 획일화된 교육과정을 지향해왔다. 안타깝게도 이는 결국 공교육의 중심축이 되어야 할 일반고의 부실화를 초래했고, 학생들에게도 상대적 박탈감이나 교육에서의 소외 등 다양한 문제점을 야기해온 것이 사실이다.

학생 선택형 교육과정을 통해 교육의 **다양화**가 필요한 것은 더 이상 미룰 수 없는 과제임에 분명하지만, 관건은 '어떻게'에 달려 있다. 이에 먼저 선택과목의 확대 및 교육과정 다양화, 학생의 과목 선택권 확대, 학생 중심의 맞춤형 교육정책 추진, 고교학점제 도입을 위한 노력의 근거를 우리나라 교육과정 개정 흐름 속에서 찾아보고자 한다.

학생의 과목 선택권 확대와 교육과정 다양화의 중요성

우리나라가 고등학교 교육과정에서 **선택교육과정**을 채택한 것은 1997년 12월 30일에 총론이 고시(교육부 고시 제1997-15호)되고, 2002년부터 고등학교에 적용된 제7차 교육과정이 그 시작이다. 즉 제7차 교육과정은 초등학교 1학년부터 고등학교 1학년까지 10년간의 국민공통교육과정 이후에 고등학교 2·3학년을 선택 중심 교육과정으로 구성할 수 있도록 한 것이다. 이는 문서상으로는 '문·이과제도의 폐지'를 의미하는 것으로, 고등학교 2개년 동안 일반 선택과목과 심화 선택과목에서 자신의 적성과 수준에 따라 과목을 선택할 수 있도록 설계되었다(교육부, 1997).

제7차 교육과정에서 도입한 학생 선택 중심의 교육과정 그리고 교육과정의 다양화가 중요한 의미를 갖는 이유는 여러 가지를 들 수 있을 것이다. 다만 여기서는 그 당시의 상황에서 접근해볼 필요가 있다.

첫째, 고교평준화 제도에 대한 보완이다. 기존의 고교평준화 제도는 본래의 정책 취지와는 달리, 모든 학교들이 거의 비슷한 교육과정을 운영함으로써 학생의 입장에서 보면 선택의 여지가 거의 없었다. 즉 대부분의 일반고등학교의 교육과정이 대학 입시 중심으로 획일화되어버리는 문제를 야기해온 것이다. 이를 보완하고자 학생 개개인에게 맞춤형 교육과정을 제공하기 위해 학생의 과목 선택권을 확대한다는 의미에서의 **교육과정 다양화**라고 볼 수 있을 것이다.

둘째는 학생의 **학습권 보장**이다. 학교는 모든 학생이 자아실현을 통해 각자의 성취목표에 도달할 수 있도록 학생의 입장에서 과목을 선택하도록 하는 학생 맞춤형 교육과정을 편성할 책임이 있다. 즉 교육과정의 다양화를 통하여 모든 학생들에게 적성과 소질에 따른 과목 선택권을 부여함으로써 학생의 학습권을 보장하고, 이것이 각자의 진로, 적성과의 연결을 통하여 공교육의 책임을 다하여야 한다.

셋째는 **수업 방법 및 평가 개선**의 촉진 역할이다. 학생의 과목 선택권이 확대되면, 학생은 적성과 소질 및 진로, 흥미에 따라 자신에게 필요한 수업을 더 많이 들을 수 있다. 이를 통해서 고등학교에서 대학 입시의 유불리(有不利) 때문에 벌어지고 있는 특정 과목에 대한 쏠림 현상이나 경쟁에서 뒤처진 학생들에 대한 수업소외 현상을 보완할 수 있다. 아울러 교사의 입장에서는 학생의 자발적인 수업 참여가 보장되어 기존의 강의식, 전달식, 문제풀이식 수업에서 벗어나 다양한 형태의 수업 방법, 예컨대 프로젝트, 토의토론, 하브루타, 협동학습, 문제해결학습 등을 적용해볼 수 있다. 아울러 다양한 과목의 개설은 과목당 학생 수가 축소되어 내신 평가 방식에도 변화를 가져올 것이다. 즉 과정 중심 평가, 교사별 평가를 통해 수업시간에 학생의 학습 정도에 따른 구체적인 피드백이 가능해질 것이며, 이로 인해 수업의 변화를 위한 좋은 조건이 갖춰질 수 있다.

학생의 선택권을 넓히는 방향으로 전환되다

고등학교에서 학생 선택 중심의 교육과정 다양화에 대한 필요성이 공감을 얻으면서, 제7차 교육과정 이후의 교육과정인 2007 개정 교육과정, 2009 개정 교육과정, 2015 개정 교육과정에도 그 기본적인 기조를 유지하게 된다. 2009년에 고시되고, 2011년부터 고등학교 1학년에 적용된 2009 개정 교육과정은 고등학교 교육과정에서 과목 선택의 범위를 한층 확대했다. 제7차 교육과정의 국민공통기본교육과정을 10년에서 9년으로 낮춰 고등학교 3학년 전체를 선택교육과정으로 편성할 수 있도록 한 것이다.

더불어 종래의 수업시수 성격을 '연간 최소 수업시수'에서 증감이 가능한 '기준 시수'로 전환함으로써 각 학교로 하여금 교과 수업시수를 자율적으로 증감하여 편성·운영하도록 하였다. 특히 고교 교육과정에서 특정 과목이 아닌 교과(군)별 필수이수단위를 116단위에서 86단위로 하고, 나머지 94단위를 '학교 자율과정'으로 정하여 학교와 학생 선택권을 넓히는 진로집중과정을 강조하였다(교육부, 2009).

이와 함께 단위학교의 교육과정 다양화를 위해 과학, 수학, 사회, 영어, 예술, 체육 등의 교과를 중심으로 **중점학교**를 운영할 수 있게 하였다. '자율과정의 50% 이상 과목을 특성화된 교과군 영역에 배치'할 수 있게 한 것도 같은 의미를 담고 있다(교육부, 2009).

2015년 고시되고, 2018년 고등학교에 적용되기 시작한 2015 개정 교육과정은 기존 고등학교 국어, 영어, 수학의 기초교과 영역에 한국사를 포함하였고, 이를 통해 국어, 영어, 수학 학습의 비중을 적정화하고 교과 총 이수단위에서 기초교과 영역이 50%를 넘지 못하도록 함으로써 다양한 교과에 대한 교과 편중 현상을 개선하려고 하였다. 또한 학생의 적성과 진로에 필요한 다양한 과목을 이수할 수 있도록 일반 선택과 진로 선택과목을 개설하고, 일반고 학생의 진로에 따른 선택권을 확대하기 위해 진로 선택과목을 3과목 이상 이수하도록 하는 지침을 두었으며, 진로에 따라 다양한 선택과목을 조합한 '맞춤형 과정' 이수가 가능하도록 과목 선택에 대한 진로지도를 강화하는 지침을 신설하였다(교육부, 2015).

덧붙여 2009 개정 교육과정과 2015 개정 교육과정의 차이점을 통해 고교학점제를 위한 학생의 과목 선택권 확대를 위한 내용을 살펴보고자 한다. 2009 개정 교육과정의 경우 공통과목 미지정 전 교과의 선택과목, 교과군별 필수이수단위가 설정되어 있으며, 과정 선택(인문사회, 자연이공, 예체능 등)이었다. 여기에 2015 개정 교육과정의 경우 공통과목을 지정하고 한국사가 신설되어 추가되었으며, 과목 선택권이 보장되었다. 선택과목 구분을 보면 2009 개정 교육과정은 기본-일반-심화로 이루어져 있으나, 2015 개정 교육과정은 일반선택/심화선택으로 나누고 전문교과의 이수가 가능해졌다. 더불어 2015 개정 교육과정은 학업 및 진로상담 기능이 강화되고, 진로지도와 연계된 선택과목에 대한 정보를 적극적으로 안내하도록 되어 있다.

교육과정 개정 시기별 학생 선택권의 확대 추이

우리나라는 제7차 교육과정부터 학생의 흥미와 적성 및 진로를 고려하여 교육과정을 편성·운영하고, 선택과목에 대한 학생의 선택권을 확대하고자 노력하였다(표 2-1 참조).

|표 2-1| 교육과정 시기별 학생의 과목 선택권 확대 관련 내용

시기	제7차 교육과정 2007 개정 교육과정	2009 개정 교육과정	2015 개정 교육과정
내용	•학생의 진로와 관련한 엄격한 과정을 따로 두지 아니하며, 개별 학생은 자신이 선택하여 이수한 과목들을 모아 자신의 과정을 만들어가는 것을 원칙으로 한다. 학교는 학생의 진로 선택을 돕고 계열성 있는 선택과목의 이수를 위하여 필요한 과정을 설치하여 운영할 수 있으며, 이와 관련한 구체적인 사항은 시·도교육청이 정한 지침에 따른다. •선택과목은 학교의 실정과 학생들의 요구를 반영해서 편성한다. 특히, 시·도가 정한 일정 규모 이상의 학생이 이 교육과정의 편제에 있는 특정 선택과목의 개설을 요청할 경우, 학교는 이를 개설하여야 한다. •선택과목에 136단위 중에서(2007 개정: 132단위) 시·도교육청, 단위학교는 각각 28단위 이상 지정할 수 있다. 학생의 선택 비율은 최대 50%까지 하되, 지역이나 학교의 실정에 따라 가능한 학교부터 점진적으로 시행하도록 한다(2007 개정: 학생의 선택은 최소 28단위 이상으로 하되, 이에 대한 구체적인 사항은 시·도교육청이 정한 지침에 따른다).	•일정 규모 이상의 학생이 이 교육과정의 편제에 있는 특정 선택과목의 개설을 요청할 경우, 학교는 이를 개설해야 한다. •학교는 학생의 요구 및 흥미, 적성 등을 고려하여 적절히 안내할 수 있는 진로집중 과정을 편성·운영하도록 한다. 이를 위해 학교는 이 교육과정에 제시하는 '학교자율과정'에서 진로집중 과정과 관련된 과목의 심화학습이 이루어질 수 있도록 편성·운영한다.	•학교는 일정 규모 이상의 학생이 이 교육과정에 제시된 선택과목의 개설을 요청할 경우 해당 과목을 개설해야 한다. 이 경우 시·도교육청이 정하는 지침에 따른다. •학교는 학생이 자신의 진로에 적합한 과목을 체계적으로 이수할 수 있도록 진로지도와 연계하여 선택과목 이수에 대한 정보를 적극적으로 안내한다. •학교는 학생이 이수하기를 희망하는 일반 선택과목을 개설하도록 노력해야 하며, 모든 학생이 보통 교과의 진로 선택과목에서 3개 과목 이상을 이수할 수 있도록 한다.

※출처: 교육부(2015). "초중등학교 교육과정 총론 해설" 내용을 발췌하여 재구성

아울러 국가 수준의 교육과정에서는 고등학교 학생의 과목 선택권 확대 이외에도 다양한 자원, 예컨대 지역사회의 학습장, 다른 학교, 대학과목 선이수제의 과목 개설 등을 통해 학생의 선택과목 이수를 지원하고 있다(표 2-2 참조).

| 표 2-2 | 교육과정 시기별 학생의 선택과목 이수 지원 방안 관련 내용

시기	제7차 교육과정 2007 개정 교육과정	2009 개정 교육과정	2015 개정 교육과정
내용	• 학교장은 자신의 학교에서 개설하지 않는 선택과목 이수를 희망하는 학생이 있을 경우, 그 과목을 개설한 다른 학교에서의 이수도 인정하도록 한다. 특정 과목의 경우, 공공성 있는 지역사회의 학습장에서의 학습이 해당 학교에서 보다 효과적이라고 판단할 경우, 학교장은 이를 허용하여야 하며, 이와 관련한 구체적인 사항은 시·도가 정한 지침에 따른다.	• 선택과목은 학교의 실정과 학생들의 요구를 반영하여 편성하되, 학교는 필요에 따라 이 교육과정에 제시되어 있는 과목 외에 새로운 과목을 개설할 수 있다. 새로운 과목을 개설하여 운영하고자 할 경우에는 시·교육청의 교육과정 편성·운영 지침에 의거하여 사전에 필요한 절차를 거친다. • 학교에서 개설하지 않은 선택과목 이수를 희망하는 학생이 있을 시 그 과목을 개설한 다른 학교에서의 이수를 인정하도록 한다. • 학교 및 학생의 필요에 따라 지역사회의 학습장에서 행하는 학습을 이수과목으로 인정할 수 있다. 다만, 이 경우 시·도교육청이 정하는 지침에 따른다. • 학교는 필요에 따라 대학과목 선이수제의 과목을 개설할 수 있고, 국제적으로 공인받은 교육과정과 과목을 선택과목으로 인정할 수 있다. 다만, 이와 관련된 구체적인 사항은 시·도교육청의 지침에 따른다.	• 학교에서 개설하지 않은 선택과목 이수를 희망하는 학생이 있을 경우 그 과목을 개설한 다른 학교에서의 이수를 인정한다. • 학교는 필요에 따라 이 교육과정에 제시되어 있는 과목 외에 새로운 과목을 개설할 수 있다. 이 경우 시·도교육청이 정한 지침에 따라 사전에 필요한 절차를 거쳐야 한다. • 학교 및 학생의 필요에 따라 지역사회의 학습장에서 이루어진 학습을 이수과목으로 인정할 수 있다. 이 경우 시·도교육청이 정하는 지침에 따른다. • 학교는 필요에 따라 대학과목 선이수제의 과목을 개설할 수 있고, 국제적으로 공인된 교육과정이나 과목을 개설할 수 있다. 이 경우 시·도교육청이 정하는 지침에 따른다.

※출처: 이광우(2018). 〈2018년 제1차 고교학점제 정책 포럼 자료집〉, p.12

학생 중심의 맞춤형 교육정책 추진 현황

문재인 정부의 교육 혁신안 이전에도 교육부는 학생의 진로·적성을 고려한 학습자 중심의 교육정책을 지속적으로 추진해오고 있었다. 2010년 이후 교육부에서는 고교교육력제고 방안(2010. 4. 8), 일반고 교육역량 강화 방안(2013. 10. 28), 고교 맞춤형 교육 활성화 계획(2016. 4. 25), 지능정보사회 대비 중장기 교육 방향(2016. 12. 23), 고교교육력제고사업 지원 계획 발표(2017. 2. 23), 고교학점제 추진 방향 및 연구학교 운영 계획 발표(2017.11.27.) 등을 통해 정책을 추진해왔다.

일반고 학생의 교육력을 제고하기 위한 그간의 방안이나 계획들의 특징은 다음과 같다(이광우 외 2017, 29~30).

첫째, 학습자의 **수준·적성·진로**를 고려한 고등학교 교육과정의 편성·운영을 주된 방향이나 목적으로 하고 있다.

둘째, 학습자의 적성과 진로를 고려한 다양한 선택과목은 학교뿐만 아니라 **학교 밖의 다양한 자원을 활용**하여 이수할 수 있도록 하고 있다는 점이다. 예컨대 실시간/쌍방향 온라인 공동교육과정운영, 학교 간 공동교육과정 운영, 타 학교 연계형 교육과정 운영, 지역 내 교육시설을 활용한 교육과정 운영, 지역 대학을 활용한 교육과정 운영을 통해 학생의 수업 및 과목 선택권을 보장해주고자 노력하였다.

셋째, 학습자의 수준·적성·진로를 고려한 선택과목을 이수할 경우, 선택과목 평가에 있어서 교과목의 **성취 정도**를 중시한다고 할 수 있다. 예컨대 소인수 선택과목의 경우 (·)을 학교생활기록부에 기재토록 하며, 교과의 최소 성취기준에 도달하지 못한 경우에는 보충 프로그램을 제공함으로써 교과 학습의 질 관리를 도모하고 있다.

넷째, 학습자의 적성·진로를 고려한 교육과정을 편성·운영하기 위한 방안의 하나로 **고교학점제**를 실시하려고 준비하고 있다는 점이다.

이상에서 살펴보았듯이, 현행 고등학교 교육과정을 개선하기 위해서는 단기적으로는 학생의 과목 선택권 확대 측면에서의 접근이 필요하다. 또한 학생의 과목 선택권 확대와 연계한 고교학점제 시행을 위해서는 앞으로 많은 내용 검토가 필요하다. 다만, 학점제 실행에 있어서 학생의 과목 선택권 확대는 필요조건이지 충분조건은 아니다. 다시 말해 학생 측면에서의 확대일 뿐 고교학점제를 확산하기 위한 방법으로 과목 선택권이 확대되어서는 안 된다는 뜻이다. 왜냐하면 학생 과목 선택권은 학점제를 구현하기 위한 하나의 실행 방안일 뿐이기 때문이다.

고교교육력제고 방안(2010. 4. 8)에서도 학생의 과목 선택권을 다양화하기 위해 고교학점제의 전 단계로 기초과정과 심화과정을 신설하겠다고 밝히고 있다. 이를 구체화한 예가 바로 실용국어, 심화국어, 실용영어, 실용수학을 2015 개정 교육과정의 진로 선택 교과로 신설한 것이다(이광우 외 2017, 29~30).

교과교실제와 성취평가제를 통한 고교학점제의 기반 조성

앞서 설명한 교육과정 개정의 흐름을 살펴보더라도 2017년 11월에 교육부에서 발표한 고교학점제는 느닷없이 추진된 제도가 아님을 잘 알 수 있을 것이다. 아울러 2009 개정 교육과정이 시작되는 2011년에 이미 도입을 시도하려고 노력하고 연구를 진행하였으나, 교육 환경(교실)의 부족과 상대평가 9등급제라는 벽에 막혀서 그 시행을 잠시 유보했을 뿐이다. 그러면서 위의 문제를 해결하기 위한 방안으로 교과교실제와 성취평가제를 통하여 고교 교육의 근본적 변화를 위한 노력이 이어져왔다.

구자억[1]의 연구를 살펴보면 2009 개정교육과정에서 고교학점제를 도입을 하려고 했는데, 두 가지 측면에서 여건이 조성되지 못해서 시행을 연기한 바 있다. 바로 시설과 평가이다. 바로 이 문제를 해결하기 위해 **교과교실제**와 **성취평가제**를 통해 고교학점제에 대한 기반을 조성해나간 것이다.

그러나 교과교실제가 그리 순탄하게 학교 현장에 안착한 건 아니었다. 초창기 교과교실제는 시설 측면에 많은 에너지를 쏟았다. 특히 건축을 통한 학교의 변화를 기대한 것으로 볼 수 있다. 그 즈음의 보고서를 보면, "교육과정을 어떻게 할 것인가?", "수업의 변화를 어떻게 이뤄낼 것인가?", "다양한 측면을 평가하기 위해서 일

---

1. 구자억·남궁지영(2011). "학점제 도입 방안", 〈포지션페이퍼 2011〉, 한국교육개발원 현안보고 OR(2011-3-5)

제평가보다 과정평가나 교사별 평가를 시행하기 위해 어떤 변화가 필요한가?"라는 내용보다는 시설, 예컨대 교실, 홈베이스, 교사 연구실 등의 변화에 지나치게 방점을 찍었던 것이다. 그 결과 ○○고등학교는 선진형 교과교실제(전 과목 이동수업)를 구현하기 위한 학교 건축까지 진행하였다. 하지만 학생들의 이동 거리가 멀고, 잦은 수업 이동으로 인하여 어쩔 수 없이 블록수업을 할 수밖에 없었다.

수업 방법에 대한 변화 없이 수업을 '50분+50분'으로 연속해서 실시하다 보니 수업에 대한 집중이 떨어졌고, 특정 요일에 공휴일이 많을 경우 수업결손이 두 배로 이어지는 등 교육과정을 정상적으로 운영하기가 어려웠다. 그러한 이유로 알맹이는 사라진 채 껍데기만 남았다. 학교 철학은 사라지고, 건물만 남았다는 비아냥거림마저 듣게 된 것이다.

하지만 2018년부터 시행이 시작된 2015 개정 교육과정의 도입과 현 정부 교육부의 1호 공약인 고교학점제의 시행을 통해서 교과교실제는 다시금 힘을 받게 되었다. 왜냐하면 고교학점제는 기본적으로 학생의 교과 선택권을 바탕으로 하고 있기 때문에, 어차피 같은 반 학생이라도 학생 개개인의 적성과 소질에 따라 각기 다른 과목을 선택하면 각기 다른 교실에서 수업을 들어야만 한다. 따라서 이를 제대로 실현하기 위해서는 어차피 교과교실제가 이루어져야 하는 것이다.

교과교실제의 세 가지 중점사항은 집중이수, 이동 수업, 블록타임이다. **집중이수**는 학생이 배우고 싶어 하는 과목을 한 학기에 이수하게 함으로써 학생의 과목 선택권 다양화를 보정하는 측면이 있다. **이동 수업**은 학생의 과목 선택에 따라서 반 편성이 이루어지고, 그 선택에 맞게 편성된 교실에서 수업이 이루어지게 하는 것이다. 이에 따라 교실 이동이 잦아지면 여러 가지로 학교 운영에 어려움이 예상되므로 그 이동 횟수를 줄이고자 블록타임을 통해 학생들의 이동횟수를 줄이는 것이다. **블록타임**은 수업의 단위시간을 90분 또는 100분 단위로 편성함으로써 강의 중심 수업에서 벗어나 학생 활동 중심 수업을 가능하게 할 수 있으며, 평가의 측면에서도 자연스럽게 과정 중심 평가와 교사별 평가로 연결되는 효과를 가져오게 되었다.

그러한 노력으로 어느 정도 고교 교육의 근본적 변화에 대한 대중적 요구가 일어나면서 2017년 대선 후보들 간에 고교학점제(학생의 교과 선택권 부여)가 뜨거운 이슈로 떠올랐고, 대선을 거치면서 현 정권의 주요 정책으로 부상하게 된 것이다. 그것이 고등학교 관련 제1호 공약으로 발전하였으며, 현 교육부 국정과제 50 '교실 혁명을 통한 공교육혁신' 중 50-2 '단계적 고교체제 개편 추진'

| 표 2-3 | 고등학교 학생 수의 변화

(단위 : 명)

구분	2018년	2019년	2020년	2021년	2022년
입학생 수	495,939	469,168	452,231	419,506	434,069
전체 학생 수	1,578,450	1,457,490	1,386,631	1,344,791	1,308,339

의 내용으로 구체화되었다.

아울러 2022년 이후에는 고등학교 학생 수의 감소로 인해 자연스럽게 학점제가 이루어질 수밖에 없는 환경이 마련될 것으로 예측된다. 표 2-3을 보면 고등학교의 신입생 수가 해마다 줄어들고 있음을 확인할 수 있는데, 앞으로 전체 고등학교 학생 수가 해마다 약 5만 명씩 줄어들 것으로 예측되는 상황이다.

02 2015 개정 교육과정에 나타난 학점제의 근거와 구성요소

앞에서는 그동안의 교육과정 개정 속에서 고교학점제가 어떤 식으로 자리를 잡아왔는지 살펴보았다. 아울러 급격하게 감소하는 학생 수로 인해 학생 개개인의 선택권 확대 추구가 강조되고, 이와 함께 고교학점제는 피할 수 없는 흐름이라는 점도 살펴보았다. 또한 고교학점제의 기반이 어떤 식으로 조성되어왔는지도 살펴보았다. 이제부터는 정부가 실현하고자 하는 고교학점제의 근거와 구성요소를 2015 개정 교육과정에서 찾아보고자 한다.

고교학점제의 근거

고교학점제의 근거는 새 정부의 교육공약과 국정과제 추진 계획에서 명확하게 제시하고 있다. 정부 출범 이전에 이미 제시한 교육공약을 통해 "고교학점제(DIY형 교육)로 진로 맞춤형 교육을 추진하겠습니다."고 밝힌 바 있다. 진로·적성 맞춤형 고교학점제 (DIY형 교육) 추진 과제로는 ① 고등학교에서 필수교과를 최소화하고 학생에게 교과 선택권 부여, ② 학생이 원하는 강좌를 신청하여 학점제로 운영, ③ 고교학점제 도입 시 진로 설계 코칭 강화, ④ 고교학점제는 유형별·단계별로 확대로 제시하고 있다.

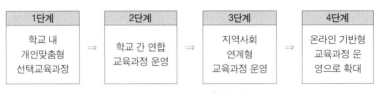

단계별 고교학점제 확대 방안

또한 고교학점제를 통해 벽 없는 학교 추진 과제로 일반고-특성화고-대안학교 간 학점 연계로 학교 간 이동 허용과 일반고 학생의 특성화고 전공인증제 도입을 추진 과제로 삼았다. 이는 더불어민주당(2014)에서 발간한 제19대 대통령선거 정책 공약집 〈나라를 나라답게〉에서 밝힌 내용이다.

▶ **정부의 국정운영 5개년 계획 속 고교학점제**

다음은 새 정부 출범 이후 2017년 7월 국정기획자문위원회에 발표한 국정운영 5개년 계획 중 고교학점제와 관련된 내용이다. '50교실혁명을 통한 공교육 혁신 (교육부)'에서 "과제목표로 경쟁 중심의 교육에서 벗어나 진로 맞춤형 교육으로 학생의 성장 지원과 수업 혁신을 선도하는 혁신학교·자유학기제 확대, 대입전형 간소화 등을 통해 교실에서 시작되는 공교육 혁신 도모"를 제시하였다. 아울러 "① (학생 중심 교육과정 개편) 유아·초등학생 적정 학습 시간 및 휴식시간 보장 법제화, 초·중·고교 필수교과 축소 및 선택과목 확대, 문예체 교육 활성화, ② (진로맞춤형 고교체제) 2018년 고교학점제 도입·확대, 국가교육회의(2017년 설치)에서 의견 수렴을 통해 단계적 고교체제 개편 추진, ③ (대입제도 개선 및 공정성 제고) 복잡한 대입전형 단순화 추진·적용(2018년~), 중장기 대입제도 개선·추진, ④ 경쟁과 입시 중심 교육에서 벗어나 학생들의 핵심 역량 함양을 지원하는 학교 교육으로"를 주요 내용으로 하여 문재인 정부 국정운영 5개년 계획에서 밝히기도 했다.

위의 내용으로 미루어볼 때, 고교학점제의 시행에서 고려해야할 키워드는 단계적 고교체제 개편, 학생 중심 교육과정 운영, 진로·적성 맞춤 교육, 학생의 수강신청 허용, 필수교과와 단위 수의 축소, 선택과목 확대, 진로설계 코칭, 학교 간 연계(벽 없는 학교), 학교 밖 자원 활용, 대입제도 개선 및 공정성 제고 등으로 정리할수 있을 것이다.

▶ 학생 맞춤형 교육과정 지원 시스템 제공의 필요성

이 내용을 고교학점제와 관련된 특징으로 연결하면 학생 중심 교육으로 학생의 진로 적성에 맞게 학생 자신이 원하는 과목을 선택해서 수강하여 이수하고, 정해놓은 일정 학점에 도달한 학생은 졸업을 인정받게 되고 대학에 진학할 수 있는 조건을 갖추게 된다는 점이다. 이를 위해서는 필수교과와 단위 수를 축소하고 학생들의 진로와 흥미, 적성에 적합한 선택과목을 학교에서 다양하게 제공하는 것을 전제로 하고 있다.

학생의 진로·적성에 부합하는 다양한 과목을 실질적으로 선택할 수 있도록 학교 차원에서 학습자의 진로 설계에 필요한 충분한 상담과 다양한 진로·적성 검사를 거치고, 그 결과를 통해 학생 맞춤형 교육과정을 지원하는 시스템을 제공해야 한다는 점이다. 현재 이에 대한 다양한 연구가 진행되고 있으며, 과거의 문·이과로 분리 운영하는 교육과정 운영 방식에서 벗어나 다양한 학생 개개인의 적성을 살릴 수 있는 교육과정 운영과 과목 선택에 대한 안내가 필요하다.

이와 더불어 단위학교 차원에서 교육과정을 편성할 수 없는 선택과목의 경우, 다른 학교와의 연계, 즉 일반고-일반고, 일반고-특성화고 등 그리고 쌍방향 온라인, 지역사회 시설, 대학 연계 등과 같이 학교 밖의 자원을 적극 활용할 수 있다는 점이다. 궁극적으로는 대입제도가 먼저가 아니라, 고교학점제를 통한 충실한 고등학교 교육과정 운영을 실질적으로 반영한 대입제도의 개선을 유도하고자 한 것이다. 이와 같은 전제는 향후 우리나라 고교학점제 정책 추진의 방향으로 작용할 것으로 보인다.

이러한 점에서 지난 2018년 8월 17일에 교육부에서 발표한 내용은 큰 방향성을 제안하는 밑그림을 그려주었다고 할 것이다. 그 구체적인 내용으로는 고교학점제 구현이 가능한 여건을 갖춘 직업고등학교부터 고교학점제에 대한 점진적 도입, 진로 선택과목부터 성취평가제의 도입, 대학입학수학능력시험에서 국어와 수학 영역이 그동안에는 교과로 응시하던 것에서 앞으로는 과목 선택권, 예컨대 국어는 화법과 작문, 언어와 매체 중 하나를 선택하고, 수학의 경우 확률과 통계, 미분과 적분, 기하 중 하나를 선택하는 등의 방식으로 선택권을 부여하게 된다. 또한 그동안 평가에 대한 왜곡이 가장 심하였던 제2외국어와 한문에 대한 절대평가의 도입도 언급하고 있다.

하지만 아쉽게도 모두가 만족스러운 것은 아니다. 탐구 영역에서 사회 영역과 과학 영역의 과목을 각각 1개씩 선택하여야 진정한 의미의 문·이과 통합교육과정이 구현될 것으로 기대했으나, 현재와 마찬가지로 한 영역에서 선택 2개가 가능함으로써 여전히 평가에 의한 고교 교육과정 운영의 불일치(mismatch)를 해결하지 못했다는 아쉬움이 남는다.

고교학점제의 구성요소

학점제의 구성요소를 살펴보기 전에, 우선 학점제에 대한 개념부터 살펴볼 필요가 있다. 교육과정상에서 '학점제'라는 용어가 공식적으로 등장한 것은 '미래형 교육과정 구상(안)'(허숙, 2009)이다. 이 안은 2009 개정 교육과정의 기반이라고 할 수 있는데, 이 문서에서 미래 핵심역량을 길러줄 수 있는 교육과정 운영체제로 학점제, 무학년제의 도입을 제안하였다. 그러나 이 문서에서는 아직까지 학점제가 대체 무엇인지에 대한 구체적인 정의가 제시되어 있지는 않았다.

▶ 학점제와 단위제의 정의와 구성요소

먼저 학점제와 단위제에 대한 사전적 정의를 살펴보면 다음과 같다. 다음국어사전(2018)에는 학점제를 "대학이나 대학원에서, 교육과정을 학점단위로 계산하여 이수하게 하는 제도"로 정의하고 있다. 한편 단위제는 "일정한 학과의 이수단위를 기준으로 하여 학년 진급이나 졸업을 정하는 제도"로 정의하고 있다. 또한 표준국어대사전(2018[2])에서는 학점제는 "학생이 이수한 학점을 계산하여 졸업 여부를 결정하는 제도"라고 정의하고 있다. 한편 단위제는 "일정한 학과의 이수단위를 기준으로 하여 졸업 여부를 결정하는 제도"라고 정의하고 있다.

위와 같은 사전적 정의들을 살펴보면 학점제와 단위제의 본질적 차이는 '학점단위 이수', '학과의 이수단위'에 따라 졸업 여부를 결정한다는 것이다. 선행연구들을 살펴보면 다음의 표 2-4와 같이 학점제를 정의하고 있었으며, 이를 통해 그 구성요소들을 추출해 볼 수 있었다.

---

2. 국립국어원(2017). http://stdweb2.korean.go.kr/search/List_dic.jsp. 2018. 11. 3. 검색

| 표 2-4 | 학점제의 정의와 구성요소

구분	교육부(2017)	이광우 외(2017) KICE	서울시 교육청(2017)	구자억 외(2011) KEDI
정의	진로에 따라 다양한 과목을 선택·이수하고, 누적 학점이 기준에 도달할 경우 졸업을 인정받는 교육과정 이수·운영제도	교과(과목)의 성취기준에 도달한 학생에게 이수학점을 부여함으로써, 교과(과목)별 학점이 누적되어 최소 졸업학점에 도달하는 학생에게 졸업을 인정하는 제도	학생이 진로와 적성에 따라 희망하는 과목을 선택하여 수강할 수 있도록 하며, 수강 과목의 성취기준에 도달하면 과목 이수 및 학점을 인정하고, 교과별 최소이수학점과 총 학점을 취득하면 졸업을 인정하는 고등학교 교육과정 운영체제	교과별 이수 성취기준에 도달한 학생에게 학점을 부여함으로써, 각 과목별 학점이 누적되어 설정해놓은 최소 졸업학점에 도달하는 학생에게 졸업을 인정하는 제도
구성 요소	다양한 과목을 선택·이수하고 누적 학점이 기준에 도달하면 졸업을 인정	이수학점을 부여하고 성취기준에 도달하면 졸업을 인정	과목을 선택하여 수강하고 성취기준에 도달하면 졸업을 인정	학점을 부여하고 성취기준에 도달하면 졸업을 인정
공통	과목을 선택, 기준에 도달, 졸업학점			

위의 표에 따르면 학점제의 구성요건은 과목 선택, 이수조건(기준에 도달), 졸업이수학점(총 학점) 등 3가지로 나누어볼 수 있다. 이를 그림으로 나타내면 다음과 같다.

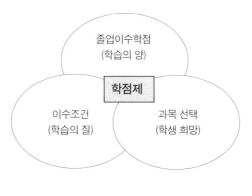

학점제의 구성요건[3]

고교학점제 실행을 위한 전제

고교학점제가 제대로 실행되려면 다음과 같은 전제가 필요할 것이다. 첫째, 학생의 적성·진로·수준에 따라 원하는 과목을 **선택**하여 수강한다. 둘째, 수강한 과목이 학점으로 인정받으려면 교과별로 정해진 **이수기준**을 통과해야 한다는 점이다. 셋째, 출석 수업일수가 아닌 둘째가 전제된 졸업에 필요한 **최저학점**을 충족해야 한다는 점이다. 즉 졸업에 필요한 학점 취득요건은 출석일수와 함께 과목별 이수기준 모두를 통과해야 한다는 것이다.[4]

---

3. 이광우 외(2017), p.254
4. 한국교육과정평가원(2018), 〈2018년 제1차 고교학점제 정책 포럼 자료집〉, 연구자료 ORM(2018-50), p.10

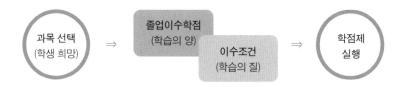

학점제 편성·운영의 시계열적 성격

고교학점제가 추구하는 교육과정으로 편성·운영하려면 우선 학생의 희망에 의해 과목이 선택될 수 있도록 학교가 교육과정을 편성하고, 그 편성된 것 중에서 학생의 흥미와 진로, 적성 등에 맞추어 과목의 선택이 이루어져야 한다. 이것이 졸업이수학점이라는 방식으로 **학습의 양**을 채우고, 이수조건을 통해 **학습의 질**을 확보함으로써 고교학점제가 실행되는 것이다. 따라서 학생의 과목 선택권 보장은 고교학점제 교육과정의 편성·운영에 있어서 필요조건에 해당한다고 볼 수 있다.

▶ **교육과정 다양화는 어떻게 실현할 것인가?**

과목 선택은 교육과정 다양화를 통해 가능하다. 학생의 다양한 소질과 적성, 진로 희망 등을 고려한 교육과정 다양화를 통해 학생들의 과목 선택권을 확대하는 등 **학생 맞춤형 교육**을 실현하는 것이 고교학점제가 근본적으로 추구하는 교육과정 다양화이다. 이를 위해서 학생 과목 수요 및 교육 여건 등을 고려하여 ① 단위학교 내→ ② 학교 간 연계→ ③ 지역사회 연계 등 단계적으로 교육과정 다양화를 추진하고 있다.

① 단위학교 내 교육과정 다양화

단위학교 내에서 다양한 학생 수요를 고려하여 소인수과목 개설 등을 통한 선택과목 확대, 중점과정 운영을 통한 교육과정 특성화 등으로 단위학교 내 교육과정 다양화가 추진되고 있으며, 그 형태는 학생 선택과목 확대형, 소인수 선택과목 개설형, 교과중점학교 등이 있다. **학생 선택과목 확대형**은 보통교과는 물론 전문교과까지 선택과목을 최대한 개설하여 학생이 진로 희망에 따라 선택할 수 있도록 교육과정을 편성하는 것이다. 그 대표 사례로는 개방형 선택교육과정(서울)[5], 자유수강제(경기)[6] 등이 있다.

교과 영역	교과 (군)	과목	기준 단위	운영단위				1학년		2학년		3학년		영역 합계	필수 이수 단위
				공통	일반	진로	전문	1학기	2학기	1학기	2학기	1학기	2학기		
교과 영역 간 선택 과목		심화국어/영미문학읽기/미적분/수학과제탐구/경제수학/중국어Ⅱ/일본어Ⅱ/체육탐구	택3	5		4							2	2	12	-
				5		4							2	2		
				5		4							2	2		

경기도 F고 교과 영역 간 자유수강제 편성 사례

5. 자유로운 과목 선택을 통해 개별교육과정을 형성함으로써 진로 탐색 및 맞춤형 학습을 지원(부분/전면 개방형)
6. 교과(군)경계 없는 과목 선택 등 학생 선택권 확대를 통해 학생 중심 진로 맞춤형 개별 교육과정 편성 지원(교과 영역 내/교과 영역 간)

소인수 선택과목 개설형은 그동안 학생 수요가 충분하지 않아 개설되지 않던 과목에 대해 학생 맞춤형 교육 실현을 위해 최대한 과목을 개설을 하는 것이다. 대표적인 사례로는 주문형 강좌(경기)[7]와 진로희망 강좌(인천)[8] 등이 있다.

| 표 2-5 | 인천광역시의 진로 희망 강좌 현황

학교명	운영과목
부개여고(9과목)	심리학, 논리학, 실용경제, 회계원리, 인지과학입문, 프로그래밍, 컴퓨터일반, 생활과 창의성, 지식재산일반
검단고(2과목)	과제연구(과학), 지식재산일반
인화여고(4과목)	화학실험, 생명과학실험, 문학개론, 보건
신송고(7과목)	실용경제, 국제경제, 프로그래밍, 응용프로그래밍, 로봇하드웨어, 로봇소프트웨어, 연극제작실습

끝으로 **교과중점학교**는 특정 분야에 소질·적성이 있는 학생이 특성화된 교육을 받을 수 있도록 중점교과 관련 과목을 다양하게 개설·운영하는 학교이다. 중점교과 관련 과목(자율편성단위 30% 내외) 및 창체 편성·운영, 중점학급 편성을 지양하고 중점과정을 편성하여 교육과정 특성화 추진으로 운영되고 있다. 기존의 과학, 예술·체육 중점학교에서 사회, 제2외국어, 기술(정보), 융합 등으로 분야를 확대해 2017년 기준 333개교가 운영 중이다.

---

7. 과목 개설 요구가 있음에도 교사 수급 및 반편성 문제 등으로 개설이 어려웠던 과목을 학교가 적극 개설하여 운영

8. 학생들의 능력, 적성, 흥미를 고려하여 소수 희망 선택과목에 대해서도 정규교육과정 내 개설하여 운영하는 강좌

② 학교 연계 교육과정 다양화[9]

학교 연계 교육과정 다양화(공동교육과정)는 희망 학생이 적거나 교사 수급이 어려운 소인수·심화과목을 여러 학교가 연계하여 공동으로 과목을 개설하여 운영하는 교육과정이다. 그 유형으로는 거점학교형, 학교연합형 및 온라인 공동교육과정[10] 형태로 운영되고 있다.

그 운영 절차는 다음 그림과 같다.

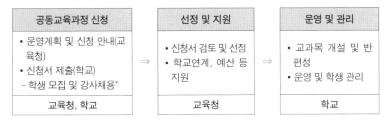

공동교육과정 운영 절차

③ 지역사회 연계형 교육과정 다양화

모든 학교가 특색 있는 다양한 교육과정을 운영하여 고교 진학 시 흥미·적성·진로에 따라 원하는 교육과정을 선택·지원할 수 있는 일반고 혁신 모델을 창출하기 위해 지역사회와 연계할 수 있다. 교육과정 특성화 지구 내 일반고 전체가 학교별로 특색 있는

---

9. 부천 교육과정 특성화 시범지구 사업 내용을 참조함.

10. 기존 오프라인 공동교육과정의 시·공간적 제약, 교사 수급 문제 등을 보완하고자 실시간 양방향 온라인 강의 시스템 구축 및 온라인 공동교육과정 시범운영 중(2018년 3월~)

교육과정을 운영할 수 있도록 지원함으로써 교육과정 다양화·특성화를 추진하고 있는 것이다.

한국교육개발원(2016)의 "다양한 진로수요 맞춤교육을 위한 고교 운영체제 혁신방안 연구"에 의하면 희망과목 개설 여부에는 긍정적인 의견이 50% 수준에 머물렀으며, 수강하고 싶은 과목 가운데 개설되지 않은 과목으로는 교양(22%) 및 예술·체육(19%) 과목 등의 개설 요구가 높았다. 이러한 결과는 고교학점제에 시사하는 바가 크다고 하겠다.

▶ 과정(계열)의 구분을 통한 교육과정 운영의 한계 극복

교육과정 운영의 한계를 극복하기 위해서는 과정(계열)의 구분이 필요하다. 교육에 대한 긴급조치기(1945), 교수요목기(1946~1954), 1차 교육과정(1954~1963) 시기까지는 과정에 대한 구분이 없었다. 그러나 2차 교육과정부터는 과정을 구분해 교육과정을 운영하도록 하였다. 이에 관한 구체적인 내용은 다음과 같다.

- **2차 교육과정(1963~1972)**: '인문 과정', '자연 과정', '직업 과정', '예능 과정'으로 구분하여 지도한다.
- **3차 교육과정(1973~1980)**: 과정(인문, 자연, 직업, 체육, 예능, 외국어, 기타) 편성에 있어서는 학생 개개인에 대하여 이에 필요한 모든 요인을 면밀히 검토하여 결정하여야 한다.
- **4차 교육과정(1981~1986)**: 학생의 진로 선택에 따라 2학년부터 '인

문·사회 과정', '자연 과정', '직업 과정'으로 구분되며, 과정별 선택 과목을 두고, 직업 과정은 학생의 희망에 따라 무리하지 않게 운영한다.

- 5차 교육과정(1987~1993): 2학년부터 '인문·사회 과정', '자연 과정 및 직업 과정'으로 구분하여, 각각 소정의 과목을 이수하게 한다.

- 6차 교육과정(1994~2000): 2학년부터 '인문·사회 과정', '자연 과정', '직업 과정 및 기타 필요한 과정'을 둘 수 있다. 단 직업 과정으로의 변경은 3학년에서도 가능하다.

- 7차 교육과정(2001~2006): 일반고등학교의 교육과정에는 학생의 '진로와 관련한 엄격한 과정을 따로 두지 아니하며', 개별 학생은 '자신이 선택하여 이수한 과목들을 모아 자신의 과정을 만들어가는 것'을 원칙으로 한다. 학교는 '학생의 진로 선택을 도와주고, 계열성 있는 선택과목의 이수를 위하여 필요한 과정을 설치하여 운영'할 수 있으며, 이와 관련한 구체적인 사항은 시·도교육청이 정한 지침에 따른다.

- 2007 개정 교육과정(2007~2009): 일반고등학교의 교육과정에는 학생의 '진로와 관련한 엄격한 과정을 따로 두지 아니하며', 개별 학생은 '자신이 선택하여 이수한 과목들을 모아 자신의 과정을 만들어가는 것'을 원칙으로 한다. (중략) '학생의 진로 선택을 돕고, 계열성 있는 선택과목의 이수를 위하여 필요한 과정을 설치하여 운영'할 수 있으며, (생략) (2004. 11. 26, 교육인적자원부 고시 제2004-85호)

- 2009 개정 교육과정(2010~2017): 학교는 학생의 요구 및 흥미, 적성 등을 고려하여 '진로를 적절히 안내할 수 있는 진로집중 과정을 편성·운영'하도록 한다. 이를 위해 학교는 이 교육과정에 제시하는 '학교자율과정'에서 진로집중 과정과 관련된 과목의 심화학습이 이루어질 수 있도록 편성·운영'한다.
- 2015 개정 교육과정(2018~): 학교는 학생이 자신의 '진로에 적합한 과목을 체계적으로 이수할 수 있도록 진로지도와 연계하여 선택과목 이수에 대한 정보를 적극적으로 안내'한다.

이상의 내용을 보면 알 수 있듯이 2차 교육과정부터 6차 교육과정까지는 크게 세 과정으로 인문·사회 과정, 자연 과정, 직업 과정으로 구분하여 운영하였다. 7차 교육과정부터는 과정을 따로 두지 않고 학생의 과목 선택권을 부여하도록 하였으나, 여전히 단위학교에서는 인문사회계열과 자연이공계열로 나누어 편성하고 있다. 이는 수능시험의 응시 구분에 따른 결과로 볼 수 있다.

2015 개정 교육과정이 적용되는 2018년 신입생들은 이러한 구분 없이 교육과정을 편성하도록 하였다. 하지만 표 2-6에서 정리한 것처럼 이 학생들이 응시하는 2021학년도 대학수학능력시험의 과목들을 살펴보면 여전히 수학과 탐구 영역을 구분하여 응시하도록 되어 있다는 것을 알 수 있다. 따라서 아직까지는 교육과정의 변화를 제대로 반영하고 있다고 보기에는 많은 한계를 가지고 있음을 보여준다.

| 표 2-6 | 2021학년도 대학수학능력시험 과목

영 역		과 목
국어		독서, 언어와 매체(매체 제외): 화법과 작문, 문학
수학	가	수학Ⅰ, 미적분, 확률과 통계
	나	수학Ⅰ, 수학Ⅱ, 확률과 통계
영어		영어Ⅰ, 영어Ⅱ-절대평가(9등급)
한국사		필수-절대평가(9등급)
탐구	사회	생활과 윤리, 윤리와 사상, 한국지리, 세계지리, 동아시아사, 세계사, 정치와 법, 경제, 사회‧문화 9과목 중 2과목 선택
	과학	물리학Ⅰ, 화학Ⅰ, 생명과학Ⅰ, 지구과학Ⅰ, 물리Ⅱ, 화학Ⅱ, 생명과학Ⅱ, 지구과학Ⅱ 8과목 중 2과목 선택
제2외국어 / 한문		독일어Ⅰ, 프랑스어Ⅰ, 스페인어Ⅰ, 중국어Ⅰ, 일본어Ⅰ, 러시아어Ⅰ, 아랍어Ⅰ, 베트남어Ⅰ, 한문Ⅰ 중 1과목 선택

▶ **이수조건은 어떻게 달라져야 하나?**

이수조건은 **학습의 질 관리** 측면에서 볼 때 매우 중요한 부분이다. 하지만 그동안은 이수조건에 대해서 별다른 고민을 해오지 않았던 게 사실이다. 그냥 학교에 등교만 하면 수업을 듣게 되고, 수업을 듣게 되면 시험을 치르고, 시험을 치르면 결과를 얻게 된다. 하지만 그 결과가 어떻든 간에 상관없이 상급학년으로 올라가고, 이렇게 3년이 지나면 고등학교를 졸업하게 되었다.

하지만 고교학점제가 본격적으로 도입된다면 기존과는 달라져야 한다. 적어도 대학처럼 'F'학점을 받으면 재이수까지는 아니라도 미이수에 따른 약간의 보충 프로그램이 제공되고, 이것을 받아야만 학점을 받을 수 있도록 변화해야 하는 것이다.

현행 학교급별 교육과정 이수제도를 살펴보면, 초등학교와 중학교 급은 학년제이고, 고등학교 급은 단위제이다. 「초·중등교육법」 제26조 제1항에서는 "학생의 진급이나 졸업은 학년제로 한다."라고 규정하고 있다. 이 규정에 의하면 초·중·고 모두 '학년제'이지만, 고등학교의 경우엔 제2차 교육과정(1963)에서 "고등학교에서는 단위제를 채택함을 원칙으로 한다."라고 규정한 이래 기본적으로 단위제를 따르고 있다.

고교학점제는 말하자면 **고등학교 교육과정의 이수 방식을 규정하는 제도**라고 할 수 있다. 교육과정 이수제도는 학점제, 학년제, 단위제 등이 있다. **학년제**는 초등학교와 중학교에서 적용하고 있는 방식으로 "1년을 기준으로 정해진 교과목별 수업시수를 충족시킴으로써 설정해놓은 연한에 도달한 학생에게 졸업을 인정하는 제도"다. 즉 출석만 제대로 한다면 성취기준에 도달했느냐에 상관없이 무조건 졸업할 수 있다.

이에 비해 **단위제**는 "설정해놓은 최소 졸업단위에 도달하면 졸업을 인정하는 제도"라는 점에서 학점제와 유사하나, 교과별 이수 '성취기준'을 요구하지 않는다는 점에서는 학점제와 다르고, 법정 최소 '수업일수'만 충족시키면 진급 또는 졸업이 인정된다는 점에서 볼 때 오히려 학년제와 가깝다.

학점제는 대학교에서 적용하고 있는 방식으로 "교과별 이수 성취기준에 도달한 학생에게 학점을 부여함으로써 과목별 학점이

구분	학년제	학점제
과목 선택	★ 학습 속도 및 수준과 상관없이 해당 학년에서 제공하는 수업 수강 ★ 탐구 및 제2외국어 과목 수준 정도만 학생이 선택	★ 자신의 학습 속도에 맞는 수업 수강(학생A --〉수1, 학생B--〉수2 선택) ★ 필수과목을 제외한 나머지는 학생이 원하는 과목으로 선택 (다양한 선택과목 제공)
이수 및 졸업	수강 →(합격/불합격)→ 이수 → 졸업 학습결손 발생	수강 →(합격)→ 이수 → 졸업, (불합격)→ 재수강 →(합격)→ 학습결손→재학습 기회 부여

학년제와 학점제 비교[11]

누적돼 설정해놓은 최소 졸업학점에 도달하는 학생에게 졸업을 인정하는 제도"다.

정리하면 고교학점제는 고등학교 교육과정을 운영해서 이수하는 제도다. 학생들이 졸업하기 위해 필요한 교과의 학점을 신청해서 수업을 듣고, 그 과목의 수업에서 제시한 과목별 이수 성취기준에 도달했느냐에 따라 학점을 받게 된다. 따라서 졸업에 필요한 학점만 채워지면 학년과 상관없이 졸업을 할 수 있다.

제7차 교육과정(1997)에서는 "일반고등학교의 교육과정에는 학생의 진로와 관련한 엄격한 과정을 따로 두지 아니하며, 개별학생은 자신이 선택하여 이수한 과목들을 모아 자신의 과정을 만들어가는 것을 원칙으로 한다. 학교는 학생의 진로 선택을 돕고, 계열

---

11. 한국교육과정평가원(2018), 〈2018년 제1차 고교학점제 정책 포럼 자료집〉, 연구자료 ORM(2018-50), p.14

성 있는 선택과목의 이수를 위하여 필요한 과정을 설치하여 운영할 수 있으며"라고 규정하여 일반고등학교의 경우에는 문과반, 이과반 등 '(진로)계열'과 관련된 '엄격한 과정'을 따로 두지 않고, '개별학생'이 자신이 선택·이수한 '과목'들을 모아 '자신의 과정'을 만들어가는 '유연한 진로탐색형(과목 선택형)' 교육과정 운영 방식을 지향하고 있음을 확인할 수 있다.

2015 개정교육과정에는 2009 개정교육과정에서는 없던 규정을 다음과 같은 신설하였다.

> 인문·사회·과학기술 기초 소양을 균형 있게 함양하고, 학생의 적성과
> 진로에 따른 선택학습을 강화한다.(2015 개정교육과정 총론, Ⅰ-2-가)
> (중략)
>
> 학교는 학생이 자신의 진로에 적합한 과목을 체계적으로 이수할 수 있
> 도록 진로지도와 연계하여 선택과목 이수에 대한 정보를 적극적으로
> 안내한다.(총론, Ⅱ-4나-1)-파))(중략)
>
> 고등학교에서 학생의 과목 선택권을 보장하기 위해 교원 수급, 시설 확
> 보, 프로그램 개발 등 필요한 행·재정적인 지원을 한다.(총론, Ⅳ-2-
> 파-2))(후략)

이러한 규정들을 살펴보면, 결국 2015 개정 교육과정이 초·중·고 전체 학교 급에서 '학생의 적성과 진로에 따른 선택학습'을 강

조하고, 특히 고등학교 급에서는 학생이 자신의 진로에 적합한 '과목'을 체계적으로 이수할 수 있도록 하며, 교육청은 이러한 학생의 '과목 선택권'을 보장하기 위해 필요한 인적·물적 지원을 하도록 규정하고 있음을 확인할 수 있다. 이러한 문구만 본다면, 2015 개정 교육과정은 '엄격한 진로분기형'이 아닌 **유연한 진로탐색형(과목 선택형)' 체제를 지향**한다고 할 수 있다.

고등학교 시기는 중학교 시기와는 달리 보통교육을 넘어 학생 각자의 학업 역량과 진로 희망에 따라 본격적으로 진로를 탐색하고 준비하는 시기가 되어야 한다. 따라서 학생들의 다양한 학업 역량과 진로 희망에 맞춰 교육과정을 운영해야 할 것이다. 이를 위해서는 기존의 획일적이고 경직된 학년제적 운영 방식으로는 대응하기 어렵다는 판단하에 학생의 '선택'을 중심으로 한 다양하고 유연한 교육과정 이수 방식으로써 **학점제**를 필요로 한다는 점에서 인식을 함께한다고 볼 수 있다.

물론 논리적으로는 단위제 자체가 학점제와 유사한 성격이 있으므로 단위제하에서도 이러한 취지를 전혀 살릴 수 없는 바는 아닐 것이다. 그러나 법정 최소 '수업일수'만 채우면 교육과정을 이수한 것으로 간주되어 졸업을 할 수 있는 현행 학년제 또는 단위제 안에서는, 게다가 이미 유명무실해진 단위제라면 학생의 다양한 학업 역량과 진로 희망을 반영한 유연한 교육과정을 운영하는 데는 근본적인 어려움이 있다.

결론적으로 고등학교 교육과정을 "학생이 개인적 필요·적성 및 능력에 따라 진로를 선택할 수 있도록" 하는, 즉 학생의 '선택'을 존중하는 '유연한 진로탐색형' 체제로 운영하고자 한다면, 바로 그 학생의 '선택'에 따라 교육과정을 이수하도록 하는 **고교학점제**가 가장 적합한 이수제도라 할 수 있다.[12]

▶ 졸업요건은 어떻게 변화할 것인가?[13]

고교학점제 도입과 관련된 주요 변화 중 하나는, 그동안 법정 최소 수업일수만 출석하면 인정되었던 고등학교 '졸업요건'이 바뀔 것이라는 점이다. 우선 현행 제도를 살펴보면 「초·중등교육법」과 동법 시행령 그리고 2015 개정 교육과정에서 다음과 같이 규정하고 있다.

> **「초·중등교육법」** 제26조 (학년제) ① 학생의 진급이나 졸업은 학년제로 한다. ② 제1항에도 불구하고 학교의 장은 관할청의 승인을 받아 학년제 외의 제도를 채택할 수 있다.

> **「초·중등교육법」** 제46조 (수업연한) 고등학교의 수업연한은 3년으로 한다. 다만, 제49조에 따른 시간제 및 통신제(通信制) 과정의 수업연한은 4년으로 한다.

---

12. 김정빈(2017). "고교학점제 도입을 위한 기초 논의", 〈교육비평〉, (40), 10-43에서 발췌
13. 김정빈(2017). "고교학점제 도입을 위한 교육과정 및 학생평가 재구조화 방안", pp.108~110 부분 인용

「초‧중등교육법」 시행령 제50조 (수료 및 졸업 등) ① 학교의 장은 학
생의 교육과정의 이수 정도 등을 평가하여 학생의 각 학년 과정의 수료
또는 졸업을 인정한다. ② 학생의 각 학년 과정의 수료에 필요한 출석
일수는 제45조의 규정에 의한 수업일수의 3분의 2 이상으로 한다. ③
학교의 장은 당해 학교의 교육과정을 이수하였다고 인정하는 자에게
졸업장을 수여한다. 고등학교 교육과정의 총 이수단위는 204단위이며,
교과(군) 180단위, 창의적 체험 활동 24단위(408시간)로 나누어 편성한
다…교과(군)의 총 이수단위 180단위 중 필수이수단위는 94단위 이상
으로 한다… 1단위는 50분을 기준으로 하여 17회를 이수하는 수업량
이다… 기초교과 영역 이수단위 총합은 교과 총 이수단위의 50%를 초
과하지 않도록 한다… 총 이수단위는 고등학교 3년간 이수해야 할 '최
소이수단위'를 의미한다(이하 생략, 2015 개정 교육과정 중에서).

위 규정들을 종합해볼 때, 고등학교 졸업을 위한 현행 법정요건은
크게 다음 2가지로 정리할 수 있다. 하나는, 기본적으로 고등학교
법정 수업연한인 3년간 학교를 다녀야 한다는 것이다. 이 경우 각
학년 과정별로 법정 수업일수 2/3 이상을 출석해야 한다. 다만 예
외적으로 조기졸업의 요건을 갖추면 단축할 순 있다. 다른 하나
는, 총 이수단위 204단위의 교육과정을 이수해야 한다는 것이다
(최소이수단위). 204단위 중 교과(군)를 180단위 이상을 이수해야
하며, 이 중 교과별 필수이수단위는 총 94단위 이상을 이수해야
한다. 그리고 이러한 2가지 요건을 바탕으로 학교의 장은 학생의
'교육과정 이수 정도'를 평가하여 학생의 졸업을 인정하는 것으로

규정되어 있다.

졸업요건과 관련한 고교학점제의 핵심은 개념 정의에서 이미 확인한 것처럼 '교과별 이수 성취기준에 도달한 학생에게 학점을 부여함으로써, 학생이 선택하여 이수한 각 과목별 학점이 누적되어 설정해놓은 졸업학점에 도달하는 학생에게 졸업을 인정'하는 제도라는 점이다. 즉 고교학점제에서의 졸업요건은 **설정해놓은 졸업학점에 도달**하는 것이다. 그리고 그 전제로써 '교과별 이수 성취기준'에 도달해서 학점을 취득해야 하고, 이렇게 취득한 학점을 누적시켜 규정된 '졸업학점'에 도달해야 한다.

결국 고교학점제 도입에 있어서 졸업요건을 정하려면 우선 **교과별 이수 성취기준**과 **졸업학점**이 어떠해야 하는지 결정되어야 한다. 그리고 기존에 규정된 수업연한과 최소 출석일수의 문제가 이러한 졸업요건과 어떻게 결합되어야 하는지 논의되어야 한다.

졸업 최소이수학점이란, 학생마다 각기 학업 역량이 다르기 때문에 모든 학생이 똑같이 전(全) 과정을 같은 수준과 속도로 이수할 수 없을 것이라는 전제하에, 최하위 수준의 학생이 고등학교 교육을 **최소한**으로 이수하였다고 인증할 만한 '학업성취' 총량을 학점으로 표시하는 것을 의미한다고 하겠다. 졸업 최소이수학점을 정했다고 해서 그 학점만큼만 이수하도록 학교 교육과정을 편성·운영하라는 뜻은 아니며, '최소'라는 말 그대로 '초과' 학점 이수를 전제로 하고 있는 것이다. 따라서 졸업 이수학점은 대학교처럼 같은 학교를 졸업하더라도 학생별로 다를 수 있다.

03 고교학점제 도입과 성숙을 위한 제반조건

고교학점제가 왜 반드시 도입되어야 하고, 고교학점제가 우리나라의 교육개정 진행 속에서 어떻게 점차적으로 발전되어왔는지 앞의 내용을 통해 충분히 살펴보았을 것이라고 생각한다. 이제부터는 본격적인 고교학점제 도입에 앞서 해결되어야 할 제도적 개선에 관해 살펴보려 한다. 이러한 개선이 선행되지 않는다면, 설사 고교학점제를 도입한다고 해도 성공적으로 정착하기도 어려울 뿐만 아니라, 본래 의도한 교육 혁신 성과를 기대하기는 어려울 것이기 때문이다.

고교학점제 도입 시 검토 및 변경되어야 할 법조문

고교학점제를 도입하기 위해서는 현행 법조문에 대한 검토·변경이 반드시 필요하다. 헌법과 「초·중등교육법」, 「초·중등교육법

시행령」, 「교육기본법」에서 검토·변경되어야 할 내용을 정리해
보면 다음의 표 2-7과 같다.

| 표 2-7 | 학점제 도입 시 검토·변경되어야 할 법조문과 검토사항

법조문	검토사항
헌법 제31조 ⑥ 학교 교육 및 평생교육을 포함한 교육제도와 그 운영, 교육재정 및 교원의 지위에 관한 기본적인 사항은 법률로 정한다.	헌법 제31조 제6항은 교육제도에 관한 기본적인 사항은 법률로 정하도록 헌법이 천명하고 있으므로 고교학점제의 도입과 같은 교육제도는 내용과 절차에 관한 구체적인 사항을 법률로 정할 필요가 있는지 검토
초·중등교육법 제24조(수업 등) ③ 학교의 학기·수업일수·학급편성·휴업일과 반의 편성·운영, 그 밖에 수업에 필요한 사항은 대통령령으로 정한다.	제3항은 학급 편성에 관한 사항을 대통령령으로 정한다고 규정하고 학점제 도입에 따라 학급 편성 등 학교 운영을 탄력적으로 할 수 있도록 변경 검토
초·중등교육법 시행령 제26조(학년제) ① 학생의 진급이나 졸업은 학년제로 한다. ② 제1항에도 불구하고 학교의 장은 관할청의 승인을 받아 학년제 외의 제도를 채택할 수 있다.	제26조 제2항에서 관할청의 승인을 받아 학년제 외의 제도를 채택할 수 있다고 하지만 이 항에 대한 수정 여부 검토(학점제가 도입될 경우 승인을 받을 필요가 없음)
교육기본법 제4조(교육의 기회균등) ② 국가와 지방자치단체는 학습자가 평등하게 교육을 받을 수 있도록 지역 간의 교원 수급 등 교육 여건 격차를 최소화하는 시책을 마련하여 시행하여야 한다.	학점제 도입에 따라 학생의 희망 선택이 확대됨에 따라 '지역 간 교육격차 최소화 시책'에 반할 가능성의 검토 필요

* 출처: 이광우 외(2017). "지능정보사회 대응을 위한 중장기 고교 교육과정 방향 탐색 연구", 한국교육과정평가원, p.274

표에서 언급한 헌법 제31조, 「초·중등교육법」 제24조, 「초·중등교육법 시행령」 제26조, 「교육기본법」 제4조 등은 학점제 도입 시행에서 직·간접적으로 검토되어야 하는 법규라고 할 수 있다. 이 외에도 학점제 도입·시행의 법적 토대를 마련하기 위해 어떤 조문들이 수정되어야 할지에 대한 추가적인 검토가 필요하다(이광우 외, 2017).

고교학점제 실행을 위한 선결조건

법조문의 검토 및 변경과 함께 선행되어야 할 것들은 또 있다. 바로 교육과정과 평가, 수능 및 대입제도, 교육 인프라 등에서 우선적으로 해결되어야 할 과제들이 있다. 다음의 표 2-8은 이러한 선결조건들을 정리한 것이다(이광우 외, 2017).

| 표 2-8 | 고교학점제 실행의 선결조건의 마련(중장기)

구분	선결조건
교육과정 측면	• 이수단위의 조정 및 이수기준의 설정 　- 졸업이수단위의 조정(현행 204 단위) 　- 필수이수단위의 축소 & 선택 이수단위의 확대 　- 과목별 이수기준(전제: 절대평가) 설정

구분	선결조건

구분	선결조건					
교육과정 측면	• 선택과목의 위계화(모듈화)					
	교과(군)	공통과목 (단위)	과목 구분	일반 선택	선행 이수과목	
	수학	수학(8)	일반 선택	수학I		
				수학II		
				미분과 적분	수학 I , 수학II	
				확률과 통계		
			진로 선택	기하		
				수학과제 탐구		
				경제 수학	수학 I	
	과학	과학(8)	일반 선택	물리학II	물리학 I	
				화학II	화학 I	
				생명과학II	생명과학 I	
				지구과학II	지구과학 I	
			진로 선택	과학사		
				생활과 과학		
				융합과학		

교육평가 측면	• 평가제도의 개선 　- 5단계 성취평가(절대평가)제도 도입 검토 　- 교사별 평가권 및 과정 평가의 확대 • 속진, 조기졸업, 유급/과락, 재이수제 도입 • 선택과목 이수 전 진단평가의 실시 　- 선택과목 이수 전 진단평가를 실시하여 학생 선택과목의 이수 경로 안내
수능 및 대입제도	• 수능의 교육적 가치를 고려한 평가 방식의 개선 • 학생 선발에 대한 대학의 자율권 확대 검토
교육 인프라	• 교원 자격제도의 정비 　- 입직 이전 복수교사 자격제도의 활성화 　- 입직 이후 자격 연수를 통한 복수교사 자격제도 취득 권장 • 지역사회 연계 선택과목 개설 운영의 내실화 　- 거점학교, 학교 간 공동/연합 교육과정을 통한 학점 이수: 4학점 이내 허용 　- (소규모 학교) 온라인 강좌 이수: 한국형 Mook 온라인 강좌 개발·이수 　　이수 * 5단위 내 이수 허용. 　*온라인 강좌의 이수는 정규교육과정 시간에 수강하는 것을 원칙으로 함. • 교실 환경의 정비 　- 선진형 교과교실제의 확대 　- 교실 환경 정비 예산의 지원

* 출처: 이광우 외(2017). "지능정보사회 대응을 위한 중장기 고교 교육과정 방향 탐색 연구", 한국교육과정평가원, pp. 257~258

만약 충분한 준비 없이 무리하게 고교학점제를 추진할 경우 학교 현장은 분명 큰 혼란을 겪을 수밖에 없다. 고교학점제의 취지는 분명 좋다. 그러나 기-승-전-대입의 현 교육체제 속에서 과연 실현될 수 있을까? 학생 맞춤형 교육과 교육의 다양성을 보장한다고 하더라도 학생들은 자신의 적성과 소질보다는 대입 유불리에 따라 과목을 선택할 게 뻔하다.

따라서 고교학점제의 성공적 도입을 위해서는 인적·물적 인프라가 구축되어 있어야 하는데, 아직은 그런 준비가 제대로 갖춰지지 않은 것이 현실이다. 교사 1인당 수업시수도 많고, 교실은 턱없이 부족하다. 다양한 과목을 개설하려면 앞으로 교사의 확보 및 교실 마련이 선행되어야 할 것이다.

아울러 소인수가 선택한 과목이 개설되더라도 내신 상대평가에서는 수강생이 적은 과목의 경우 원하는 등급을 받기 어렵기 때문에 상대적으로 좋은 성적을 받기 쉬운 과목이나 인기과목 위주로 선택하는 이른바 '과목 쏠림현상'이 일어날 것이다. 학생에게 과목 선택권을 주면 수학을 선택하는 학생이 대폭 줄어들 가능성이 있다. 사회나 과학의 탐구 과목 교사들이 수능에서 선택 과목 수가 4과목에서 2과목으로 축소되면서 겪었던 문제를 아마 수학 교사들도 경험하게 될 것이다.

그 밖에도 어려움은 많을 것이다. 예컨대 이동 수업으로 인한 생활지도의 어려움, 과목 수 증가에 따른 정기고사의 시간표 작성이나 학생 교실 배치나 대리시험의 가능성도 배제할 수 없다. 학생별로 시간표가 다르기 때문에 학급의 의미가 축소될 것이고, 공강 발생으로 인한 학교 운영의 어려움 등도 충분히 예상되는 바다. 하지만 만약 이러한 어려움 때문에 이대로 주저앉아버린다면 대학 입시에 종속되어 있는 현 고등학교 교육을 근본적으로 전환할 수 있는 중요한 기회를 놓치고 말 것이다. 이에 고교학점제가 우리나라 고등학교 교육에 가져올 새로운 변화에 관해 좀 더 살펴보기로 하자.

고교학점제가 가져올 고교 교육 패러다임의 변화

앞서 설명한 것처럼 고교학점제의 도입과 성숙을 위한 제반조건들이 마련된다면 고교학점제는 분명 성공적으로 도입되고 정착할 수 있을 것이다. 그렇게 된다면 향후 고교 교육의 패러다임을 획기적으로 바꿀 수 있을 것으로 기대한다. 이를 통해 학생의 진로와 연계한 학업 계획을 수립하고, 이는 하나의 계열을 선택하게 함으로써 학생 진로 선택형 교육과정을 만들어가게 될 것이다. 교사의 자율성에 기초한 수업과 평가 혁신은 학생 참여형 수업을 활성화할 것이고, 이는 자연스럽게 과정 중심 평가로 이어져 선다형 중심의 일제식 평가인 중간고사와 기말고사의 비율과 횟수를 현저하게 축소시킬 것으로 기대된다.

지금은 같은 과목을 여러 명의 교사가 가르치더라도 하나의 평

고교 교육의 변화 상(象)

가 도구로 평가하고 있다. 이는 형평성과 공정성을 기대한 처사지만, 현실은 그렇지 못하다. 따라서 앞으로는 대학에서와 같이 여러 명의 교사가 같은 과목을 가르치더라도 교사별로 평가할 수 있도록 변화되어야 한다. 이는 상대평가에 따른 서열 중심이 아니라 학생 개인의 성장과 발달에 초점을 맞추어야 함을 의미한다. 이렇게 되면 학생 평가는 양적으로나 질적으로나 양쪽 모두 만족스럽게 학습의 결과를 측정할 수 있을 것이다.

이를 위해서는 위의 그림과 같이 교육과정, 수업 방법, 평가제도, 대입제도, 교원, 시설 등의 많은 조건들이 고교학점제가 시행되는 데 필요충분조건으로 작동하여 사회의 변화 요구를 받아들여야 한다. 더불어 지원센터를 통한 지원, 관련 정책 연구, 연구학교를 통한 일반화 방안 모색과 필요요소 파악, 포럼 등을 통한 공론화, 연수 및 홍보를 통한 학점제의 필요성 확대가 이루어질 때 비로소 고교학점제가 본연의 기능을 발휘할 것으로 기대한다.

고교학점제에 따른 고교 교육의 변화를 교육과정, 수업, 학생평가, 생활지도, 담임의 역할, 인프라 측면으로 나누어 교사와 학생의 입장에서 정리해보면 다음의 표 2-9와 같다.

| 표 2-9 | 고교학점제에 따른 변화

구분	교사	학생
교육 과정	• 학생의 선택권을 보장하는 과목 개설	• 자신의 진로와 연계한 과목 선택
수업	• 소인수 과목 선택에 따른 수업 방법 다양화 프로젝트 학습, 토론·토론 수업, 하브루타, 거꾸로 수업, 협동학습 등	• 프로젝트 학습, 토론 수업 등에 적극 참여
학생 평가	• 수행평가 방법 다양화 • 일제식 평가(중간, 기말의 지필평가)가 아닌 과정평가 중심	• 수행평가를 통한 학습 결과 산출 • 과정평가를 통해 학습자의 성장과 발달 측정 가능
생활 지도	• 등하교 지도 및 중식 지도, 교실 청소 변화 • 야간 자율학습시간 지도 최소화 • 공강시간에 따른 지도 - 학생증 활용	• 기본 생활습관에 대한 책임감 부여
담임의 역할	• 학교의 진로진학 상담 기능의 강화 • 선택과목에 대한 설명 및 안내 자료 제공 • 생활지도 중심에서 진로진학 상담 중심으로	• 진로검사에 대한 내실화 • 선택과목에 대한 충분한 이해 • 진로와 진학을 고려한 선택과목 선정
인프라 측면 (교원, 시설)	• 순회교사제도의 활성화 • 지역사회 강사 운영의 내실화 • 교실 환경의 정비	• 동아리 활동실을 통한 활동 가능 • 진로와 과목 선택 등의 도움을 받을 수 있는 교사의 지원과 상담 기능 강화

▶ 학생들의 선택권 확대와 교육과정 개설 과목 수의 변화

앞에서도 설명했지만, 고교학점제를 위해서는 학생들의 과목 선택권 확대가 중요하다. 이를 위해서는 단위학교에서 선택권 확대를 위해 좀 더 다양한 과목들이 개설되어야 하며, 이를 통해 실제로 학생들에게 선택권이 주어져야 할 것이다.

연도별 선택과목 수와 이수과목 수의 변화를 2017학년도와 2018학년도에 실제로 강원고등학교에서 편제했던 교육과정과 비교하면 다음 표와 같다.

| 표 2-10 | 연도별 선택과목 수와 이수과목 수의 변화

구분	2017학년도 (2009 개정)	2018학년도 (2015 개정)	2018학년도 (고교학점제 적용)	2017년 대비 비교
학교 지정과목 수	32	29	18	-14
학생 선택권 보장과목 수	16	18	60*	+44
실제 학생 선택과목 수	5	5	17	+12
총 이수과목 수	37	34	35	-2

* 군별로 학기별 최대 5과목 개설

위의 표에서 볼 수 있듯이 학교 지정과목 수가 2017학년도에는 32개였으나, 2018학년도에 고교학점제를 적용하여 교육과정을 편성한 결과 18개로 14개 과목이 줄어들었다. 이는 다른 측면에서 학생 선택권이 보장된 과목 수가 증가하는 데 영향을 주었고, 실제 학생이 선택할 수 있는 과목 수의 증가로 이어졌다.

학생 선택권이 보장된 과목 수는 2017년도에는 16개였으나, 2018학년도에 고교학점제를 적용하여 편성하면서 최대 60개로 44개가 증가하였다. 더불어 실제 학생 선택과목 수도 12개 증가하여 학생은 자신의 진로에 적합한 과목을 충분히 선택할 수 있게 되었다. 그렇지만 총 이수과목 수의 경우 37개에서 35개로 크게 변하지 않았다. 즉 1과목당 이수단위를 국가 교육과정에서 제시한 5단위로 하면 총 이수과목 수는 크게 변하지 않아 실질적으로 학생의 수업 부담에는 영향을 미치지 않았다는 점을 알 수 있다.

교과에 대한 총 이수단위가 180단위로 고정되어 있기 때문에 전체 학습량에서의 변화는 없다. 하지만 학생의 입장에서는 2017

| 표 2-11 | 학교별 이수과목 수의 변화

구분	황지고 연구학교 2017 (2009)	황지고 연구학교 2018 (2015)	장성여고 선도학교 2017 (2009)	장성여고 선도학교 2018 (2015)	영월고 2017 (2009)	영월고 2018 (2015)	철원고 2017 (2009)	철원고 2018 (2015)	양양고 2017 (2009)	양양고 2018 (2015)	경북 대영고 연구학교 2017 (2009)	경북 대영고 연구학교 2018 (2015)
학년 당 학급 수	6	6	5	5	4	4	4	4	4	4	4	4
학교 지정 과목 수	47	23	44	23	38	30	31	25	42	25	48	20
선택권 보장 과목 수	0	87	0	42	0	20	18	28	0	31	8	51
실제 선택 과목 수	0	11	0	11	0	6	7	13	0	12	4	24
총 이수 과목 수	47	34	44	34	38	36	38	38	42	37	52	44
총 이수 단위 수	180	180	180	180	180	180	180	180	180	180	192	192

※각 학교 학교알리미 자료를 참고

학년도와 2018학년 기편제에서 선택할 수 있는 과목(사회탐구, 과학탐구 영역)의 수가 제한적이었는데, (가칭)미래고등학교 2018학년도 교육과정 편제는 거의 모든 교과 영역에서 학생의 선택권을 확대함으로써 학생 각자의 진로와 진학을 고려한 선택이 가능하도록 한 것이다.

표 2-11을 통해 다른 학교의 상황과 비교해보면 그 특징을 좀더 구체적으로 파악할 수 있다. 6개교 전체에서 2018학년도에 학교 지정과목 수가 줄어들었다는 것을 알 수 있다. 심지어 영월고를 제외한 5개 교는 거의 절반 정도가 줄어든 것을 알 수 있다. 황지고를 비롯한 4개 교는 2017학년도에는 선택권이 보장된 과목이 하나도 없었지만, 2015 개정 교육과정과 고교학점제가 적용된 2018학년도에는 선택권 보장 과목이 적게는 20개에서 많게는 87개까지 보장되었다. 물론 황지고의 경우 고교학점제 연구학교로서 다른 학교에 비해 그 수가 눈에 띄게 많은 것이기는 하다.

표 2-11에서 확인할 수 있는 가장 큰 변화는 고교학점제가 적용되면 학교 지정과목 수는 감소하고 학생 선택권이 보장되는 과목 수는 증가하여 자연스럽게 실제 선택하는 과목 수의 증가로 이어지게 된다는 점이다. 그러나 총 이수과목 수는 192단위를 이수하는 대영고를 제외하면 34~38개 개설 과목으로 거의 비슷함을 알 수 있다. 이는 교육과정 총론에서 기준단위로 제시한 1과목당 이수단위가 5단위로 맞추어져 있으면 총 이수과목 수는 크게 달라지지 않기 때문이다.

▶ **교사 배치기준과 교원 수의 변화**

단위학교의 교육과정 편제에 가장 큰 영향을 주는 요인을 꼽자면 단연 교원 수일 것이다. 학교의 교원은 표시과목을 기준으로 교원 배치가 이루어지므로 더 큰 영향을 주고 있다.

다음의 표 2-12는 각 시도별 교사 배치기준과 학급당 교원 수를 정리한 것이다. 6학급은 학년당 2학급으로 최소한의 과목을 가르치는 교과 선생님들의 확보가 가능한 최소 규모에 해당한다. 6학급 미만의 경우에는 절대적으로 교사 수가 부족하여 순회교사나 타 학교 교사의 지원을 받아야만 교육과정의 편성·운영이 가능하다.

| 표 2-12 | 교사 배치기준과 학급당 교원 수

구분	6학급	12학급	24학급	구분	6학급	12학급	24학급
서울	12	23	46	경기	14	23	47
부산	12	24	48	강원	11	22	43
대구	12	24	48	충북	13	22	44
인천	11	22	45	충남	13	23	44
광주	14	25	48	전북	13	23	47
대전	12	24	48	전남	12	23	46
울산	12	24	47	경북	12	23	45
세종	13	23	46	경남	15	27	51
제주	학교 규모가 상이해 산출 불가			평균	12	23	46

※ 수석교사, 특수교사 및 비교과 교사(보건, 사서, 전문상담, 영양) 제외

한 가지 중요한 시사점은 고교학점제를 시행하는 데 있어서 5학급 미만 학교의 경우에는 교과별로 기본적인 수업 담당 교사를 확보하지 못하는 측면이 있다. 따라서 교육기회의 균등, 학교 교육의 형평성을 위해 일정 규모 이상의 학생 수요가 있는 교과에 대한 행·재정적 지원 방안이 마련되어야 할 것이다.

다음으로 학년당 4학급은 교사 수가 23명 정도로 한두 과목을 제외하고는 과목별로 2명의 교사가 확보되므로 복수(A or B)의 선택이 가능하다. 이러한 경우 학생의 과목 선택권을 어느 정도 부여해줄 수 있다. 만약 복수 자격증을 소지하고 있는 교사가 있다면 단위학교 교사만으로도 고교학점제가 추구하는 방향의 교육과정 편성·운영이 가능하다. 이렇게 볼 때, 고교학점제를 위한 최소한의 학급기준은 12학급이 된다.

어느 정도 유연하게 학생의 과목 선택권을 보장할 수 있는 학급 수는 학년당 8학급으로, 전체 24학급 이상이면 가능하다. 이 정도 규모라면 국어, 수학, 외국어, 사회, 과학, 예체능의 6개 군별로 8명 정도의 교사를 확보할 수 있으므로, 동시에 각 교과별 선택 수업이 가능해진다. 아울러 한 시간에 과목(군)별로 4개 정도의 과목 개설이 가능하므로 실질적으로 학생의 과목 선택권을 부여할 수 있다고 할 수 있다. 위계가 있는 과목들은 이런 식으로 편성되어야 선택권이 주어질 수 있다. 이를 다르게 표현하면 다음의 그림과 같다.

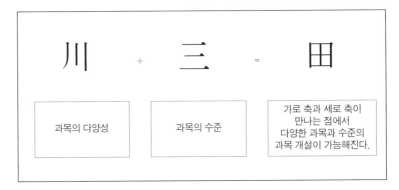

과목의 다양성과 과목의 수준

위 그림에서와 같이 "가로축과 세로축이 만나는 점에서 다양한 과목과 수준의 과목 개설이 가능해진다."는 것은, 예컨대 수학, 수학Ⅰ, 수학Ⅱ 등 세 과목을 각각 하 수준·중 수준·상 수준으로 다양하게 과목을 개설할 수 있다는 것이다. 이는 위계가 있는 과목 개설과 탐구 영역의 과목을 다양하게 각기 다른 수준으로 개설할 수 있도록 해줄 것이다.

▶ **이수단위와 수업시간의 변화**

고교학점제로 인한 다양한 변화에서 빼놓을 수 없는 부분이 있다. 바로 이수단위와 수업시간의 변화에 대한 부분이다.

① 이수단위의 변화

단위학교에서 교육과정 운영을 원활하게 하려면 현재의 204단위(교과 180단위+창의적 체험 활동 24단위)보다 **이수단위**가 줄어들 필요가 있다. 그 이유는 외국의 시수와 비교할 때 우리나라의 시수가 많은 편이기 때문이다.

또한 고교학점제가 시행되면 과목 선택권을 보장하기 위해서 한 명의 교사가 2개 학년 이상 또는 2개 과목 이상의 과목을 담당할 수밖에 없다. 그만큼 교사의 수업에 대한 부담은 증가할 것이다. 하지만 이는 비단 수업시수의 증가에 대한 문제가 아니라 수업을 준비해야 하는 시간의 증가와 평가에 대한 부담이 함께 증가하는 것이다.

다시 말해 1시간의 수업을 위해서는 최소 1시간 이상의 수업 준비 시간이 필요하게 되며, 평가 또한 과정 중심 평가와 수행평가를 중심으로 이루어지게 되므로 평가에 대한 피드백 시간 또한 자연적으로 증가할 것이다. 따라서 192단위(180+12)나 180단위(교과만 180단위) 형태로 축소될 필요가 있다. 이를 위해서는 창의적 체험 활동에 대한 연구가 좀 더 필요하다.

다음으로 수업일수에 대한 부분이다. 고교학점제가 시행되면 더 이상 수업일수를 고려할 필요가 없게 된다. 따라서 수업일수에 대한 법적 기준을 정비해야 할 것이다. 이와 더불어 현재 규정하고 있는 "1단위는 50분을 기준으로 하여 17회를 이수하는 수업량이다."라는 부분에 대한 축소도 필요하다. 예컨대 대학의 1학점이 15시간을 기준으로 하고 있으므로, 그와 같거나 16시간 정도가 적절할 것으로 판단된다.

다음에 제시한 표 2-13에서 이수단위와 수업시간의 변화를 살

| 표 2-13 | 우리나라 고등학교 교육과정 시수 표현 방식의 변화

시기	시수 표현 방식	단위의 정의	총 이수시간 (단위)
교수요목기 (1946~1954)	주당시수		학년별 주당 39시간
1차 교육과정 (1954~1963)	연간시수와 주당시수 병기		학년별 연간 1190~1365시간 (주당34~39시간)
2차 교육과정 (1963~1973)	단위	1단위=50분을 단위시간으로 하여 한 학기(18주 기준) 동안 18 단위시간을 이수함	204단위 (1969년 214단위)
3차 교육과정 (1963~1973)	단위	1단위=50분을 단위시간으로 하여 한 학기(18주 기준) 동안 18 단위시간을 이수함	204~222단위
4차 교육과정 (1981~1987)	단위	매주 50분 수업을 기준으로 하여 1학기(17주 기준) 동안 이수하는 수업량	204~216단위
5차 교육과정 (1987~1994)	단위	매주 50분 수업을 기준으로 하여 1학기(17주 기준) 동안 이수하는 수업량	204~216단위
6차 교육과정 (1994~2000)	단위	매주 50분 수업을 기준으로 하여 1학기(17주 기준) 동안 이수하는 수업량	204단위
7차 교육과정 (2001~2006)	1학년: 연간시수와 단위 병기 2~3학년: 단위	매주 50분 수업을 기준으로 하여 1학기(17주) 동안 이수하는 수업량	216단위
2007 교육과정 (2007~2009)	1학년: 연간 시수와 단위 병기 2~3학년: 단위	매주 50분 수업을 기준으로 하여 1학기(17주) 동안 이수하는 수업량	210단위
2009 교육과정 (2010~2017)	단위	1단위는 50분을 기준으로 하여 17회를 이수하는 수업량	204단위
2015 교육과정 (2018~	단위	1단위는 50분을 기준으로 하여 17회를 이수하는 수업량	204단위

퍼보면 1차 교육과정에서는 주당 39시간을 시작으로 2차 교육과정에서는 주당 34~39시간, 3차 교육과정에서는 204~222단위, 4차와 5차 교육과정에서는 204~216단위, 6차 교육과정에서는 204단위로 축소되었다가, 7차 교육과정에서 216단위로 증가하였고, 2007 개정 교육과정에서는 201단위로, 2009 개정 교육과정과 2015 개정 교육과정에서는 204단위를 유지하고 있다는 것을 알 수 있다.

학교가 모든 교육을 책임진다는 것은 사실 세계적인 흐름에도 맞지 않는다고 생각한다. 학교에서는 기본적인 학습을 제공하고, 이후 그에 대해서 자기주도적 학습을 통해 학습한 내용을 체화할 필요가 있을 것이다. 미래사회가 요구하는 인재상은 단편적 지식을 갖춘 사람을 넘어 그 지식을 제대로 활용하고 응용할 수 있는 능력을 갖춘 사람이어야 하기 때문이다.

② 수업시간의 변화

다음으로 **수업시간**에 대한 부분을 살펴보고자 한다. 수업시간에 대한 기준은 1차 교육과정에서 50분 단위로 한다고 규정하고 있다. 이후 2차와 3차 교육과정에서는 18주를 수업량으로 규정하고 있고, 4차부터 2007 개정 교육과정까지는 17주로 규정하고 있으며, 2009 개정 교육과정부터 17회로 개정하여 사용하고 있다.

그런데 이는 다음과 같은 문제가 있다. 대부분의 학교는 3월 첫 주에 1학기를 시작하여 7월 셋째 주에 마친다. 2학기는 8월 넷째 주에 시작하여 12월 넷째 주에 겨울방학을 하고, 2월에 1주일 정도 학사일정을 갖는 것으로 학기를 운영하고 있다. 그런데 이런 식으로 운영할 경우 1학기와 2학기의 수업시간에는 차이가 발생할 수밖에 없다.

또한 고등학교 3학년 2학기의 경우에는 대학수학능력시험 이후에 교육과정이 파행적으로 운영될 수밖에 없다. 바꾸어 말하면 학교가 정해진 수업을 제대로 운영하고 있지 않다는 뜻이다. 따라서 수업에 대한 축소가 필요한 부분이다. 이는 12월에 학기를 모두 마치고 1월과 2월에는 다음 학년도를 준비할 수 있는 시기로 이어져야 하며, 그에 따른 교원인 인사발령 시기를 1월 중으로 당길 필요성이 대두된다.

이렇게 할 때, 학교의 정규교원이 담당할 수 없는 과목을 대신 담당해줄 기간제 교사나, 시간 강사를 확보할 수 있는 충분한 시간을 보장할 수 있다. 이는 공교육의 질을 높이는 선결조건이 될 것이다.

▶ 시간표와 일과 운영의 변화

앞에서 하나하나 설명한 것처럼 고교학점제로 인해 변화될 고등학교 교육의 모습은 교육과정, 교원 수, 이수단위와 수업시간 등 여러 측면에서 실로 다양하게 나타날 것이다. 그중 변화의 모습이 큰 부분으로 일과 운영과 시간표에 대한 부분을 빼놓을 수 없다.

학점제를 먼저 시행한 것은 대학교이므로, 대학교의 시간표와 일과 운영을 살펴봄으로써 고등학교에서의 변화 모습을 예측해보고자 한다.

① 시간표의 변화

우선 시간표가 어떻게 달라져야 하는지 살펴보자. 110쪽의 표 2-14는 일반적인 대학교의 시간표와 고등학교의 시간표를 예시해 서로 비교해본 것이다. 각각의 시간표는 다음과 같은 특징을 갖는다.

첫째, 고등학교는 일반적으로 주당 34시간을 1시간 단위로 하여 구성되어 있다. 만약 하루에 7시간의 수업을 하면 7과목의 수업이 진행된다는 뜻이다. 이로 인하여 학생들이 매 시간마다 교실(강의실)을 이동하면서 수업을 받아야 하는 문제가 생긴다. 그러나 대학교의 경우에는 2시간이나 3시간씩 **블록타임**(연강)으로 수업이 이루어지는 경우가 대부분이다. 그렇기 때문에 이동 횟수가 상대적으로 적은 것이다.

둘째, 고등학교는 수업이 없는 요일이 존재하지 않고, 수업시간 중간에 공강시간도 없다. 반면에 대학교는 경우에 따라서 수업시간이 없는 요일도 있고, 수업 중간중간 수업이 비어 있는 **공강시간**도 있다.

셋째, 고등학교의 경우에는 학생이 있는 교실로 교사가 이동해서 수업을 진행하나, 대학교의 경우에는 **정해진 강의실**(또는 실험실)에서 수업이 진행된다.

|표 2-14| 고등학생의 수업시간표와 대학생의 수업시간표 비교

고등학생의 수업시간표

구분	월	화	수	목	금
1교시	과학	국어	수학	영어	영어
2교시	국어	수학	미술	과학	과학실험
3교시	체육	중국어	미술	국어	사회
4교시	수학	진로	사회	음악	수학
5교시	중국어	영어	창체	수학	체육
6교시	영어	과학	창체	사회	국어
7교시	창체	음악	창체	진로	

대학생의 수업시간표

구분	월	화	수	목	금
1교시		일반화학 및 실험 2(4분반)		계측공학 및 실험 2(2분반)	
2교시		일반화학 및 실험 2(4분반)		계측공학 및 실험 2(2분반)	
3교시		계측공학 및 실험 2(2분반)		일반화학 밀실험 2(4분반)	
4교시		계측공학 및 실험 2(2분반)	기계공작법1및실습(3분반)		기계공작법1 및 실습(3분반)
5교시			기계공작법1및실습(3분반)		기계공작법1 및 실습(3분반)
6교시		한국사의 이해(9분반)		고체역할 2및연습(3분반)	
7교시		한국사의 이해(9분반)		고체역할 2및연습(3분반)	
8교시		고체역할 2및연습(3분반)		한국사의 이해(9분반)	공업수학 2(3분반)
9교시		고체역할 2및연습(3분반)	공업수학 2(3분반)	진로	공업수학 2(3분반)

② 일과 운영의 변화

고교학점제로 인한 또 다른 변화의 모습은 일과 운영이다. 우리나라는 위의 표 2-14에서 제시한 고등학생 수업시간표처럼 운영되는 학교들이 대부분이지만, 일과 운영에 대한 변화가 불가피하다. 현행 규정상 50분을 기준으로 하였기 때문에 50분을 기본 시간으로 하여 1시간의 수업시간을 50분 안, 75분 안, 50분+75분 안, 100분 안으로 구성해 보았다. 75분 안은 2시간을 실시하면 3시간이 되는 내용이고, 100분 안은 50분+50분을 하나의 블록타임으로 구성한 것이다.

아래의 표 2-15는 어느 독일 고등학교 2학년 학생의 실제 시간표이다. 블록타임으로 되어 있으며, 2학점씩 2번을 듣는 4학점을 기본으로 운영하고 있음을 알 수 있다. 우리나라도 시간표 편성이나 학습량을 고려할 때 기본 단위를 4학점으로 하는 방안들이 검토되고 있다.

| 표 2-15 | 독일 학생의 시간표

	Montag	Dienstag	Mittwoch	Donnerstag	Freitag
1-2	HF Geschichte	HF Mathe	HF Latein	HF Geschichte	HF Mathe
3-4	HF Deutsch	L1 Kunst	HF Deutsch	L1 Kunst	L2 Englisch
5-6	L2 Englisch	F Informatik	F Philosophie	F Sport	HF Chemie
7-8	HF Chemie	HF Latein	(Koreanisch)	PK kreatives Schreiben	

Fachkurs(전문가 과정): F ; Hauptfachkurs(주요 과목): HF; Leistungskurs(고급 과정): L; Projektkurs(프로젝트 과정): PK

▶ 학급 운영의 변화

고교학점제가 시행되면 담임제도에 대한 개선도 필요하다. 현재 일부 학점제형으로 교육과정을 운영하는 학교들을 살펴보면 전 교사가 소인수체제로 학급을 구성한 후, 멘토링 중심으로 학생 개개인이 만족할 수 있도록 진로지도와 동아리 활동의 지도를 통하여 학교생활의 질을 높이고 있으며, 학생 각자의 성향을 고려한 생활지도에 최선을 다하고 있다.

학급 운영 방법은 전 교사 담임제를 통해 15명 내외의 소인수 학급을 구성하고, 무학년 멘토링 학급을 통하여 선후배 교육, 잠재력 신장 등을 위해 노력하며, 창의적 체험 활동을 통해 학급별 활동시간을 갖는다. 정리하면 표 2-16과 같은 특징을 갖는다.

| 표 2-16 | 고교학점제형 학급

추진과제	추진내용
고교 학점제형 학급	• 수업을 같이 듣는 것뿐만 아니라 동아리 활동, 각종 연구 활동, 회의 등 다목적으로 활동하는 최소한의 단위 • 무학년으로 구성된 멘토링 학급을 통해 선후배 간 지식과 우정을 나눔 • 같은 관심을 가진 학생들이 모여 활동함으로써 시너지 효과 기대
학급 선택	• 학생들이 스스로 학급을 선택할 수 있도록 학생들의 선택권을 부여

▶ 졸업 자격기준의 변화

고교학점제를 통해 일어나는 두드러진 또 하나의 변화는 평가를 통한 학습의 질 관리 측면이라고 할 수 있다. 이는 현재의 출석일수를 기준으로 한 졸업 자격기준을 크게 변화시킬 것이다. 일정 수준에 도달하지 못하면 미이수에 해당하는 점수를 받게 된다. 이 경우에는 보충 프로그램, 즉 단기간의 보충 학습이나 특별 과제를 거쳐 핵심 성취기준에 도달하면 'E'학점을 부여한다. 단, 대학에서의 'F'학점에 대한 재이수는 실시하지 않는다. 다음의 그림은 고교학점제에서의 학사 운영체계를 도식화한 것이다.

학점제형 학사제도 운영체계(최종 완성 모형)[14]

고교학점제가 바꿔갈 우리나라 고등학교의 미래

고교학점제가 시행되면 앞으로 우리나라의 고등학교는 다음과 같이 변화될 것으로 예상된다. 첫째, 고등학교 단계에서 선택형 교육과정이 지금보다 훨씬 더 강화될 것이다. 바꿔 말하면 고등학교 **교육과정의 다양화**로 표현할 수 있다. 굳이 특목고에 진학하지 않아도 일반고등학교에서 학습자에 따라 특정 교과목을 선택·심화 학습할 수 있는 기회를 갖게 된다는 뜻이다. 학습자 스스로 학습자의 수준·적성·진로를 고려하여 선택과목을 수강하여 이수하게 됨으로써 일반고등학교 내에서 교육과정 편성·운영의 자율성이 확대될 수 있다. 또한 현재는 학급 중심의 대규모 단위로 선택과

---

14. 교육부(2017), 고교학점제 추진 방향 및 연구학교 운영 계획 발표 보도자료

목이 개설되고 있는 데 반해, 앞으로는 학생 선호 차원의 좀 더 다양한 과목 개설이 강조될 것으로 보인다.

둘째, **학습 집단 편성에 변화**가 예상된다. 학점제는 학생 자신이 졸업에 필요한 학점을 스스로 구성해가는 방식으로 운영되므로, '선택할 수 있는 과목의 다양성'과 '학습자의 관심, 적성, 진로에 대한 고려'가 전제되어야 한다. 따라서 현행 연령에 근거한 학년제와 상관없이 자신이 선택한 과목에 따라 학년을 넘나드는 **무학년제** 학습 집단, 즉 교수-학습 상황에서 여러 학년의 학생이 학년의 구분 없이 하나의 학습 집단으로 구성·운영될 수 있다.

셋째, 학교 교육 결과에 대한 **학교의 책무성이 강화**될 것이다. 학점제 실행에 있어서 중요한 조건 중 하나는 성취기준에 근거하여 교과 학습의 질 관리를 도모한다는 것이다. 이 말은 성취기준에 도달하지 못한 학생의 경우, 보충학습의 기회를 가져야 한다는 뜻이다. 예컨대 과락으로 인해 재이수를 해야 하는 경우도 발생하게 된다. 기존의 단위제 안에서는 교과의 성취기준과 무관하게 수업일수나 수업시수만 충족하면 졸업을 하게 되므로, 실질적으로 학생 학습의 질 관리가 제대로 이루어지지 못하였다. 하지만 학점제를 적용하게 되면 학교는 모든 학생들이 최소한의 성취기준에 도달할 수 있도록 노력해야 한다. 또한 성취기준에 도달하지 못한 경우 학교는 재이수의 기회를 제공함으로써 학습결손이 생기지 않도록 노력해야 할 책무성을 가지게 된다.

넷째, 학습의 질 관리를 위한 교과(과목)의 성취수준을 설정한다는 것은 현행 **평가 방식의 변화**를 전제한다. 앞에서 언급한 바와 같이 학점제하에서 성취수준의 달성 여부에 따라 재이수 기회를 준다는 의미는 성취수준이 상대적인 것이 아니라 **절대적**인 것임을 함축하고 있다. 상대평가는 비율을 고려하여 평가하지만, 절대평가는 교과의 성취 정도를 고려하기 때문이다. 대학의 경우 5단계 상대평가를 비율에 근거하여 A는 몇 %, B는 몇 % 등으로 평가하고 있지만, 학점제를 실시하고 있는 미국, 핀란드 등은 절대평가에 근거하고 있다. 이에 관한 내용은 앞으로 이어지는 장에서 학점제를 성공적으로 운영하고 있는 해외 사례들을 중심으로 다시 살펴볼 것이다.

이 장을 마치기 전에 다음의 이야기를 소개하려 한다. 절대평가 확대 필요성에 관해 다시 한 번 생각해보는 계기가 되었으면 한다.

많은 분들이 수능과 같은 상대평가 방식이 공정하다고 말하는데, 실상 상대평가는 매우 불공정하고 타당하지 못한 평가입니다. 상대평가를 위해서는 하나의 기준만을 적용해야 합니다. 그래야 줄을 세울 수 있으니까요. 기준이 애매하고 복잡해지면, 공정성 시비(객관성과 신뢰성)에 말려들기 십상이지요. 하나의 기준에 따른 평가는 학생이 어떤 배움을 얻었는지를 공정하게 평가하기에 매우 부족한 평가가 되니 타당하지도 못한 평가가 됩니다.

상대평가는 비교육적입니다. 상대평가를 하는 교육 문화, 학교 분위기 속에서 학생들은 서로를 질시하고 견제하며, 다른 아이들이 실수하고 잘하지 못하기를 바라게 됩니다. 서로 돕고 협력하면서 배우고 가르치는 과정 자체가 가장 교육적인 활동인데, 학생들은 오히려 배척하고 심지어 방해하는 지경에까지 이릅니다.

상대평가는 필연적으로 엄청난 시간과 열정을 낭비하게 만듭니다. 누구나 다 알겠지만, 수능시험에는 항상 킬러문제가 있습니다. 공부를 잘하고 문제를 잘 푸는 학생들도 통상적인 시간 안에 풀 수 없는 문제가 반드시 과목마다 한두 문제씩 출제됩니다. 그래야 난이도 조절에 실패했다느니, 물수능이라느니 하는 비난을 면할 수 있으니까요.…[중략]… 이제는 학생을 선별하는 교육과 평가가 아니라 학생이 역량 있는 민주시민으로 성장하도록 돕는 교육과 스스로 학습하는 과정을 돕는 평가가 절실한 시대가 되었습니다. 초·중·고교에서 이미 상대평가가 많이 축소되고, 과정평가형 절대평가가 많이 도입되고 확산되고 있는 추세입니다. 하지만 학생과 학부모가 가장 중요하게 생각하는 고교 내신평가와 대입 수능평가에서 여전히 상대평가가 중심을 차지하고 있습니다. 이번 대입제도 개편 과정에서 상대평가의 폐해와 한계성에 대한 논의가 활발히 이루어져 우리 교육이 새로운 교육, 교육다운 교육으로 거듭날 수 있는 토대가 마련되기를 기대합니다.[15]

- 목포대학교 사무국장 최승복

---

15. http://blog.naver.com/PostView.nhn?blogId=starwell&logNo=221276800560에서 발췌하여 편집함

CHAPTER 03

선진국의
고등학교 교육을 엿보다

해외 사례를 통해 본 고교학점제

앞에서 우리는 고교학점제가 미래교육의 필연적인 흐름이며, 입시 중심의 우리나라 고등학교 교육의 패러다임을 바꾸게 될 것이라는 점에 관해 살펴보았다. 국내에서는 아직까지 고교학점제는 실험적으로 운영되는 단계이지만, 해외의 경우 이미 오래전부터 학점제 운영 방식을 통해 고등학교 교육의 다양화를 꾀하고 있다. 우리나라에 고교학점제가 성공적으로 정착해 운영되기를 바라며, 해외의 우수 사례를 살펴보는 것은 현실이나 문화적 차이를 감안하더라도 우리에게 분명 의미 있는 시사점을 안겨줄 것이다. 여기에서는 핀란드와 캐나다 온타리오 주 그리고 미국 캘리포니아 주의 로스앤젤레스 통합교육구의 사례를 살펴보려 한다.

이제부터는 해외 교육 선진국들의 고교학점제 운영 사례들을 살펴보려 한다. 여러 우수한 사례들을 꼽을 수 있겠지만, 여기에서는 교육복지 측면에서 손꼽히는 핀란드와 세계적으로 손꼽히는 공교육 수준을 자랑하는 캐나다 온타리오 주 그리고 다양성을 포용하는 미국 캘리포니아 주의 로스앤젤레스 통합교육구를 사례로 선정하였다.

물론 여기에 제시한 나라들의 형편과 우리나라가 처해 있는 현실은 여러모로 사뭇 다른 것이 사실이다. 그럼에도 불구하고 해외의 성공 사례를 살펴보는 것은 앞으로 우리나라에서 고교학점제를 성공적으로 도입하고 정착해가는 데 있어 여러 가지로 중요한 시사점을 안겨줄 것이다. 또한 현장은 물론 대중들이 고교학점제에 대해 가지고 있는 여러 가지 편견이나 우려들을 해소하는 데에도 도움을 줄 수 있을 것이라고 믿는다.

01 함께 협력하여 평등을 이뤄내는 핀란드의 교육

핀란드는 북유럽 발트해 연안에 위치한 스칸디나비아 국가이다. 이미 우리에게도 잘 알려진 것처럼, 2018 가장 행복한 국가이면서 PISA 테스트 1위 국가이기도 하다. 세계의 교육정책가들은 핀란드의 이러한 성공의 비결로 국민의 협력을 토대로 구축한 복지제도와 교육을 꼽는다.

아울러 핀란드 교육이 세계 최고 수준으로 우뚝 설 수 있게 된 이유는 낙오자를 만들지 않는 교육의 기회 균등, 교사의 질 높은 전문성과 자율성 확보, 학교와 교사에 대한 높은 사회적 신뢰와 협력 때문이라고 한다. 우리나라 교육은 치열한 경쟁을 조장하고, 뒤처진 아이들은 사실상 방임하고 있다. 하지만 핀란드는 단 한 명도 교육에서 소외되지 않도록 하는 철학을 바탕으로 공교육이 이루어지고 있다. 이제부터 학생 개개인의 능력과 속도에 따른 개별화 교육과정을 운영하고 있는 핀란드 교육을 살펴보고, 우리나라 고교학점제의 운영을 위한 시사점을 이끌어내고자 한다.

핀란드의 교육행정 및 교육제도

핀란드는 교육문화부(Ministry of Education and Culture)가 각 교육법과 교육체계 전반을 관할하는 행정조직이며, 핀란드 국립 교육기구(The Finnish Nation Agency for Education)가 교육과정의 개발 및 운영 등 유·초·중등학교 교육에 대한 책임을 맡고 있다. 핀란드는 철저한 분권형 체제를 구현하고 있는 국가로 중앙정부는 교육의 방향 및 목표 설정, 예산 배분, 평가 등의 권한만을 갖고, 그 이외의 교육에 관한 대부분의 권한을 지방 자치단체에 위임하고 있다.

또한 시·도교육청과 같은 중간관리체계 없이 바로 지방 자치단체가 교육에 관련한 많은 권한을 위임받아 교육 자치를 실현하고 있다. 따라서 지방정부는 지역 교육과정, 학급규모, 교원평가 등을 관장하고, 실질적 교육 활동의 주도권은 단위학교와 전문가인 교사에게 있다. 그렇다 보니 교육행정이나 교육과정 운영에서 관료적, 행정적 요소가 현저히 줄어들어 교원이 처리해야 할 행정 잡무가 거의 없다(김병찬, 2016)[1]. 그 결과 교원이 수업과 평가에 집중할 수 있는 환경이 조성되었으며, 모든 학생을 위한 책임교육을 실현할 수 있게 되었다.

---

1. 김병찬(2016). "핀란드의 지방분권 및 교육 자치제도 고찰", 서울특별시

▶ 핀란드의 학제는?

핀란드의 학제는 아래의 그림처럼 유-초-중-고를 1-5-4-3제로 운영하고 있다. 9년간의 종합학교에서 초등교육(5년)과 기초 중등교육(4년)이 통합된 기본 교육과정, 3년간의 일반 고등학교 또는 2~3년간의 직업 고등학교에서 이수하는 상위 중등교육과정(Upper Secondary), 전문기술대학교와 일반 대학교에서 제공하는 고등교육과정으로 구분된다. 핀란드는 모두에게 평등한 교육기회를 제공하기 위해 초등학교에서부터 대학까지 무상 공교육을 실시한다. 또한 기본 교육과정을 이수하고 상급학교에 진학할 때 경제적인 형편에 따라 소정의 장학금이나 학자금 등을 지원한다. 핀란드는 국내총생산(GDP)의 약 6.5%를 공공교육 부문에 지출하고 있다.

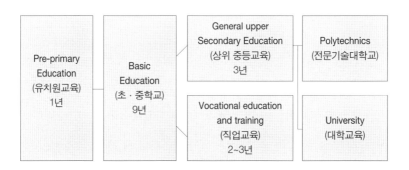

핀란드의 학제 개요

▶ 개인별 맞춤형 교육을 지향하는 무학년제 고등학교

핀란드의 고등학교는 2가지 형태가 있다. 3년제 일반 고등학교(upper secondary school)와 2~3년제의 직업 고등학교(vocational school)가 그것이다. 고등학교는 전국단위[2] 모집을 하며 종합학교 9학년 내신 성적을 통해 경쟁 선발한다. 고등학교 교육과정은 3년 이 기본이지만, **무학년제**로 학생들이 교육과정을 선택하여 이수하 므로 학생마다 2.5~5년간 고등학교 교육과정을 이수하게 된다.

3년제 일반 고등학교 교육과정을 모두 이수하고 나서 고등학 교 졸업시험(Marticulation)을 통과하면 대학교에 진학하거나 직업 고등학교에 재입학하거나 취업을 하게 된다. 대부분의 일반 고등 학교는 지방 자치단체가 운영한다. 핀란드에서 고등학교 교육은 일반 고등학교(주간), 성인을 위한 고등학교, 고등 공민학교(folk school) 및 원격교육 형태로 이수할 수 있다.

고등학교 수업일수는 규정되어 있지는 않지만, 보통 38주 정도 다. 1년을 5~6개 학기로 구성하고, 1학기에 5~6개 코스[3]를 수강 하며, 3년간 75개 코스를 이수함을 원칙으로 한다. 그리고 핀란드 고등학교 과목은 단기간에 이수할 수 있는 적은 분량의 내용으로 구성되어 있다(김진숙, 2018).[4]

고등학교 3년 전 과정은 무학년제로 운영되고 있으므로 개개인 의 차이와 속도에 맞춰 공부할 수 있다. 따라서 학생 개개인의 정 확한 이해와 학생, 학부모, 교사의 상담과 합의가 중요하다. 그리

---

2. 학생들은 주로 주거지 근처 고등학교를 지원하지만, 헬싱키와 같은 대도시나 교과중점학교의 경우 먼 거리에서 지원하기도 한다.
3. 핀란드에서는 과목 단위가 코스(course)로 지칭되며, 한 코스는 38차시로 구성된다.
4. 김진숙(2018). "일반계고 고교학점제 해외 사례(핀란드, 덴마크)", 2018년 고교학점제연구학 교 교원하계워크숍

고 학생들은 연령의 구분 없이 함께 학습하므로, 평등하고 상호 존중하는 태도를 자연스럽게 함양하게 된다. 일반 고등학교의 과목별 과정은 국가 교육과정에서 지정한 필수코스, 국가 선택코스, 학교 선택코스로 구분되며, 코스는 내용과 수준에 따라 구분된다. 표 3-1는 핀란드 일반 고등학교 어느 학생의 교육과정 편제 사례를 예시한 것이다. 해당 학교는 1년을 5학기로 운영하고 있고, 1학기에 4~5개 과목을 수강할 수 있으며, 각 과목의 위계에 맞게 이후 학기로 갈수록 과목의 숫자가 높아짐을 볼 수 있다.

| 표 3-1 | 고등학교 1년 과정(예시)[5]

1학기	2학기	3학기	4학기	5학기
모국어 1	영어 1	모국어 2	영어 3	스웨덴어 2
수학 1	수학 2	영어 2	지리	수학 3
역사 1	철학 1	스웨덴어 1	역사 2	물리 1
화학 1	종교 1	철학 1	보건	사회 1
예술 1	물리 1		음악 1	

1개 교시 수업시간은 학교마다 다르며 45~75분까지 다양하게 나타난다. 학교 수업은 학교마다 다소간 차이는 있으나, 주로 아침 8시부터 오후 4시까지 이루어지고 있다.

---

5. 교육부(2018), "고교학점제 추진 관련 2018년 공무 국외출장 보고서"

각 학교별 교육과정 자율성을 보장하다

핀란드는 앞서도 잠깐 언급했지만, 단위학교를 중심으로 철저한 교육 자치가 이루어지고 있다. 따라서 국가 수준의 교육과정은 지방정부 및 학교 수준 교육과정의 편성·운영을 지원하는 성격이 강하다. 말하자면 학교가 반영해야 하는 지침을 안내한다거나 지역과 학교 교육과정을 편성·운영하기 위한 매뉴얼을 제공하는 수준의 성격을 띤다는 뜻이다.

▶ 학교 실정에 맞게 교육과정을 자율적으로 편성 및 운영

실제 국가 수준 교육과정은 각 교과의 과목별 목표와 성취기준, 평가기준을 제외한 많은 부분에서 지방과 학교단위로 교육과정을 개발할 수 있는 지침과 방법을 자세히 제공하고 있다. 그리고 교육법에서 초·중등학교 교육과정의 영역과 시간 배당을 규정하고 있어서 교육과정 부록으로 초·중·고등학교 교육을 위한 기본법을 전문으로 제시하고 있다.

일반행정과 교육행정이 통합되어 있는 핀란드는 지방 자치단체에서 국가 수준 교육과정을 토대로 지역별 교육과정에서 대략적인 과목별 이수기준을 마련하고, 학교가 실정에 맞게 교육과정을 자율적으로 편성하여 운영하고 있다. 교육과정상에 마련된 고등학교 교과목은 표 3-2와 같다. 표에서 보듯이 핀란드 고등학교 교육과정은 17개 교과와 학교에서 독자적으로 개설하여 선택하는

|표 3-2| 과목별 코스 분포[6]

교과	필수	국가/선택	학교/선택
핀란드어와 문학	6	3	4
A-언어	6	2	2
BI-언어	5	2	4
수학	6-10	2-3	7
생물	2	3	6
지리	1	3	1
물리	1	6	6
화학	1	4	4
종교학/윤리	2	4	
철학	2	2	
역사	3	3	2
사회	3	1	2
예술	1-2	2	5
음악	1-2	2	5
체육	2	3	8
보건	1	2	
상담	2	1	1
기타 코스			26

기타 코스로 구성된다. 17개 교과에 따른 코스는 졸업을 위해 반드시 이수해야 하는 필수코스와 학생의 맞춤식 개별교육과정을 위해 국가와 학교에서 제시하는 선택코스가 있다.

---

6. 교육부(2018). "고교학점제 추진 관련 2018년 공무 국외출장 보고서"

필수코스(45~51개)를 제외하고, 학교 선택코스(83개)가 국가 선택코스(45~46개)보다 훨씬 더 많다. 이는 교육과정 편성에 있어 각 학교의 자율적 권한이 보장되고 있음을 보여준다. 또한 교육과정에 상담시간을 과목으로 포함하고 있으며, 각 학교의 실정에 맞게 개설하여 운영할 수 있는 기타 코스를 마련한 것이 특징이다.

	필수코스		심화코스		응용코스	

교과목	교육과정 편제													
핀란드어	1	2	3	4	5	6	7	8	9	10	11	12	13	14
기본수학	1	2	3	4	5	6	7	8	9	10	11	12	13	14
......														
학생상담	1	2	3	4	5	6	7	8	9	10	11	12	13	14

핀란드 일반 고등학교 학교 수준 교육과정 편제 사례

위의 그림에서 보듯이 일반 고등학교의 교과목에 따른 코스는 필수코스, 심화코스, 응용코스로 나뉘며, 심화코스는 필수코스보다 난이도가 어렵다. 그러나 응용코스의 경우 난이도가 아닌 과목 내용의 성격이 다른 과정이다.

교과 영역별로 1~14까지의 숫자는 해당 학교에서 임의로 부여한 과목 코스 번호이다. 그리고 한 과목 내에서 숫자가 클수록 난도가 높다. 예를 들어 핀란드어 과목의 경우 1부터 6까지의 과목은 필수과목이고, 7부터 9까지의 과목은 심화과목이며, 10부터 14까지의 과목은 응용과목이다. 핀란드 국가 교육과정에 의하면 국어인 핀란드어의 경우 필수과목은 6개, 심화과목은 3개가 개설되어 있으며, 이들 과목은 국가에서 개발 및 제공하고 있다. 즉 이 학교의 핀란드어는 국가에서 제공한 9개 과목을 운영하고 있는 것이다. 그러나 10번부터 14번에 이르는 응용과목은 학교가 독자적으로 개발하여 운영하고 있는 선택과목들이다(이보영, 2014)[7].

▶ 학생 맞춤형 개별교육과정 운영

고등학교 교육과정은 학년 구분 없이 1년 과정을 5~6개 학기로 구성하고, 1학기에 5~6코스를 수강하는 학생 맞춤형 개별교육과정인 **무학년제**를 운영한다. 따라서 1학년 5개 학기 중 1~2학기에만 학교에서 정한 과목을 이수하며, 3학기부터는 학생 과목 선택권이 보장된다. 그리고 학년 초에 모든 학생은 1년 과정의 모든 코스를 선택하여 수강신청한다. 각 코스당 약 38시간으로 구성되어 있다. 강좌당 학생 수는 대부분 20명 이하이고, 일부 선택과목의 경우 학교에 따라 5명 이하일 때도 있다고 한다.

핀란드에서 학생들은 자신의 진로에 따른 개인별 학습 계획을 수립하고, 이에 따라 과목을 선택하고 이수한다. 또한 학생들은 자신의 총 학습기간을 설정하고 시간표도 직접 작성한다. 개인별 학습 계획은 학생, 학부모, 상담교사[8]가 함께 논의하여 3년간의

---

7. 이보영(2014), [핀란드] 필수·심화과목 중심의 핀란드 고등학교 교육 특징과 시사점, 교육과정책포럼 249호

8. 학생 상담교사는 학교당 1명 이상으로 배치되어 학생의 과목 선택과 시간표 작성, 진로, 진학 등을 지원한다.

학습 계획을 작성하고, 매 학기 성과를 기록하고 보완하여, 이를 다시 학습 계획에 반영한다. 그리고 졸업에 필요한 학점을 취득하고 졸업시험을 통과함으로써 졸업 자격을 획득하게 된다.

75개 코스 중 필수코스는 47~51개[9]이며, 나머지 코스에 대해서는 학생의 흥미와 적성, 진로에 따라 학생의 과목 선택권을 보장하고 있다. 국가가 정한 모든 공통 과목은 학교에서 모두 개설해 주어야 하며, 모든 과목이 1강좌 단위로 나뉘어져 있기 때문에 학생 선택권 보장이 용이하다.

이와 같이 핀란드는 개별화 교육과정 운영을 통해 학생들이 자신의 흥미와 적성, 진로를 고려하여 자기주도적으로 학습 계획을 설계하고 실행하도록 지원하며, 이를 통해 학교 교육의 목적인 학생의 자율성과 책임감을 함양하고 있다.

▶ **교사의 전문성을 존중하는 교육과정 운영**

교과서와 학습 자료 제작은 국가의 교육위원회에서 관여하지 않고 출판사에서 자유 발행하며, 교과서 선택권은 교사에게 주어진다. 그리고 교과서는 교사들이 집필하고 있다. 핀란드에서 교사는 사람들에게 인정과 존경을 받는 직업이다. 실제로 모든 교사들은 석사 과정 소지자로 박사학위 소지자도 많은 편이라 높은 전문성과 자긍심을 갖추고 있고, 이에 걸맞게 교사들에게 학교 교육의

---

9. Short Math(기본 수학) 선택 학생은 47개 코스, Long Math(심화 수학) 선택 학생은 51개 코스 이수 필요

많은 자율적 권한이 주어져 있다. 그래서 다른 OECD 국가의 교사들에 비해 수업 내용의 결정, 학생 평가, 학교단위 교육과정 결정, 학교 예산의 편성 등에서 많은 발언권을 가지고 있는 편이다. 고등학교는 별도의 학급 담임은 없으나 담임 성격을 지닌 지도교사(group teacher)가 있으며, 지도교사 1명이 30명 정도의 학생을 담당한다. 핀란드는 교사들이 수업에 자신의 전문성을 집중하고 발휘할 수 있는 교육 환경을 조성하고 있는 것이다.

핀란드 고등학교의 졸업요건과 대학 입시

핀란드의 고등학교 졸업에 필요한 교육과정 이수조건을 간단히 정리하면 다음과 같다.

> 75개 코스 이수(필수코스 47~51개 포함) + 졸업시험 통과

▶ **과목 이수제를 통한 졸업요건 제시**

핀란드는 사실 엄밀히 따지면 학점제가 아닌 **과목 이수제**를 운영하고 있다. 따라서 졸업을 위해서는 3년간 총 75개 코스 이상을 이수하고, 그중 47~51개의 필수코스를 이수해야 한다. 만약 학생이 과목별 코스에서 3개 이상 또는 2개 연속으로 F를 받으면 1개 코스를 재이수해야 한다. 따라서 학생 중에는 졸업이 늦어지는 경우

도 발생하고, 반대로 2년 만에 조기 졸업을 할 수도 있다.

과목별 성적은 7단계 절대평가(4~10점)로 실시되는데 4점은 낙제이며, 일부 과목은 P/F, 즉 통과와 과락으로만 처리된다. 우리나라와 달리 내신 성적은 대학 입시에 반영되지 않는다. 75개 코스를 이수한 후 **졸업시험**(National Matriculation Examination)에 통과하면 졸업이 인정되는데, 졸업시험 성적으로 대학에 진학한다. 단, 졸업시험은 내신 성적과 달리 상대평가로 이루어지며 하위 5%는 탈락한다.

▶ 대입제도의 핵심 졸업시험

핀란드의 대입제도는 교육문화부 산하의 대입시험국(The Matriculation Examination Board)에서 주관한다. 1년에 2회, 4월과 10월에 실시되는 졸업시험이 대입제도의 핵심 전형요소로 활용되며, 필수과목인 모국어 1개 과목과 3개 이상의 선택과목으로 구성되어 있다. 선택과목은 최소 3개부터 최대 11개까지 선택할 수 있으며, 최소 1개 과목은 반드시 심화과목으로 응시해야 한다.

진학을 희망하는 대학에서 추가 점수를 부여하기도 하는데, 만약 이러한 전형에 지원하는 경우 학생은 선택과목을 추가로 선택하여야 하므로, 응시 과목 수가 증가할 수 있다. 학생 1인당 총 3회 응시가 가능하다. 졸업시험은 과목별 7단계[10] 상대평가로 적용되며, 2016년부터 디지털 방식으로 시험이 전환되어 2019년에는 전 과목 디지털 방식으로 운영될 예정이다.

또한 대학의 학과마다 전형요소가 다르기 때문에 졸업시험 반영 비율과 인터뷰 방식 등에서 차이가 있다. 다만 공통적으로 졸업시험의 비중을 50% 이상 반영하도록 권장하고 있다. 그 밖의 우선 대학 지원 자격조건은 IB 시험 통과자, EB(유럽 고등학교 졸업시험) 통과자, 독일의 고등학교 졸업시험 통과자, 고등 직업전문학교 졸업자, 외국에서 상응하는 대학 지원 자격을 받은 자, 학부에서 전제하는 개방 대학 강좌 통과자 등이다. 기타 대학 공부에 필요한 지식과 준비가 되어 있다고 간주될 경우 대학의 지원 허가를 받아서 입학하는 경우도 있다.

모두의 평등을 보장하는 핀란드의 책임교육

핀란드는 교육에 관련한 대부분의 권한이 지방정부와 학교에 위임되어 있다. 따라서 지방정부와 학교마다 다른 책임교육 지원 방안을 계획하여 운영하고 있다. 이에 여기서는 헬싱키시와 투르크 (Truku)시의 교육 지원 방안을 탐색해보려 한다.

---

10. L - E - M - C - B - A - I

L
best grade
(최우수 성적)

L E M C B A I
5% 15% 20% 24% 20% 11% 5%

▶ 모든 학생을 위한 단위학교의 책임교육

핀란드의 모든 학교는 상담교사[11]를 배치하여 학생의 과목 선택과 진학, 진로에 대한 상담을 제공하고 있다. 또한 심리학자, 사회복지사, 보건간호사를 배치하여 학생들이 신체적·정신적인 건강을 보장하는 종합적 학생복지체제가 구축되어 있다. 필요하면 사회복지기관과 연계하여 학생의 어려움을 다차원적으로 지원한다. 헬싱키시 교육부의 경우 학생이 일반과정에서 학습 곤란에 대한 추가적인 도움을 받고도 학업성취에 실패하면 **개별화된 교육과정**[12](individualized curriculum)을 운영한다. 해당 학생은 보조교사와의 일대일 개인교습 및 컴퓨터 개별학습 프로그램을 활용하여 개인적인 성취목표와 학습 진도에 맞추어 공부하게 된다. 그리고 무엇보다 자신이 다른 교육과정으로 학습하는 것에 대해서 심적 부담을 느끼지 않을 수 있는 교육 문화가 조성되어 있는 것이 크나큰 장점이다.

▶ 타 교육기관 이수 코스 인정제도

일부 타 교육기관에서 이수한 조기 학습이나 코스가 고등학교 코스 내용과 상응하면 고등학교 과정의 일부로 인정된다. 이때 타 교육기관에서 이수한 코스에 대한 고등학교 과정과의 일치도와

---

11. 핀란드 모든 고등학교에는 상담교사가 1인 이상 배치되어 있다.
12. 해당 학생은 교사 및 심리상담교사와 함께 일반 교육과정과는 다른 자신에게 필요한 개인적인 성취목표와 학습 범위를 설정하고 학습하게 된다.

인정 여부는 고등학교와 상의해야 한다. 학생은 반드시 타 교육기관에서 수료증과 시험 성적이나 이수 증명서를 제출해야 한다.

투르크시를 예로 들면, 투르크시의 주간 고등학교, 고등학교 여름학교 코스, 투르크의 야간 고등학교(성인 고등학교), 투르크 지역의 고등학교 원격교육 코스의 경우는 투르크 고등학교 수업으로 자동 추가된다. 그러나 투르크 직업학교, 투르크 여름대학, 기타 교육기관의 경우는 고등학교 코스 인정이 사례별로 다르다. 따라서 학생들은 학교와 상의를 통해서만 이수 인정 여부를 확인할 수 있다.

▸ 고등학교 전문 전공과정 운영

투르크시는 스포츠, 표현 예술, ICT 중점 고등학교를 운영하고 있다. 해당 학교는 학생을 선발하여 해당 전공과정을 중점적으로 운영하여 학생들의 흥미와 적성, 진로에 맞는 교육 기회를 제공하고 있다. 이들 고등학교는 전공 영역의 전문 코치나 교사를 배치하여 학생들이 해당 영역에서 전문적이고 집중적인 교육을 받을 수 있다. 케르뚤리(Kerttuli) 고등학교의 스포츠 과정은 스포츠 선수 양성을 목적으로 30개가 넘는 스포츠 교육과정을 운영하고 있다. 또한 ICT 과정은 고등교육기관과 직장과 밀접하게 연계되어 운영되고 있다. 푸오라란마키(Puolalanmäki) 고등학교의 음악 과정은 모든 종류의 풍부한 음악 과정과 국제 협력관계를 구축하여 운영되고 있고, 매년 선택사항이 달라진다. 투르크 클래시컬(Turku Classical) 고등학교는 연극, 무용 및 미디어 과정에 표현 예술 과정을 운영한다. 투르크 핀란드 공동교육 고등학교의 해양 과정은 수학과 자연과학 과목을 강조하고, 다양한 교육연구기관과 해양 산업과의 협력관계를 구축하고 있다.

▶ 종합학교 졸업 후 대안교육

핀란드는 종합학교 졸업 이후 학생들이 다음 진학을 위해 준비할 수 있는 세 가지 과정을 마련하고 있다. 직업교육을 위한 준비 교육, 일반 고등학교를 위한 준비 교육, 추가적인 종합학교 10학년 교육이 이에 해당한다.

직업교육 준비 과정은 종합학교 졸업 후 직업학교 진학을 원하는 학생이나 이민자나 진로를 바꿀 계획이 있는 성인을 위한 과정으로 학습 능력과 생활 기능을 포함한 예비 직업교육 준비 기간이다. 일반 고등학교 준비 교육은 이민자나 핀란드어가 아닌 다른 언어를 모국어로 가진 학생이면서 일반 고등학교 진학을 원하는 학생을 위한 과정이다.

자발적 추가 교육과정인 추가적인 종합학교 교육은 당해나 한 해 전에 종합학교를 졸업한 헬싱키 청소년과 직업학교나 일반 고등학교 진학을 위해 종합학교 성적을 향상시켜야 하는 학생들을 위한 과정이다. 이처럼 핀란드는 학생들이 포기하지 않고 계속 학업을 이어갈 수 있도록 다음 진학을 위한 준비 과정을 적극적으로 마련해주고 있다.

핀란드 교육이 우리나라에 주는 시사점

핀란드는 아이 한 명 한 명을 모두 소중히 여기는 국가의 방침에 따라 단 한 명의 아이도 낙오시키지 않으려는 평등한 교육과 상호 신뢰하는 교육 문화로 화합과 공존의 철학을 실현하고 있다는 점에서 귀감이 된다. 이는 결과적으로 전 세계에서 학생 간 학업성취도 편차가 가장 낮은 국가로 발돋움하게 된 원동력이 되었다고 본다. 지금까지 살펴본 핀란드 교육은 우리나라에 다음과 같은 시사점을 주고 있다.

▶ 학교와 교사의 자율성 보장

핀란드는 국가 수준 교육과정이 과목별 목표, 성취기준, 평가기준만 제시하고, 지역과 학교가 교육과정을 편성하여 운영할 수 있도록 **권한을 위임**하고 있다. 다만 학교는 국가 수준 교육과정에서 제안하는 공통과목은 반드시 포함하되, 학교가 학생에게 필요한 과목이나 코스를 추가 개설하여 운영할 수 있는 자율적 권한을 동시에 부여하고 있다.

따라서 학교가 자율적으로 과목이나 코스를 추가 개설하여 학생의 과목 선택권을 보장하면서도 교사 수급이나 교실 확보 등의 어려움도 해결할 수 있는 융통성을 제공하고 있는 것이다. 실제로 학교마다 다른 과목이나 코스가 운영되는 것이 일반적이다. 이에 비해 우리나라에서 고교학점제를 운영하는 학교는 주로 등급을 산출하지 않는 교양 교과군의 과목을 증설하여 교사나 교실 확보의 어려움을 해결하고자 한다. 그러나 교양 과목은 많은 경우 학생의 필요도나 교사의 전문성이 충분히 고려되지 않은 채 개설되고 있다 보니 수업을 충실히 운영하는 데 어려움이 있다. 이에 학교별 상황에 맞게 과목을 추가로 개설하고 운영할 수 있는 교육과정 개발과 운영의 자율성이 한층 확대될 필요가 있다.

교사의 전문성이 보장되고 존경받는 핀란드의 교사들은 수업, 평가, 교과서 선정, 학교 교육과정 편성 등에 있어서 **자율성**이 확보되어 있다. 따라서 교사는 자신의 전문성을 토대로 수강 신청한 학생들의 흥미, 수준, 요구 등을 고려하여 교과서를 선정하고, 교수-학습 방법과 평가를 계획하여 실시할 수 있다. 학생의 과목 선택권을 보장하는 학점제는 학생 맞춤식 개별교육과정을 운영하는 것이므로, 개설된 강좌 운영에 있어 교사의 전문성에 근거한 자율성 보장은 필수적이라고 할 수 있다. 이 또한 우리나라 교사들의 수업 권한에 시사하는 바가 크다.

▶ 무학년제 · 개별화된 교육과정

핀란드는 학생이 개별학습 계획에 따라 개인별 교육과정을 만들고 이수하는 **무학년제·개별화된 교육과정**을 운영하고 있다. 따라서 10, 11, 12학년이 함께 수업을 받고, 학교는 다양한 수준의 강의를 개설함으로써 학생들로 하여금 자기 수준에 맞는 강의를 선택할 수 있도록 한다. 전 학년이 함께 수업을 수강하므로 과목 개설률이 높아지고, 교실 확보가 수월해지며, 결과적으로 학생의 과목 선택권이 한층 보장되고 확대될 수 있다.

무엇보다 고등학교는 학생의 미래 진로를 개척하기 위해 필요한 교과목을 자기주도적으로 자유롭게 선택하도록 하여 진로교육이 이루어져야 하는 시기이다(주주자 외 4인, 2017).[13] 이에 고등학교에서 무학년제 개별화된 교육과정의 도입은 학생들의 평등한 미래 준비를 위해 필요한 제도라고 본다.

또한 핀란드는 교육과정상 필수코스의 비율이 높다. 졸업을 위한 총 75코스 중 47~51코스가 필수로 지정되어 있는데, 이는 고등학교 교육과정의 약 63%에 해당한다. 이러한 조치를 통해 학생들이 공통적으로 갖추어야 하는 지식과 역량을 갖출 수 있으며, 난도가 높은 과목의 기피 현상을 차단할 수 있고, 아울러 대학 진학을 위해 꼭 필요한 기본적인 지식과 역량을 습득할 수 있다. 또한 학교의 교육과정 측면에서도 필수코스가 높다는 점은 교원 수급, 교과교실 확보, 시간표 운영 등 수업을 융통성 있게 운영하고 관리하는 측면에서 매우 유리하다.

무학년제·개별화된 교육과정을 운영하여 학생의 과목 선택권을 보장하면서도 일부 고교에서는 스포츠, 예술, ICT 전공집중 교육과정을 운영함으로써 특정 분야에 적성과 흥미를 가진 학생이 해당 분야를 집중적으로 학습할 수 있는 기회를 만들어주고 있다.

---

13. 주주자 외(2017). "경기도교육청 고교 무학년 학점제 구현 방안 연구", 경기교육연구원

핀란드 고등학교는 전국 학생 대상 선발체제를 갖추고, 특정 분야의 교사, 코치, 시설, 예산 및 지원체제가 집중적으로 투입되어야 하는 전공과정 일부를 고등학교에 마련하여 운영한다. 이러한 체제는 학생의 진로에 따른 과목 선택권의 확장 및 학교 운영 측면에서도 매우 효율적이고 또 효과적이다.

▶ 단위학교 중심 책임교육 시스템

핀란드 고등학교에는 우리나라와 같은 담임제도가 없다. 담임교사 대신에 약 30명 단위로 지도교사가 1인 배정된다. 그러나 상담교사가 모든 학교에 1인 이상 배정되어 있고, 상담시간이 교육과정의 교과목 코스로 편성되어 있다. 즉 학생의 개인별 특성과 적성을 정확하게 파악할 수 있는 체제가 보장되어 있는 것이다. 만약 학생에게 신체적이거나 정신적인 문제가 발생하면 학교에 배치된 심리학자, 사회복지사, 보건간호사 등으로 구성된 학교 복지팀이 종합적이고 집중적인 지원을 해준다.

특히 학생이 만약 학업을 따라오지 못하면 보조교사가 투입되어 해당 학생의 학업을 지원하며 교장, 교사, 학부모, 학교 복지팀이 정기적으로 모임을 갖고 협력하여 학생을 지원한다. 무엇보다 학생도 자신이 집중 지원을 받아 학습하는 것에 대한 심리적 위축감을 느끼지 않고 학교생활을 원활하게 해나갈 수 있는 학교 문화가 잘 조성되어 있다.

단위학교 중심으로 책임교육이 이루어지고 있기 때문에 낙오하는 학생이 줄고, 모든 학생이 학교 교육 안에서 필요한 부분에 필요한 지원을 받으며 자신의 진로를 개척해갈 수 있는 공교육체제가 운영될 수 있는 것이다. 이것이 현재의 평등한 핀란드 교육체제와 문화를 구축하는 데 분명 중요한 밑거름이 되었을 것이다.

▶ 서로 다름을 인정하는 교육 문화

핀란드도 다문화 가정 비율이 꽤 높은 편이다. 하지만 핀란드는 차별 없이 함께 살아갈 수 있도록 교육적 지원은 물론, 서로 다름을 인정하는 교육 문화 덕분에 누구나 본인이 원하는 만큼 교육을 받을 수 있다. 교육과정에서도 모국어를 포함한 다양한 외국어를 공교육체제에서 체계적으로 배울 수 있도록 마련하고 있고, 단위학교 중심의 종합적 지원체계를 통해 자신이 다니는 학교에서 소외 없이 학업을 지속할 수 있다. 따라서 다문화 가정이나 외국인들도 평등하게 교육받을 수 있다. 또한 학업부진 학생도 부끄러움 없이 학교의 지원을 받아 공부할 수 있는 문화가 조성되어 있다. 즉 수직적·수평적 다양성이 모두 존중되는 이러한 평등한 교육문화는 오늘날의 부강한 핀란드를 이끄는 데 중요한 힘이 되고 있는 것이다.

02 모두의 탁월성을 추구하는 캐나다 온타리오 주의 교육

캐나다는 전 세계적으로 탄탄한 공교육 수준을 자랑하고 있다. 특히나 캐나다 온타리오 주는 세계 최고 수준의 공교육체제를 갖추고 있는 것으로 인정받고 있으며, 캐나다 다른 주의 교육 발전에도 주도적인 영향을 미치고 있다. 온타리오 주정부는 지역사회, 교육행정가, 기업, 학교주체들과 협력하여 모든 학생이 자신의 진로, 흥미, 수준에 맞는 교육을 받으며 자신의 삶에서 성공할 수 있도록 공평한 교육 기회를 보장하는 공교육체제를 구축하여 운영하고 있다.

이러한 탄탄한 공교육체제를 바탕으로 그동안 교육적·사회적·경제적인 성과를 크게 얻을 수 있었다. 온타리오 주는 캐나다 다른 주의 교육 개선에도 파급 효과를 보였을 뿐만 아니라, 세계적으로도 많은 국가에서 연구하고 있을 정도다. 이에 온타리오 주의 교육 혁신은 우리나라 고교학점제 운영 기반을 마련하는 데 큰 시사점을 줄 수 있을 것이다.

주단위로 이루어지는 캐나다의 자율적 교육제도

캐나다는 각 주의 언어, 종교, 주민 구성, 경제적·사회적 상황에 있어서 차이가 큰 편이다. 이에 연방정부 차원의 교육부와 교육제도가 없고, 각 주의 자율성과 독립성을 강조한 주단위 교육 자치를 실현하고 있다. 2013년 온타리오 주 교육부는 청소년들을 유능한 성인, 완전히 참여하는 시민, 가족과 공동체에 공헌자로 성장할 수 있도록 **탁월성 달성**(Achieving Excellence)으로 비전을 개정하고, 탁월성 달성, 공평성 보장, 행복 증진, 공신력 강화의 네 가지 교육목표**14**를 설정하고 있다.

또한 캐나다의 학제는 총 12년으로 구성되어 있는데, 1~8학년은 초등학교 단계, 9~12학년은 고등학교(Secondary school) 단계로 이루어져 있다. 고등학교의 경우 학점제 운영과 함께 엄격한 졸업 자격을 제시하고 있어서 꼬박꼬박 출석만 하면 졸업할 수 있는 우리나라와는 달리 기본 학력과 시민 역량을 갖춘 상태로 졸업생이 배출되고 있다.

---

14. - 탁월성 달성(Achieving Excellence) : 모든 연령의 어린이와 학생들이 높은 수준의 학업 성과를 달성하고, 가치 있는 기술을 습득하고 참된 시민성을 발휘할 것이다. 교육자는 지속적으로 학습을 지원받고, 세계 최고의 교육자로 인정받게 될 것이다.
 - 공평성 보장(Ensuring Equity) : 모든 어린이와 학생은 태어나면서부터 성인기까지 계속해서 풍부한 학습 경험으로 자신의 잠재력을 최대한 발휘할 수 있도록 지원될 것이다.
 - 행복 증진(Promoting Well-Being) : 모든 어린이와 학생은 향상된 정신 및 육체 건강, 긍정적 자존감과 소속감, 긍정적인 선택을 하는 능력을 계발할 것이다.
 - 공신력 강화(Enhancing Public Confidence) : 온타리오 시민들은 차세대를 자신감 있고, 능력 있고, 배려하는 시민으로 육성하는 공교육체제에 계속 자신감을 가질 것이다.

▶ 지역사회와 협력하는 주단위 교육 자치

캐나다는 10개의 주와 3개의 준주로 행정구역이 구분되며, 주단위 교육부가 자율적으로 교육과정의 운영 및 개정을 독자적으로 담당하고 있다. 일부 주에서는 지역 교육청 혹은 개별학교에 **지역 교육과정**(local curriculum)을 자체적으로 운영하도록 권한을 부여하기도 한다.

이처럼 캐나다는 주마다 그 지역 특색에 맞는 교육제도와 교육과정을 운영할 수 있도록 자율성과 자치권을 갖고 있기 때문에 학교는 융통성 있게 주어진 상황에 적절한 고교학점제를 운영할 수 있다. 온타리오 주 또한 학교를 중심으로 교육청, 대학, 기업, 비영리조직, 학부모 및 지역사회가 협력하여 주 교육부의 교육목표를 지향하면서 지역적 상황에 적절한 교육제도를 운영하고 있다. 그리고 주 교육부는 학생이 온타리오 주 시민으로서 갖춰야 할 공통적인 교육과정 및 고교 졸업기준을 제시하고 교육 자치가 구현될 수 있는 체제를 구축하고 지원하고 있는데 그 구체적이 내용은 다음과 같다[15].

첫째, 주 교육부 장관은 교육과정 개발, 학생 졸업 자격, 교과서 및 학습 자료와 같이 온타리오 주 교육 전반에 영향을 주는 학습 내용과 고등학교 졸업과 같은 몇 가지 중요사항에 한해서만 권한이 주어져 있고, 학교 예산 및 시설, 교원 수급 등 학교 운영 등

---

15. 정미라(2018). "온타리오 주 고교학점제를 배운다", 교육정책디자인연구소 이슈리포트

대부분의 실제적인 학교 운영 업무는 **지역 교육위원회**에서 관리하고 있다. 대부분의 교육정책이 사회 각계각층에서 선출된 교육위원회의 의견 수렴을 통해 학교 교육이 지역사회와 협력적으로 운영될 수 있으며, 이로 인해 주민들의 공교육체제에 대한 신뢰도도 높다.

둘째, 주 교육부는 학교 혁신을 위해 **교육공동체**의 구성원이 해야 할 각각의 책임과 권한을 인식하여 활동할 수 있도록 지원하고 있다. 주 교육부 홈페이지에 교장, 교사, 학부모, 학생 등의 교육공동체 조직과 구성원의 역할을 명시하고, 또한 학교 혁신을 위해 각 구성원이 해야 할 책임과 역할을 설명하는 핸드북을 제공함으로써 교육공동체의 민주적 학교 운영 역량이 신장되어 긍정적이고 참여적인 학교 분위기와 문화가 조성될 수 있었다.

셋째, 학교 교육이 지역사회와 협력하여 **교육과정 중심체제**로 운영되고 있다. 학교뿐만 아니라 지역사회 교육센터나 대학기관에서의 학점이 졸업학점으로 인정되며, 학교 밖 전문교육기관이나 전문대학에서 직업교육을 병행할 수 있고, 지역사회와 연계된 체험학습으로 수업이 이루어지기도 한다. 즉 학생이 공부하고자 하는 의지만 있으면 상담을 통해 자신이 원하는 진로를 개척해나가는 교육을 받을 수 있는 지역단위 교육과정이 구축되어 운영되고 있는 것이다.

학교는 모든 학생의 진로를 지원해주기에 교육과정, 시설, 인적자원 등의 측면에서 분명 한계가 있다. 그리고 학생들은 실질적이고 직접적인 체험 교육을 통해 더욱 진지하게 자신의 진로를 탐구하고 개척할 수 있다. 이에 지역사회는 학생들을 위한 최적의 잠재적 교육 공간이 되는 것이다. 그리고 이렇게 학업을 완수한 학생들 대부분은 지역에 있는 대학에 진학한다고 한다.

▶ 교사가 수업과 평가에 집중하는 교육 환경

우리와 같은 담임교사제를 운영하지 않는 대신에 2~3인으로 조직된 행정실[16]에서 학생 관련 학사업무를 수행하고 있고, 상담교사가 모든 학교에 배치되어 학생 상담을 담당하고 있다. 학생이 수업시간에 문제행동을 보이는 경우 교사들이 학생을 교장에게 보낼 수 있으며, 교장은 학생을 직접 상담하고 학교 안팎의 해결 방법을 안내한다. 즉 교사는 수업과 평가에 몰입하면서 학업을 따라오지 못하는 학생을 지원하는 것이 주요 역할이자 업무인 것이다.

주 교육부는 교장, 교사뿐만 아니라 학생과 학부모의 역할도 함께 제시하고 있다. 일단 학생이 학교에 다니기 위해서는 시민으로서의 책임을 수행해야 하므로, 수업이나 시험에 참여하고 정중하게 행동해야 할 책임이 있다. 이에 학부모는 의무교육 기간 동안 자녀가 학교에 잘 등교하도록 지원해야 함을 명시하고 있다.

캐나다에서는 수업과 평가의 권한이 교사에게 전적으로 주어지므로, 교사는 자신의 교육철학을 바탕으로 수업을 준비하고 평가

---

16. 캐나다의 행정실은 현재 우리나라 행정실과 그 기능과 역할이 다르다.

를 수행한다. 그래서 다양하고 체계적인 수업과 평가가 **교사별로** 실시되고 있으며, 교장은 교사의 지원 요청에 함께 협력하여 해결책을 찾아주는 역할을 주로 수행하게 된다. 무엇보다 우리나라 교사와 같은 담임업무라든가 행정업무가 거의 없기 때문에 교사는 수업과 평가에 몰입하고 학습부진 학생에 대한 방과후 상담과 지원 활동에 충실할 수 있어서 교과 교육에서의 책임교육이 이루어질 수 있다.

진로 중심의 체계적인 고등학교 교육과정

온타리오 주 교육부가 교육과정을 결정하고 교사들이 가르쳐야 할 내용과 학생들이 각 학년과 과목에서 배워야 할 것을 정하기 때문에 주 전반에 걸쳐 일관성 있는 교육과정이 보장된다. 그러나 수업과 평가 전략은 **개별 교사의 전문성**을 존중하여 교사들이 학생 개인별 요구를 다루고 지역적으로 의미 있는 맥락에서 교육과정을 이수하게 한다. 또한 지역의 요구나 필요에 의해 지역개발 과목 개설이 가능하다. 여기서는 일단 온타리오 주 전반에 걸친 공통적인 교육과정을 살펴보고자 한다. 다음의 표 3-3은 우리나라의 고등학교에 해당하는 온타리오 주의 9~12학년 교육과정 유형 및 코드를 정리한 것이다.

| 표 3-3 | 온타리오 주 과정 유형 및 코드

학년	9~10학년	11~12학년
과정 유형	D(학문적 과정) P(실용 과정)	C(전문대학 준비) U(종합대학 준비) M(전문대학 및 종합대학 준비) E(취업 준비)
	O(통합 과정) L(지역개발 과정)	
	대안교과 과정(Alternative) - 무학점	

▶ **기초과목 중심의 9~10학년 교육과정**

온타리오 주의 9~10학년 학생들은 필수적이고 기초적인 과목들을 수강하고, 11~12학년 학생들은 고등학교 졸업 후 자신이 전공하고자 하는 분야와 진로에 따라 선택과목 중에서 선택하여 수강한다. 위의 표에서 제시한 바와 같이 9학년과 10학년 학생에게 제공되는 과정은 그 특징과 목표에 따라 학문적(academic) 과정, 실용(applied) 과정, 이 두 가지를 모두 포함하는 통합(open) 과정의 세 과정으로 나눈다. 관련된 내용을 좀 더 자세히 설명하면 다음과 같다.

- **학문적 과정**: 이론이나 추상적인 문제를 통해서 학생들의 지식과 기술을 발전시키는 수업이다. 이 수업은 주로 고교 졸업 후 대학 진학을 희망하는 학생들이 수강하게 된다.

- 실용 과정: 학습한 이론을 실생활에 적용하면서 학생의 지식과 기술을 계발시키는 수업이다. 이 수업은 주로 취업을 희망하는 학생들이 수강하게 된다.
- 통합 과정: 학생들의 관심 분야에 대한 지식과 기술을 발전시키면서 고교 졸업 후 적극적이고 활발한 사회 참여를 유도하고, 만족감을 느끼도록 준비된 수업이다. 이 수업은 진로에 관계없이 모든 학생들이 수강할 수 있다.

▶ 진로에 따라 세분화된 11~12학년 교육과정

앞서 제시한 표 3-3에서처럼 11~12학년 학생들은 대학 입시에 내신 성적이 반영되는 중요한 시기이다. 따라서 이 시기에는 학생의 진로에 따라 교육과정이 더욱 세분화되어 전문대학 준비, 종합대학 준비, 종합대학 및 전문대학 준비, 취업 준비, 통합 과정의 5가지 과정으로 나뉘며, 더불어 책임교육 차원에서 지역사회 전문대학에서 수업을 수강하고 학점을 인정받는 이중학점 프로그램과 학점 이수가 어려운 학생들을 지원하기 위한 학점 회복 과정이 다음과 같이 운영되고 있다.

① 전문대학 준비 과정(College Preparation Courses) C로 표기
  - 전문대 입학조건을 충족시키기 위해 필요한 지식과 능력 신장
  - 비판적 사고력, 문제해결 과정에서 다루는 이론적 내용의 구체적인 적용력 강조

- 독립적 연구 능력과 학습 능력에 중점

② 종합대학 준비 과정(University Preparation Courses) U로 표기

  - 종합대학 이수를 위한 입학조건을 충족시키기 위해 필요한 지식
    과 능력 신장

  - 과정 내용의 이론적 측면을 강조

  - 독립적 연구 능력과 학습 능력의 계발에 중점

③ 종합대학/전문대학 준비 과정(University/College Preparation
  Courses) M으로 표기

  - 종합대학과 전문대학 프로그램과 관련 있는 내용 포함

  - 특정 종합대학과 전문대학 프로그램을 위한 입학조건에 필요한
    지식과 능력 신장

  - 과정 내용의 이론적 측면과 함께 관련된 구체적 적용력 강조

④ 취업 준비 과정(Workplace Preparation Courses) E로 표기

  - 취업을 바로 하거나 직업훈련이나 지역사회 교육기관으로 이동할
    학생을 위한 준비 과정

  - 실제적인 직업 능력 강조

⑤ 이중학점 프로그램(Dual Credit Programs)

  - 학생들이 온타리오 고등학교 졸업 후 전문대학이나 직업교육 프

로그램 진학 준비

- 졸업이 어려운 학생들에게 중점을 둠

- 최대 4개 선택학점이 전문대학 과정과 직업교육 대학 레벨 1에 반

영되고, 고교 졸업학점으로도 인정됨

⑥ 학점 회복 과정(Credit Recovery Courses)

- 학생성공지원팀에 위탁된 학생들을 위해 계획됨

- 전체 과정 반복 없이 학점을 이수할 기회 제공

- 학생이 실패하기 전에 학점을 이수할 수 있도록 지원함

▶ 9~12학년이 함께 선택하는 교육과정

9학년부터 12학년까지의 학생들이 함께 선택할 수 있는 과정도
마련되어 있다. 첫째는 각 과목에서의 일반적 교육을 신장하기 위
한 **통합 과정**이다. 둘째, **대안교과 과정**[17]은 학생들의 꿈과 끼를 살리
기 위한 배움의 기회를 확대하거나 기존 학점 과정을 따라가지 못
하는 학생들을 위한 보충 과정의 기회를 제공한다. 학점 인정이
안 되기 때문에 공교육 내에서 학생들에게 배움의 기회를 최대한
보장하기 위한 과정이라고 할 수 있다. 셋째, **지역개발 과정**으로 지
역 교육위원회에서 지역의 요구와 필요에 따라 과목을 개설하는

---

17. 무학점 대안교과 과정 과목에는 '향유와 표현의 창작 미술, 자산관리와 개인 금융, 교통교육
과 지역사회 탐구, 우리 세계 탐구, 언어와 의사소통 능력 계발, 개인 생활 기술, 직업 세계
탐구, 사회 기술 계발, 요리, 수학, 캐나다 선조, 개인건강, 건강한 삶을 위한 선택, 자기 돕기
와 자기 케어, 우리 환경 탐구, 컴퓨터 기술'이 있다.

과정이다. 이 과정은 주로 특성화 프로그램을 운영하는 학교들이 교육과정에서 개설하고 있다. 그리고 과목코드와 학점이 인정된다. 통합 과정과 대안교과 과정 및 지역개발 과정을 간략히 정리하면 다음과 같다.

① 통합 과정(9~12학년)
- 학습 기대는 모든 학생에게 동일함
- 학생들이 심화학습을 준비하고 각 과목에서 일반적 교육을 신장하기 위해 계획됨
- 필수 혹은 선택학점으로 인정될 수 있음

② 대안교과 과정(Alternative) (학점 없음, 9~12학년)
- 'K'코스는 학점 과정을 위한 준비나 학점을 대용하기 위해 수강하는 특정 능력 개발에 중점을 둠
- 기존 학점 과정을 따라가지 못하는 학생들의 교육 요구를 충족시키기 위해 계획됨

③ 지역개발 과정(Locally Developed Courses) (9~12학년)
- 특정 과목에 있어 교육위원회에서 개발한 과정
- 특성화 프로그램을 운영하는 학교들이 개설함

표 3-4는 위에서 살펴본 학년군별 과정이 반영된 실제 예술 교과

중 댄스 교과 교육과정을 정리한 것이다. 온타리오 주 교육과정은 각 교과별 교육과정을 학년, 과목명, 과목유형, 과목코드, 선이수 필수과목 등의 영역으로 구분하고 있다. 예를 들어 11학년 종합대학 및 전문대학 진학용 댄스 과목은 9학년과 10학년 통합 과정의 댄스를 이수한 학생만 신청할 수 있다. 즉 위계가 있는 과목의 경우 선이수 필수과목을 설정하여 학생이 교과 위계에 맞춰 과목을 수강하도록 안내하고 있는 것이다. 온타리오 주 교과별 교육과정은 워낙 분량이 많아서 여기에서는 편의상 예술 교과 중 댄스 과목의 일부를 예시로 제시했다.

|표 3-4| 온타리오 주 댄스 교과 교육과정

예술 과정, 9~12학년				
댄스				
학년	과목명	과목유형	과목코드	선이수 필수과목
9	댄스	통합 과정	ATC1O	없음
10	댄스	통합 과정	ATC2O	없음
11	댄스	종합대학/전문대학	ATC3M	9학년 혹은 10학년 댄스, 통합 과정
11	댄스	통합 과정	ATC3O	없음
12	댄스	종합대학/전문대학	ATC4M	9학년 혹은 10학년 종합대학/전문대학
12	댄스	취업 과정	ATC4E	11학년 댄스, 통합 과정

과목코드는 6자리로 처음 3개의 알파벳은 과목명을 의미하며(이 중 첫 문자는 교과 영역, 나머지 두 문자는 과목명), 네 번째 숫자는 학년을 의미하는데, 9학년부터 1로 시작하여 12학년은 4이다. 다섯

번째 알파벳은 앞에서 설명한 과정 유형이며, 마지막 숫자는 지역 교육위원회가 과정 프로그램을 구분하기 위해 사용하는 숫자이다. 따라서 주교육부 교과 교육과정에는 마지막 지역 교육위원회가 제시하는 숫자를 제외한 5자리로 제공된다. 온타리오 고등학교의 모든 과정은 6자리 과목코드가 있다. 코드는 다음 그림과 같이 분석될 수 있다[18].

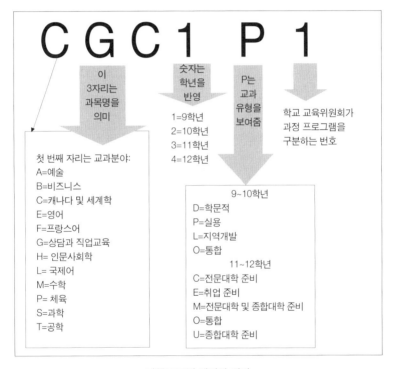

과목코드의 예시와 의미

---

18. 온타리오 주 요크 지역 교육위원회 http://www.yrdsb.ca/Students/MyCourses/Pages/Reading-Course-Codes.aspx

온타리오 주의 학교는 지역의 상황과 학교 사정에 따라 온라인 수강신청과 수기 수강신청이 혼용되고 있다. 수강신청이 이루어지기 전에 학생들에게는 과목의 특징에 대한 간단한 설명이 제시된 교육과정 책자가 제공되며, 만약 학생 개인이 과목 수강신청에 대해 상담이 필요한 경우에는 학교 상담교사에게 상담 예약을 신청한 후 지정된 시간에 상담을 받을 수 있다.

그러나 학생들은 9~10학년에는 필수학점 과목이 많고, 11~12학년에는 자신이 졸업 후에 대학에 진학할 것인지, 아니면 취업을 할 것인지에 따라 과목을 선택하게 된다. 만약 대학 진학을 원할 경우에는 각 대학의 전공학과에서 요구하는 과목을 신청해야 하므로 별도로 상담을 요청하는 학생은 그리 많지 않다고 한다.

담임교사제가 아니기 때문에 각 학교는 수강신청 후 따로 학급편성을 할 필요가 없으며, 학생들은 매 시간 자신이 신청한 과목의 강의실로 이동하면서 수업을 받게 된다. 즉 **교과교실제**로 운영되고 있다.

온타리오 주의 고등학교 졸업 자격

온타리오 주에서 고등학교 졸업을 위한 자격기준을 간단히 정리하면 다음과 같다.

30학점 이수 + 40시간 봉사활동 + 주정부 영어시험(10학년)

캐나다는 주마다 고등학교 졸업 자격이 다르다.[19] 예컨대 온타리오 주의 경우 위에 요약한 것처럼 고등학교 단계에서는 총 30학점 이수, 40시간의 지역사회 봉사활동, 주정부 영어시험을 통과해야 졸업 자격을 획득할 수 있다. 앞서 설명한 것처럼 9학년부터 10학년까지는 필수학점의 비율이 높고, 11학년과 12학년에서는 선택 학점의 비율이 높게 나타난다.

　우리나라와는 달리 4년제로 운영되는 고등학교에서 만약 과목 낙제로 30학점을 이수하지 못하는 경우에는 1~2년 학교를 더 다니면서 부족한 학점을 채워서 졸업 자격을 취득하기도 한다. 총 30학점 중에서 18학점은 필수과목 이수학점으로 채워야 하고, 나머지 12학점은 선택과목으로 운영되고 있다.

　1학기 수강하는 과목은 0.5학점, 1년 수강하는 과목은 1학점이며, 대부분은 1년 단위 과목으로 운영되고 있다. 1학점은 110시간을, 0.5학점은 55시간을 이수해야 한다. 그리고 모든 과목의 학점은 학생 성적이 50% 이상이면 이수로 간주된다.

　다음의 표 3-5는 온타리오 주의 고등학교 졸업 자격조건을 정리한 것이다.

---

19. 총 이수단위도 주마다 다르다. 예컨대 BC 주는 80학점, 앨버타 주는 100학점이다.

| 표 3-5 | 온타리오 주 고등학교 졸업 자격조건[20]

18 필수학점	
학생은 온타리오 고등학교 졸업을 위해 다음 필수학점을 이수해야 한다.	나머지 3학점은 아래의 그룹 중에서 하나씩 선택해야 한다.

<table>
<tr><td>4</td><td>영어(학년당 1학점 이수)*</td><td rowspan="7">1</td><td>1 그룹
영어 혹은 제2외국어로 프랑스어**
캐나다 모국어
고전어 혹은 국제어
사회, 인문학
캐나다 · 세계학
진로 · 직업교육
산학협동교육(Cooperative Education)[21]***</td></tr>
<tr><td>3</td><td>수학(11 혹은 12학년에 1학점)</td></tr>
<tr><td>2</td><td>과학</td></tr>
<tr><td>1</td><td>캐나다 역사</td></tr>
<tr><td>1</td><td>캐나다 지리</td></tr>
<tr><td>1</td><td>미술 혹은 음악</td></tr>
<tr><td>1</td><td>건강과 체육</td></tr>
<tr><td>1</td><td>제2외국어로서 프랑스어</td><td rowspan="3">1</td><td rowspan="3">2 그룹
건강 · 체육
미술 혹은 음악
경영학
제2외국어로 프랑스어**
산학협동교육***</td></tr>
<tr><td>0.5</td><td>생활 및 진로교육</td></tr>
<tr><td>0.5</td><td>시민교육</td></tr>
<tr><td colspan="2">또한 학생은 다음도 이수해야 한다.</td><td rowspan="4">1</td><td rowspan="4">3 그룹
과학 (Grade11 or 12)
과학기술
제2외국어로서 프랑스어**
컴퓨터
산학협동교육***</td></tr>
<tr><td>√</td><td>12 선택학점</td></tr>
<tr><td>√</td><td>40시간 지역사회 봉사활동</td></tr>
<tr><td>√</td><td>주정부 졸업시험(OSSLT)</td></tr>
</table>

*영어 4학점 중 최대 3학점은 제2외국어로서 영어 혹은 영어 리터러시로 이수할 수 있다. 그러나 네 번째 1학점은 12학년 필수영어 과목에서 1학점을 이수해야 한다.

**그룹 1, 2, 3에서 제2외국어로서 프랑스어 2학점은 필수학점으로, 그룹 1에서 1학점 그리고 그룹 2나 그룹 3에서 1학점으로 처리될 수 있다.

***산학협동교육 최대 2학점은 필수학점으로 처리될 수 있다. 12학점 선택학점은 이중학점 인정 과정(대학 학점 인정)을 통해 이수되는 4학점을 포함할 수 있다.

※ 필수과목 중 제2외국어로서 프랑스어의 경우 다문화 학생이나 유학 학생에 대해서는 ESL 영어 과목으로 대치가 가능하다.

---

20. 온타리오 주 교육부 홈페이지에 제공된 자료임

▶ 필수학점의 이수

표 3-5에서 정리한 필수 18학점은 모든 학생들이 동일하게 수강하는 영어, 수학, 과학, 캐나다 역사, 캐나다 지리, 미술 혹은 음악, 건강과 체육, 프랑스어, 생활 및 진로교육, 시민교육과 3개 교과 선택군에서 한 과목씩 선택하는 그룹 선택군으로 이루어져 있다. 이 필수학점은 주로 9~10학년에 많이 편제되어 있다. 필수학점은 다른 과목으로 변경할 수 없으며, 반드시 이수해야 한다. 무엇보다 눈여겨볼 과목은 **생활 및 진로교육** 과목과 **시민교육** 과목이 각각 0.5학점으로 필수학점에 포함된 점이다. 이 두 과목은 학생이 시민으로 생활하고 성장할 수 있는 역량을 신장시키는 것이 목적이며, 온타리오 주 고등학교 교육에서 중요한 과목이기도 하다.

▶ 주정부 영어시험

온타리오 주의 경우 고등학교를 졸업하려면 주정부 영어 졸업시험에 반드시 통과해야 한다. 이 시험은 고등학교 마지막 학년에 시행되는 수능과 달리 10학년, 즉 고2 대상으로 실시되는 읽기, 쓰기 시험으로 매년 3월 마지막 목요일 온타리오 주의 모든 고등학교에서 일괄적으로 시행된다. 시험 범위는 캐나다 9학년까지

---

21. 산학협동교육이란 교육부가 승인하고 온타리오 주 모든 교육위원회가 제공하는 프로그램으로 학생들이 실습근무를 완료함으로써 고등학교 학점을 취득할 수 있다. 본 프로그램은 산학협동교육 교사가 감독하는 코업 과정, 모든 전공과 관련된 교과과정 및 실습근무로 이루어져 있으며 대학진학 과정, 취업 준비 과정의 모든 학생이 선택할 수 있다(온타리오 주 학부모 교육 안내 자료에서 발췌).

의 정규수업에서 다루어진 것들로 2시간 30분 동안 2개의 책자와
한 개의 문답지가 제공된다. 이 시험에 통과하려면 400점 만점에
300점 이상을 받아야 한다. 만약 시험에 통과하지 못하면 1년 후
재시험을 치르거나 학기 중에 1학점짜리 영어 문해 코스(Literacy
Course)를 이수함으로써 대체할 수 있다.

▶ 봉사활동

40시간 지역사회 봉사활동은 학생들이 지역사회 발전을 위해 자
신의 역할을 인식하고, 책임감과 시민의식을 기르는 것이 목적이
다. 우리나라의 봉사활동과 여러 가지 측면에서 비슷하게 운영되
고 있는데, 학교 행정 직원이 먼저 봉사활동과 프로젝트에 대해
학생과 논의하고 제안도 하지만, 학생 스스로 지역사회 봉사활동
을 선정하고 계획한다. 학생들은 9~12학년에 걸쳐 학년마다 10시
간 정도씩 채우는데, 이는 고등학교 졸업요건이므로 모든 학생들
이 참여하고 있다.

다음은 온타리오 주 교과목 이수에 관한 졸업생의 이야기이다.

> 교과목 선택이 자유롭다고는 해도 필수학점이 18학점이고, 필수과목
> 중에서도 과목군에서 선택해야 하는 학점이 있어요. 또 주로 자신이 거
> 주하는 주의 대학에 입학하고 있는데, 대학의 학과별로 이수를 요구하
> 는 과목이 대체로 비슷하고, 일부 학과만 특정 과목을 요구하다 보니

저희 학교는 규모도 작아서 선택과목이 그리 다양한 편은 아니에요. 하지만 절대평가로 평가가 이루어지다 보니 학생들이 과목을 선택함에 있어 스트레스 없이 자신이 듣고 싶은 과목을 선택할 수 있었어요. 혹시 자신이 수강하고 싶으나 듣지 못하는 강의는 온라인 수강도 할 수 있지만, 대부분의 학생들이 학교에 개설된 수업을 듣고 있었고, 저희 학교에서는 온라인 수강을 하는 학생은 거의 찾아볼 수 없었어요. 대학 진학을 원하는 경우 학교 수업을 듣는 것을 더 대우해준다고 하더라고요.

- 모이라(Moira) 고등학교 졸업생 Lee

학습자의 성공을 위한 책임교육

온타리오 주는 모든 학습자들의 성공이라는 새로운 비전을 시작함에 따라 10년 전까지만 해도 고등학교를 졸업한 학생이 68%에 불과했는데, 현재 83%가 졸업하고 있다. 온타리오 주는 출생부터 성인기까지 모든 단계에서 어린이를 지원하는 **지속적**이고 **종합적**인 교육 시스템에 관심을 기울이고 있다. 또한 **행복**을 학생들의 학업 성공에 중요한 요소로 인식하고 모든 학생들이 최선을 다할 수 있도록 **공평성**을 더욱 촉진하는 시스템을 구축하고 있는 것이다.

---

22. 매학기 성적표의 경우는 이수학점과 함께 과목별 세부특기사항이 간단하게 제공되고 있지만, 대학 입학시험에는 반영되지 않는다.
23. 대학에 입학하면 고등학교 때 이수한 AP 학점은 대학 성적에 그대로 인정되어 반영된다.

내신 100% 반영 캐나다 대학 입시제도

캐나다 대학은 전문대학(College)과 종합대학(University)으로 분류된다. 전문대학은 기술 자격 과정과 기본 아카데미 과정을 개설하며 입학 시 요구하는 내신 성적이 낮아 입학은 수월하여 성적보다는 진로를 고려하여 입학한다. 기술자격 과정은 졸업 후 거의 취업이 보장되며, 기본 아카데미 과정은 종합대학교에 편입하기 위한 엄격한 고등교육과정이다. 캐나다는 종합대학이 거의 평준화되어 있지만, 세계적으로 유수한 대학과 학과도 존재한다. 입학전형은 내신 100%로 이루어지며, 대학별 고사나 교사의 추천서를 요구하지도 않고, 자기소개서도 일부 인기학과만 요구한다. 대학의 학과에 따라 약간의 차이는 있지만, 주로 11학년과 12학년 1학기 6개 과목의 내신 성적이 대학 입시에 반영된다. 따라서 11, 12학년 때 자신의 진로와 관련된 과목을 수강한다.

학생들은 주로 성적이 좋은 과목의 성적을 제출할 수 있지만, 대학에서 학과별로 입학에 필요한 필수과목을 1~4개까지 지정한다. 모든 대학과 학과 공통 요구 과목은 12학년 종합 대학(University) 진학용 영어이다. 대체로 인문, 사회 관련 학과는 영어를 포함한 성적 좋은 6개 과목 성적을 요구하고, 경제·경영 분야와 이공계 학과들에서는 12학년 미적분수학을, 생명과학부 관련 학과는 화학과 생물을, 공과대학에서는 수학, 물리, 화학 성적을 요구한다. 이렇게 캐나다 대학은 전공학과마다 입학을 위해 필요한 이수 과목을 공지하고 있다. 또한 중간에 진로 선택이 바뀌어 혹시 이수하지 못한 강의가 있는 경우 지역사회 교육 지원센터, 여름학교, 온라인 강좌 수강 등을 통해 과목을 이수함으로써 대학에 진학할 수도 있지만, 대학에서는 정규수업을 수강한 학생을 우대한다고 한다.

캐나다의 성적증명서[22]는 우리나라 학생생활기록부의 과목별 세부특기사항이나 행동발달사항이 없고, 단지 이수한 과목과 학점, 지역사회 참여 활동 결과, 주정부 영어시험 결과(P/F)만이 제공될 뿐이다. 학생들이 몰리는 인기학과의 경우는 교과 성적 외에 봉사활동, 운동, 장학급 수여 등에 관한 증명서류를 추가적으로 요구하기도 한다. 또한 고급 학습 과정인 AP(Advanced Placement)[23]를 수강한 학생은 지원하는 대학의 선이수 과목 또는 성적 우수성을 인정받아 가산점을 인정받기도 하며, IB(International Baccalaureate: 국제 바칼로레아) 프로그램 수료자의 경우는 내신 성적이 아닌 대학의 각 학부 입학조건 규정에 따라 선발된다. 하지만 이러한 과정은 난이도가 높아서 전반적으로 학생 수강률이 그리 높지 않다. 이처럼 캐나다의 대학 입시는 내신 성적 위주로 이루어져 비교적 단순하다. 따라서 우리나라와 같이 복잡하지 않고, 그저 학생이 자신의 진로에 따라 계획을 세우고 학교생활만 충실히 하면 내신 성적으로 충분히 대학에 진학할 수 있는 체계이다.

> 학생들과 학부모의 학구열이 우리나라처럼 높지 않고, 학원 같은 것도 거의 없어요. 대학 입학에 대해 궁금한 것은 해당 대학을 검색하여 필요조건을 검색하거나 학교의 상담교사와 상담하면 되고요. 그러나 학생들이 상담교사와 상담하는 일은 그렇게 많지 않아요. 대학 입시가 내신 위주로 이루어지고, 주로 주에 있는 대학에 입학하기 때문에 필요한 정보가 많지 않아서 그런 것 같아요.
>
> - 모이라(Moira) 고등학교 졸업생 Lee

온타리오 주의 고등학교는 모든 학생들이 자신의 진로를 포기하지 않고 개척하여 성공할 수 있도록 고등학교 수준에서 지역사회, 기업, 대학, 교육센터 등과 협력하여 학생들이 자신의 관심 분야에 집중하여 자신의 방식으로 학습하도록 지원하는 다양한 방법을 제공하고 있다. 이것은 모든 학생들의 요구, 관심사, 강점을 충족시켜 학습에 참여시키고, 졸업 및 그 이상에 대비할 수 있도록 하고 있다. 다음의 6가지는 온타리오 주 교육부에서 제시하고 있는 성공지원 프로그램이다.

▶ 전문기술 전공 프로그램

직업집중 과정인 전문기술 전공(SHSM: Specialist High Skills Majors)은 학생들이 고등학교 과정을 이수하는 동안 특정 경제 분야에 학습을 집중할 수 있게 해주는 8~10개의 묶음 과정이다. 즉 온타리오 주의 고등학교 졸업 요구조건을 충족시키면서 자신의 능력과 관심사에 맞는 직업 과정에 중점을 둔다. 이 과정을 완수하면 'SHSM' 인장이 찍힌 고등학교 졸업장을 수여받게 된다.

전문기술 전공 과정은 직업교육, 전문대학, 종합대학, 취업을 희망하는 모든 학생들이 자신의 진로 목표를 파악하고 고등학교 이후 다음 단계를 선택하기를 원하는 11학년 및 12학년을 위한 과정이다. 학생들은 이 과정에서 실제 기업, 기술 교육센터, 학교에서 중요한 직무 기술을 습득할 수 있고, 응급 처치 및 심폐 소생술 자격을 포함한 산업 자격증을 취득할 기회를 얻게 된다.

▶ 산학협동교육

산학협동교육(Cooperative Education)은 교실과 직장을 결합한 프로그램으로 학생이 필수 졸업학점으로 산학협동교육 2학점을 이수하고, 선택과목으로 산학협동교육 학점을 취득하는 데는 제한이 없다. 이 과정은 종합대학, 전문대학, 직업교육, 직업 분야로 나아갈 전 과정의 학생들이 수강한다. 이 과정에서 학생은 실습학습을 경험하고, 직업 선택을 시험해보며, 교실 학습의 관련성을 탐색하고, 직장에서 필수적인 기술과 습관을 계발하며, 후기 고등교육 프로그램과 미래 취업 이력서를 작성하는 데 도움이 되는 직업 경험을 하게 된다.

▶ 이중학점 프로그램

이중학점 프로그램(Dual Credit Programs)은 학생들이 고등학교 졸업요건 학점을 이수하면서 대학이나 직업교육 자격학점을 동시에 취득하는 과정이다. 이 과정은 대학 과정과 대학 문화에 대한 노출을 통해 학생들이 중등 과정 이후의 교육에 성공적으로 나아갈 수 있도록 지원해주는 프로그램을 말한다. 고등학교 밖에서의 학습 기회를 필요로 하고, 온타리오 중등학교 졸업요건을 충족시키기 위해 대학이나 직업교육 경험이 필요한 학생들이 주로 수강한다. 이 과정은 학생들이 고등학교에서 대학 및 직업교육 프로그램으로 이동할 수 있도록 도와준다. 아울러 학생들이 온타리오 주의 고등학교 졸업요건을 충족시키고 대학 교육에 미리 노출됨으로써 자신의 학습을 맞춤화할 수 있다.

▶ 전환기 적응지원 프로그램

전환기 적응지원 프로그램(Transitions: 7~12학년 고등학교 적응지원)
은 학생들이 초등학교에서 고등학교로 진학할 때와 학년 진급을
할 때 지원해주는 교육, 진로, 생활 계획, 오리엔테이션 프로그램
이 있다. 즉 고등학교 적응을 지원해주는 프로그램이다.

이 프로그램을 통해 학생들은 개인별로 관심과 지원을 받을 기
회와 자신의 상황에 맞게 계획할 수 있는 혜택을 누릴 기회를 갖
게 된다. 이 프로그램은 학생들이 자신의 목표와 관심사를 지원하
는 과정과 활동을 선택할 수 있도록 도와준다. 그리고 학생들이
고등학교 과정을 선택하고, 지역사회 참여 활동 목표를 세우고,
과외 활동과 리더십 활동 기회를 파악하기 위해 학생 스스로 작성
하고 있으며, 매년 2회 점검을 받는 웹 기반 개인별 경로 계획서를
활용함으로써 초등학교(8년제)에서 고등학교(4년제)로 전환하는
것을 지원한다.

▶ 학생 참여 프로그램

학생 참여 프로그램(Student Engagement)은 학생들이 자신의 학교
환경을 적극적으로 바꾸기 위해 발언권과 영향력을 갖게 하고, 학
교생활에 적극 참여하여 자신의 목표를 달성하도록 돕는 프로그
램이다. 온타리오 주는 학생들의 의견을 수렴하기 위한 앱을 설

치하고, 장관 학생 자문위원회(Minister's Student Advisory Council: MSAC)[24], 학생 연구원(Students as Researchers: StaR)[25], 스피크 업 프로젝트(SpeakUp Projects)[26], 스피크 업 인 박스(SpeakUp in Box)[27] 와 같은 학생 참여 프로그램을 운영하고 있다. 이러한 활동을 통해 교육부나 지역 교육위원회는 학생의 요구사항을 반영하는 학생 중심의 교육정책을 마련하고, 학생들은 학교생활에 좀 더 능동적으로 참여하고 책임감을 함양할 수 있다고 한다.

▸ 학생성공지원팀

학생성공지원팀(Student Success Teams)은 각 학교 교장, 교사, 상담교사가 전담 팀을 꾸려 학생 개개인을 위한 특별한 관심과 지원을 제공한다. 학생들은 개별화된 관심과 지원의 혜택을 받을 수 있는 기회와 확장된 산학협동교육, 전문기술 전공 프로그램, 이중학점 및 e-러닝과 같은 더 많은 학습 선택사항을 선택할 수 있는 기회와, 이전에 혼자서 겪었던 문제를 해결하는 데 도움을 얻을 수 있는 기회가 주어진다. 모든 고등학교가 학생성공지원팀을 운

---

24. 매년 7~12학년 약 60명의 학생 협의회를 선발·구성하여 주 교육부 정책과 프로그램에 대한 자문을 제공하고, 교육부 장관과 학생들의 생각과 전망을 공유하는 학생협의회

25. 7~12학년 학생과 교사 팀을 구성하며, 각 팀에 사회과학 연구의 기본요소(윤리, 연구 설계 및 방법론, 데이터 분석 등)를 배울 기회를 부여한다. 학생들은 학생들의 경험(공평성, 학생 참여, 복지 혹은 학업성취 등)에 영향을 미치는 문제들을 탐색하고 연구한다.

26. 학교에 변화를 가져올 프로젝트를 운영하여 학생 의견을 경청하고 조치를 취하기 위해 보조금을 제공하는 프로그램으로 수만 명의 학생이 참여하고 있다.

27. 학교에서 30명 학생 주도 포럼을 운영하는 데 필요한 "do-it-yourself" 포럼 키트를 제공하여 학생들이 학습과 학교생활에 더 많이 참여할 수 있는 방법에 대한 아이디어를 공유한다.

영하고 있으며, 학교의 여건과 상황에 따라 지원팀 구성이나 역할은 다소 차이가 있지만, 주요한 공통 목적은 학업이나 생활에 어려움을 겪는 학생들을 집중적이고 적극적으로 지원해주는 학교단위 책임교육 정책이라고 보면 된다.

모이라 고등학교(Moira Secondary School)의 책임교육[28]

온타리오 주의 각 고등학교는 위에서 이야기한 책임교육 지원 방안과 더불어 각 학교의 상황과 여건에 맞게 다양한 방법으로 학생들의 학습을 지원하고 있다. 여기서는 모이라 고등학교의 책임교육 프로그램을 살펴보려 한다.

먼저 온타리오 주의 고등학교에서는 학생이 해당 과목을 이수하지 못할 것 같은 경우 담당 지도교사가 미리 해당 학생과 면담하여 방과후에 개별 보충수업이나 개별 학습 과제를 제공하거나 도움을 받을 수 있는 해결 방법을 안내함으로써 해당 학생이 과목을 이수하도록 돕는다. 하지만 그러한 노력에도 불구하고 이수하지 못하는 경우도 발생할 수 있다. 이때 이수하지 못한 과목이 만약 필수과목인 경우 학교 사정에 따라 개설되는 여름학교(summer school) 수업을 수강하거나, 지역 지원센터를 활용하거나 온라인 강좌 수강을 통해 학점을 만회할 수 있는 기회를 제공하고 있으며, 선택과목인 경우에는 과목을 바꾸어서도 이수할 수 있도록 지원하고 있다.

모이라 고등학교의 학생성공지원 프로그램인 학생성공지원실(Student Success Room)은 집중적인 도움이 필요한 학생들을 위한 공간으로 교사, 보조교사, 동료 튜터가 배치되어 있다. 또한 학교 행정실, 특수 교육 책임자, 학생성공지원 대표, 생활지도 상담교사 및 아동·청소년 상담교사가 연계되어 있다. 학습성공지원실의 운영 목표는 다음과 같다.

첫째, 학습성공지원실은 수업 교사가 도움이 필요한 학생들을 지원해주기 위한 방법으로 활용되고 있다. 예컨대 숙제를 못하거나, 시험을 놓쳤거나, 연구를 마무리하거나, 서류를 출력하거나, 어려운 개념에 대한 일대일 지원이 필요한 경우 학생이 학생성공지원실에 가도록 요청할 수 있다.

둘째, 학점을 회복할 수 있는 기회를 제공한다. 학생이 학점을 이수하지 못한 경우 교사, 상담교사, 학생성공지원 교사, 학부모가 그 학점을 이수하는 데 더 많은 시간을 부여해야 한다고 결정한다. 이 경우에 학생은 학생성공지원실의 지원을 받으며 공부하게 된다.

---

28. 모이라 고등학교는 올해 9월에 이스트사이드 고등학교로 개명하여 사이트가 변경되었다. 다만 인터뷰가 이미 7월에 진행되었기 때문에 여기서는 모이라 고등학교로 유지한다. http://ess.hpedsb.on.ca/

셋째, 학생이 한 과목 혹은 일부 과목을 이수하는 데 극도의 어려움을 겪고 있는 경우, 학생성공지원팀은 학생이 하루 중 일부를 그 과목에 집중하도록 함으로써 학교 수업의 일부 시간 동안 학생성공지원실 도움을 받으며 공부할 수 있다.

넷째, 생활지도 프로그램의 일환인 출석정지[29] 시 일부 학생들은 수업과 기타 학교 특권에서 제외되어 학생성공지원실에 배정한다.

학생성공지원실과 더불어 모이라 고등학교는 학생들이 학교생활에 잘 적응하고 앞으로 사회에 나아가 자신이 할 일을 탐색하게 하는 학생 생활 및 진로교육 프로그램을 운영하고 있다. 이 프로그램을 통해 학생들은 잘 배우고, 협력적이고 생산적으로 생활하고 학습하며, 목표를 설정하고 과정을 모니터하고, 사회적 책임을 수행하기 위해 필요한 지식과 기술을 발달시킬 기회를 갖게 된다.

오리엔테이션 및 뒤풀이 프로그램, 직업 탐색 활동, 개인별 단기 상담 등 교실 수업을 포함한 다양한 방법으로 이루어진다. 이 프로그램을 위해 모이라 고등학교는 5명의 지원팀이 마련되어 있는데, 이 팀은 학생들에게 고등학교 진학과 오리엔테이션, 졸업요건을 충족하기 위한 코스 선택 및 수정 지원, 졸업 후 교육 및 직업 가능성 탐색, 직업교육, 전문대학, 종합대학 또는 직장으로의 진출, 적절한 학교 혹은 지역사회 인사나 기관을 소개하는 역할을 담당하고 있다.

교육과정 중심 학교 운영에 따른 교사의 역할과 전문성

앞에서도 잠깐 언급했지만, 캐나다의 학교는 **교육과정** 중심으로 운영되며, 우리나라와 같은 담임교사제는 없다. 2~3명의 행정실 직원이 학생 출결 확인과 학부모 안내, 학생 관련 행정업무를 담당한다. 즉 우리나라의 담임업무나 교수-학습 자료를 구입하는 업무 등을 이들이 담당하고 있는 것이다. 따라서 교사는 교과교실에서 수업에만 매진하게 된다.

---

29. 캐나다에서 이는 학적은 유지되나 수업에서만 배제되는 규정이다.

담임교사가 없기 때문에 전달사항을 게시판에 공지하거나, 수업 시작 15분 전에 강당에서 전교생을 대상으로 전달하기도 한다. 생활지도는 교과 수업시간에는 교사가 하지만, 교사가 감당하지 못하는 경우에는 학생을 교장실로 보내 상담 기회를 부여한다. 만약 학생이 교칙을 준수하지 않으면 사안에 따라 퇴학을 당하기도 하지만, 특별한 경우를 제외하면 학생 대상의 일률적 규제는 없다.

주 교육부는 교사의 수업 및 평가 전문성을 신장시킬 기회의 마련 및 평가를 실시하고 있다. 교사 연수 및 워크숍 프로그램을 주 정부 교육부 홈페이지에 탑재하거나 매뉴얼을 핸드북으로 제공하기도 하고, 교사 개인, 팀별 전문성 향상을 위한 현장 연구를 지원[30]하고 공유하도록 독려한다. 또한 주의 사범대학교와 연계하여 교사가 희망할 경우 AP 과정, IB 과정 전문성을 갖춰 수업할 수 있도록 지원하며, 전공 영역을 확대할 수 있도록 프로그램을 마련하고 있다. 만약 교사의 전공 영역이 늘어나면 봉급에 인센티브가 주어짐으로써 학점제 운영에 따른 교사의 수급 문제에 유연하게 대처하고 있다. 교사 수업 평가는 교장과 교사의 수업 사전회의부터 시작하여 교장이 수업 관찰을 한 후 교사와 수업 사후회의를 한다. 마지막으로 교장은 교사의 수업을 역량별로 평가하여 교사와 상담하는 보고의 절차로 이루어진다.

---

30. 계획 수립, 프로젝트 종류, 예산 편성, 평가 및 연구, 아이디어 공유의 전 과정을 동영상 매뉴얼로 제작하여 주교육부 홈페이지에 탑재하고 있다.

온타리오 주의 교육이 우리나라에 주는 시사점

온타리오 주는 함께 협력하여 학생들에게 평등한 교육을 실현하고 있다. 72개의 지역사회 교육위원회를 중심으로 대학, 기업, 비영리조직, 지역사회가 협력하여 학생들이 진로를 개척하기 위해 학습할 수 있는 교육 기회를 마련하고 인정해주는 제도를 통해 누구나 자신이 학습하고 싶은 만큼 학업을 지속할 수 있는 교육체제를 구축하고 있다. 이러한 수준 높은 공교육체제를 실현한 온타리오 주 교육에서 우리가 얻을 만한 시사점은 다음과 같다.

▶ **지역사회와 연계한 평등한 진로 중심 교육과정**

온타리오 주는 **모두의 탁월성 추구**라는 교육목표를 실현하기 위한 최적의 진로 중심 교육과정을 구축하고 있다. 지역사회와 연계한 고등학교 교육과정을 통해 누구나 자신이 원하는 진로를 차근차근 준비할 수 있는 것이다.

구체적인 내용을 살펴보면 첫째, 교과 교육과정을 학생 진로에 따라 구분하여 제공하고 있다. 학생이 대학에 진학할 것인지, 아니면 취업할 것인지에 따라 동일한 과목도 과정코드, 수준, 학습 내용을 달리하여 제공하고 있다. 즉 학생의 진로와 수준에 맞는 **학생 맞춤형 교육**이 이루어지고 있으므로, 수업시간에 배움을 포기한 채 잠만 자는 학생들은 거의 볼 수 없다고 한다. 또한 지역의 전문대학이나 지역 교육센터와 연계한 수업을 마련하는 등 학교 안팎의 협력을 통해 학생들이 진로를 개척할 수 있도록 적극 지원하고 있다. 또한 지역개발 과정을 마련하여 해당 지역에서 필요한 교과 과정을 개설하여 운영하기도 한다.

둘째, 교과 교육과정에서도 모든 학생을 위한 **평등**한 교육이 잘 실현되어 있다. 학생의 흥미와 진로에 따른 교과 교육과정을 운영하면서 9~12학년까지 대안교과 과정을 무학점으로 편성하고 있다. 이 과정은 학점 이수가 어려운 학생들의 보충 교과가 될 수도 있고, 학점 과정을 미리 준비하거나 대용하기 위한 과정이 될 수도 있다. 즉 교과 교육과정의 한계점을 극복하고, 모든 학생들이 자신에게 맞는 교육을 받을 수 있도록 기회를 마련해주고 있는 것이다. 또한 학점 회복 과정을 마련하여 학생성공지원팀이 별도의 공간에서 정규수업시간과 방과후에 학점 이수가 어려운 학생들을 적극 지원하고, 노력하면 얼마든지 학점을 회복할 수 있도록 추가적인 기회를 제공하고 있다. 즉 학생에게 졸업 의지만 있으면 여러 가지 지원 방안을 통해 어려움을 극복할 수 있는 지원체제를 교육과정 안에 다양하게 마련해놓고 있는 것이다.

셋째, **공동체성**과 **다양성**을 함께 지원하는 교육과정이다. 총 30학점 중 필수학점이 18학점으로 60%이다. 즉 선택과목은 40% 정도만 운영하고 있다. 이로 인해 학생들이 교양 있는 시민이 되기 위해 공통적으로 갖춰야 할 필수학업이 보장되고, 교과에 따른 교사 수급이 원활해지며, 교실도 유연하게 확보할 수 있다. 이로 인해 지역별, 학교별 상황에 많은 차이가 있음에도 필수과목을 60%

운영함으로써 학점제를 지속적이고 효과적으로 운영할 수 있는 것이다. 그리고 나머지 40% 선택학점은 워낙 학생들이 선택할 수 있는 과목 수가 많기 때문에 온타리오 주는 온라인 수강 과정, 여름학교, 지역사회 및 전문대학과의 연계를 통해 학생들이 원하는 과목의 폭과 학습 공간을 확대해나가고 있다.

넷째, 다문화 및 외국인에 대한 **배려**가 있는 교육과정을 운영하고 있다. 모든 학생이 졸업을 위해 반드시 이수해야 할 필수과목 중 프랑스어는 다문화 학생과 외국인의 경우 ESL 영어 과목으로 대체할 수 있다. 즉 외국인 학생이 처한 상황을 고려하여 교육과정에서 이를 배려해주는 것이다. 이 외에도 지역사회에 외국인 자녀에 대한 학교생활 지원센터와 온라인사이트[31]를 마련하여 지원하고 있어 자국민뿐만 아니라 모든 외국인 학생이 교육을 받을 수 있고, 졸업 자격을 취득할 수 있도록 배려하고 있다.

▶ **고등학교 교육을 신뢰하고 존중하는 대학 입시**

온타리오 주의 대학 입시는 9~12학년까지 고등학교 교육을 충실히 이수한 학생이라면 충분히 합격할 수 있도록 지원하고 있다. 구체적인 내용을 살펴보면 다음과 같다.

첫째, 캐나다의 대학 입시는 주로 **내신 성적** 100% 반영이라는 한 가지 방법으로 이루어지고 있다. 그리고 고교에서 대학으로 보내

---

31. 온타리오 주 정착을 지원해주는 안내 사이트 https://settlement.org

는 성적표에는 주마다 다른 졸업요건에 따라 고등학교 졸업 자격 항목별 통과 여부와 내신 성적 이외의 정보는 없다. 그만큼 대학이 고등학교 내신 성적을 신뢰함을 의미한다. 내신 성적은 교사별 평가와 **절대평가**로 이루어지는데, 학기당 총괄평가는 1회 실시되며 주로 발표, 프로젝트, 과제수행 위주의 과정 중심 평가로 이루어진다. 즉 내신 평가 점수 자체가 지적 역량 이외의 심성적·공동체적 역량이 포함되어 있다는 점을 대학이 신뢰하는 것이다. 경기도교육청 주주자 외 4인(2017)의 연구에서도 우리나라도 학생들의 교육과정 개별화가 이루어지려면 내신 절대평가는 필수적이며, 성취기준에 근거하여 타당도를 갖추고 공정하고 신뢰할 만한 평가 시스템임을 증명하여야 한다고 제시하고 있다.

둘째, 대학 입시에서 고등학교와 대학의 **교육과정 연계성**이 고려된다. 각 대학의 전공학과는 고등학교에서 이수해야 할 과목을 2~4개 정도로 지정하여 안내하고 있다. 따라서 학생들은 고등학교 2학년, 즉 10학년까지 교과와 다양한 프로그램을 통해 진로를 탐색해보고 자신의 진로에 맞는 전공학과를 선택하고, 그 전공학과가 요구하는 선택과목을 이수한다. 즉 우리나라처럼 대학 입시 원서를 쓸 때가 되어서야 대학과 전공을 결정하는 것이 아니라 고등학교 2학기 말에 계획하여 고등학교 3, 4학년 과정에서 차근차근 준비하는 것이다. 다시 말해 고등학교 교육이 대학 교육과 자연스럽게 연계될 수 있는 체제를 갖추고 있다. 무엇보다 캐나다 대학은 입학보다는 졸업이 매우 어렵기 때문에 우리나라 대학에 비해 학습량도 많고, 깊이도 심화된다고 한다.

셋째, 학생들이 고등학교 교육을 **충실히 이수**할 수 있도록 지원하는 대학 입시제도이다. 고등학교 4개 학년 중 9·10학년은 필수학점과 다양한 프로그램을 이수하면서 진로를 탐색하고 11·12학년에 희망 대학과 학과를 고민해서 선택과목을 선택하는데, 중요한 것은 바로 대학 입시에 반영되는 내신이 11·12학년 6개 과목의 성적이라는 것이다. 따라서 학생들은 졸업하는 12학년 말까지최선을 다할 수밖에 없다. 고등학교 1학년 말부터 수시전형을 포기해 학교 수업을 아예 외면하는 학생들도 있는 우리나라 고등학교 교육과 비교하면 참으로 시사하는 바가 크다.

넷째, 학생이 배우고 싶은 만큼 공부할 수 있도록 **지원**해주는 교육체제이다. 학생이 대학 전공학과를 변경하여 지원하게 될 때 새전공학과를 진학하는 데 필요한 과목들을 이수하지 못한 경우, 이수하지 못한 고교 과목은 여름학교, 지역 교육센터 등에서 1개월정도의 짧은 시간 내에 이수할 수 있는 기회를 제공한다. 또한 종합대학에 진학하고 싶은데 성취도가 부족한 학생들은 지역의 전문대학에 진학하여 종합대학으로 편입할 수 있도록 체제가 구축되어 있다. 특히 다문화 학생이나 외국인의 경우는 전문대학을 거쳐 종합대학으로 진학하는 사례가 많다고 한다.

▶ **다차원적 책임교육 구축**
온타리오 주는 다차원적 측면에서 책임교육체제를 갖추고 있다.

특히 다음과 같은 세 가지 측면에서 주목해볼 필요가 있다.

첫째, **지역사회와 연계**한 다차원적 책임교육체제를 구축하고 있다. 우리나라와 달리 온타리오 주 일반고등학교는 대학준비 과정과 취업준비 과정이 모두 충실하게 구축되어 있다. 특히 학습부진 학생들이 학업을 중단하지 않도록 학교 내에서는 교과교사, 상담교사, 성공지원팀 교사가 적극 지원해주고, 지역사회에서는 직업교육센터, 대학, 기업 등에서 적극 지원하고 있다. 무엇보다 학생이 진로를 탐색하고 개척하여 학업을 지속할 수 있도록 학교 안팎으로 지원해주고 있다는 것이 매우 고무적이다. 또한 학교에서 수업이 어려운 학생들은 지역사회나 대학과 연계된 프로그램을 이수함으로써 학점으로 인정받을 수도 있다. 즉 학원에 다니지 않아도 공교육 지원 프로그램을 활용하면 얼마든지 자신의 진로를 개척할 수 있다는 뜻이다.

둘째, **체계적**인 책임교육체제를 구축하여 모든 학생들을 공평하게 지원한다. 학생들이 학교 교육을 받으면서 겪을 수 있는 여러 차원의 어려움에 대응하는 학생 지원 방안이 마련되어 있다. 학습에 흥미가 없는 학생을 위한 지역사회 진로 탐색의 기회, 학교 급이 바뀌는 과정에서 어려움을 겪는 학생들을 지원하는 전환기 지원 프로그램, 학생이 시민으로 성장할 수 있도록 지원하는 실천 프로그램, 부족한 학습을 적극 도와주는 학교 안 체제, 언어 지원 프로그램 등을 통해 모든 학생들이 포기하지 않고 고등학교를 졸업할 수 있도록 지원해주는 책임교육이 잘 실현되어 있다.

셋째, 고등학교와 **대학과 연계**된 학점체제를 구축하고 있다. 대학과 연계된 이중학점 이수체제는 학생들이 미리 대학을 경험해보고, 진로를 탐색하는 동시에 대학과 고등학교에서 모두 학점을 인정받음으로써 이후 학생이 대학에 진학했을 때 졸업을 앞당길 수 있는 기회를 제공하고 있다. 무엇보다 고등학교 교육에 흥미를 느끼지 못하는 학생들이 대학에서 진로 관련 강의를 듣고 지역사회 전문대학으로 진학할 동기가 유발되어 취업을 좀 더 적극적으로 준비하게 된다고 한다. 이런 차원에서 볼 때, 경기도교육청의 **꿈의 대학**은 고교학점제에 주는 시사점이 크다고 하겠다.

▶ **교사가 수업과 평가에 몰입할 수 있는 근무 여건**

다양하면서도 책임성 있는 교육을 실현하기 위한 가장 중요한 요인 중 하나가 바로 교사이다. 온타리오 주는 교사의 근무 여건과 전문성의 지속적인 신장을 위해 다음과 같이 지원하고 있다.

첫째, **교육과정 중심**으로 학교 운영을 내실화하고 있다. 주정부는 교사에게 수업과 평가 권한을 일임하고 있고, 국민 또한 이를 신뢰한다. 교사는 그만큼 자신의 수업에 최선을 다해야 한다. 게다가 담임교사제와 행정업무에 대한 부담이 없기 때문에 교사는 교과 수업과 평가에만 전념할 수 있다. 그래서 학생 중심의 다양한 역량을 기르는 수업과 평가가 실시되고 있으며, 필요한 경우 학습부진 학생에 대한 방과후 개별 지도와 상담[32]을 제공할 수 있다. 또한 학교에 따라서는 여러 과목 간 혹은 지역사회와 연계된 융합적·협력적 수업이나 프로그램이 마련되기도 한다. 즉 캐나다는 교사가 근무시간 내에 수업과 수업 준비가 집중적으로 이루어질 수 있는 근무 여건이 보장되어 있는 것이다. 이에 비해 우리나라 교사는 업무 부담이 큰 학생 생활지도나 행정업무로 인해 근무시간 내에 수업과 평가에만 집중하기 어려운 형편이다. 그리고 학생과 학부모의 많은 요구와 민원으로 인해 담임업무도 기피되고 있다. 이러한 우리나라 현실에 비추어볼 때 캐나다의 학교 운영체제가 주는 의미는 남다르다고 하겠다.

둘째, 교사의 **전문성 신장**이 지원되고 권장되고 있다. 주정부는 교사의 전문성을 지원하는 생애 주기별 다양한 연수 프로그램, 워크숍, 현장연구 지원, 매뉴얼 등을 제공한다. 그리고 교사가 AP(선이수 과목)나 IB(국제 바칼로레아) 같은 심화학습 영역이나 전공을 확대할 수 있는 기회도 마련되어 있고, 이에 대한 보상체계도 갖춰져 있다. 앞으로 우리나라도 고교학점제가 운영되면 교사가 2~3개 과목 정도는 지도할 수 있어야 하며, 이에 대한 교사의 전문성 확보는 매우 중요하고 또 시급한 문제다. 아울러 교사가 수업과 평가에 몰입하는 교직 문화의 조성이 결과적으로 교사의 전문성을 지속적으로 성장시키는 원동력으로 작용하고 있다는 점 또한 우리에게 시사하는 바가 크다고 본다.

---

32. 학생이 교사와 상담을 원할 경우에는 반드시 미리 예약을 해야 한다.

03 다양성을 포용하는
미국 캘리포니아 로스앤젤레스 통합교육구

미국은 오래전부터 비단 우리나라뿐만 아니라 전 세계의 많은 국가 학생들이 선망하며 유학가고 싶어 하는 나라 상위 3위 안에 드는 교육 강국이다. 국토 면적이 광활한 미국은 건국 초기부터 다양한 민족과 외국인 유입이 많았다. 이러한 특성 때문에 지역별 다양성을 인정하면서도 미국이라는 국가로서의 통일성을 유지하는 교육체제를 구축하고 있다.

우리나라도 과거와 달리 점차 각 시·도의 교육 자율성을 강조하고 있다. 아울러 다문화 가정이 지속적으로 증가하고 있는 상황이므로, 미국의 고교학점제가 우리나라에 주는 시사점은 상당할 것이다. 이에 미국 내 교육구 중 두 번째로 크고, 교육 수준이 높으면서도 체계적인 공교육체제를 구축하고 있다는 대내외적 평가를 받고 있는 캘리포니아 주의 로스앤젤레스 통합교육구의 교육체제를 살펴보려 한다.

지역 중심 교육 자치로 일궈낸 교육제도

미국 교육부는 주(State)나 지역 교육구(District)에 모든 행정적 권한을 위임하고 연방의회가 제정한 법에 따라 재정을 보조하며, 미국 전역의 교육 발전을 지원하는 역할을 한다. 그래서 주가 대부분의 권한을 가지고 주정부를 중심으로 자체적으로 운영된다. 하와이를 제외한 주는 교육구를 관리하는 카운티, 시나 구 수준의 교육위원회에 많은 권한을 위임하고 있다. 더 나아가 일부 교육구는 아예 교장에게 중요 권한을 위임하고 있다.

▶ 지역 주민의 요구와 특성에 맞게 학교체제 관리

주 교육부는 교육정책, 의무교육 연한, 졸업요건 등의 결정과 교원 자격증 수여, 지역 교육청 교육예산 편성 및 지원 등을 담당한다. 미국 공립학교 시스템에서 가장 중요한 단위인 지역 교육구(local school district)[33]는 주정부가 지역 주민의 요구와 특성에 맞게 학교 체제를 관리하기 위해 마련한 교육행정단위이다. 또한 지역에 따라 보통 5~12명으로 구성된 각 지역 교육구의 교육위원[34]회는 교육장을 선출하며, 교육과정과 학교 정책을 수립하고, 각 학교의 운영과 교육을 지원한다.

---

33. 미국에는 약 1만 5천여 개의 지역 교육구가 있으며, 교육위원은 교육구 내 주민 투표로 선출된다.
34. 주로 일반투표로 선출된다.

▶ 로스앤젤레스 통합교육구의 학제

미국 학생들은 총 12년 동안 초등 및 중·고등학교 과정을 이수
한다. 학제는 주마다 다르며, 8-4제, 6-3-3제, 6-6제, 6-2-4제 등 다
양하다. 로스앤젤레스 통합교육구의 학제는 6-2-4제로, 1~6학년
은 초등학교, 7~8학년은 중학교, 9~12학년은 고등학교로 편성된
다. 어느 학제든지 12년의 교육과정을 수료하면 커뮤니티 칼리지
(Community College) 또는 4년제 종합대학에 진학할 수 있다. 모든
주는 12년간의 무상 공교육제도가 확립되어 있고, 주에 따라 9년
에서 12년간의 의무교육이 시행되고 있다. 대다수의 학교는 한 학
년을 2학기제로 운영하고, 일부 학교는 선택적으로 수강할 수 있
는 여름학기를 포함하여 3~4학기제로 운영하기도 한다. 1학점당
일주일에 1시간 수업이고, 모든 과목은 한 학기당 5학점으로 일주
일에 5시간 수업을 운영한다. 다음 표는 로스앤젤레스 통합교육
구의 학제를 간략히 정리한 것이다.

|표 3-6| 로스앤젤레스 통합교육구 학제

학제	초·중·고 6-2-4제
연간 학기 수	2 ~ 3개 학기
학점 당 수업시수	1시간/ 1학점
각 과목당 학점	5시간/ 5학점(1학기)

로스앤젤레스 통합교육구

로스앤젤레스 통합교육구(Los Angeles Unified School District, LAUSD)는 캘리포니아 주 최대 공립학교체제이며, 미국에서 뉴욕 시 교육국에 이어 두 번째로 큰 공립학교 교육구다. 이 교육구에는 유치원에서 12학년까지 640,000명 이상의 학생이 900여 학교에 등록되어 있다.

최근 졸업률이 상승하고 캘리포니아 고등학교 졸업시험 합격률이 상승하는 등 여러 학업지수가 향상되어 학력평가지수(API)에서 두 자릿수 성장을 이룬 공교육체제가 안정적으로 운영되는 교육구로 평가된다. 교육구의 목표는 다음과 같다.

> 100% 졸업
> 모두의 유창성
> 100% 출석률
> 부모와 지역사회 연계
> 학교 안전

로스앤젤레스는 워낙 수많은 다문화 가정, 외국인, 불법체류자 아동이 많다. 이에 로스앤젤레스 교육구의 교육목표는 언어 교육을 필두로 학교 교육과 교육과정 이수의 중요성을 강조하고 있다. 또한 부모와 지역사회가 연계하는 종합적 지원체제의 구축과 노력을 중요시한다.

공통성을 유지하는 동시에 다양성을 인정하는 교육과정 운영

미국은 모든 주가 자체의 교육법과 계획을 담당하고 있다. 하지만 영어와 수학의 경우는 미국 연방정부에서 국가 수준 **공통 핵심 성취기준**(Common Core Standards)을 도입하여 전체 미국 고등학교에 교육과정 표준화를 권장하고 있다.

▶ 표준화와 다양화가 공존하는 교육과정

공통 핵심 교육과정은 영어와 수학에서 수준 높은 학업 기준을 마련하여 학생이 알아야 할 것과 각 학년말에 학생이 할 수 있는 것을 제시하고 있다. 41개 주와 콜럼비아 특별구는 이 공통 핵심 성취기준을 채택하여 운영하고 있는데, 캘리포니아 주도 국가 수준 공통 핵심 교육과정을 채택하여 운영하고 있다. 영어와 수학은 학생이 다른 과목에서 사용되는 기능(skill sets)을 구축하는 영역이므로, 미국 전역에서 교육과정 **표준화**를 추구한다.

하지만 영어와 수학 교육과정을 제외한 나머지 교과의 교육과정은 주의 교육위원회와 지역 교육구에서 **자체적으로 개발하여 운영**한다. 즉 지역 교육구마다 지역의 환경과 조건에 적합한 교육과정을 달리 운영하고 있는 셈이다. 다음의 표는 로스앤젤레스 통합교육구의 교육과정과 과목 개설 수를 정리한 것이다.

|표 3-7| 로스앤젤레스 통합교육구 교과별 과목 개설 수

교과군	교과 영역	과목 개설 수
A	History/Social science(역사/사회과학)	25개
B	English(영어)	52개
C	Mathematics(수학)	26개
D	Laboratory science(실험과학)	46개
E	Language other than English(외국어)	113개
F	Visual & performing arts(시각 및 공연 예술)	87개
G	College Preparatory Electives(대학 준비 선택과목)	95개

미국 교육과정은 A~G까지 모두 7개 교과군이 있다. 표 3-7에서 정리한 것처럼 7개 교과군은 역사/사회과학, 영어, 수학, 실험과학, 외국어, 시각 및 공연 예술, 대학 준비 선택과목이며, 로스앤젤레스 통합교육구는 각 교과군별로 개설된 과목이 매우 풍부하다. 이외에도 학교별로 개설된 과목이 더 있을 수 있다.

▶ **지역사회 및 대학과 연계를 통한 학생 과목 선택권 보장**

각 고등학교는 학교의 주어진 여건에 따라 과목을 개설하고 있다. 만약 학생이 원하지만 여건상 개설할 수 없는 과목의 경우 온라인 과정, 여름학교, 학교 간 연계, 대학과의 연계를 통해 학생의 과목 선택권을 보장하고 있다. 그러나 대부분의 학생은 학교에서 개설하는 과목을 선택하여 이수한다고 한다.

표 3-8은 영어 교육과정의 과목 편제의 일부이다. 표에서 AP란 'Advanced Placement'의 약자로 대학 교양 과목을 고등학교 때 미리 수강하는 것을 의미한다. 'Honers' 과목은 심화과목이며, 'IB'는 국제 바칼로레아 과목이다. AB는 각각 1학기와 2학기를 의미한다. 이상의 모든 과정은 난이도가 높은 과목이기 때문에 대학 입학 시 가산점이 주어진다. 교과서 발행의 경우 일부 주에서는 교과서를 주 수준에서 모든 학생의 교과서를 선정하고, 캘리포니아와 텍사스와 같은 큰 주에서는 교과서 출판사가 큰 시장을 담당하여, 교과서 내용에 영향력을 미쳐 공립학교의 교육과정에 영향을 줄 수 있다.

|표 3-8| 로스앤젤레스 통합교육구 영어교과 과목 편제의 일부

과목명	지역구 번호	약자	캘리포니아 대학교 심화과목 (UC Honors)
H American Authors Composition AB (심화-미국 작가 작품)	230115/16H	H AUTH COMP AB	심화과목(Honors)
American Literature Composition (미국 문학 작품)	230111	AM LIT COMP	
H American Literature Composition (심화-미국 문학 작품)	230111H	H AM LIT COMP	심화과목(Honors)
AP English Language & Composition AB (AP 영어와 작문 AB)	230125/26	AP ENG LANG AB	AP
AP English Literature & Composition AB (AP 영어 문학과 작문 AB)	230117/18	AP ENG LIT AB	AP
Contemporary Composition(현대 작문)	230201	CONTEMP COMP	
H Contemporary Composition(심화-현대작문)	230201H	H CONTEMP COMP	심화과목(Honors)
English IB HL1(영어 IB)	231801/02	IB ENG HL1 AB	IB
English IB HL2(영어 IB)	231803/04	IB ENGLISH HL2 AB	IB
중략			

※ 캘리포니아 대학교 심화과목은 캘리포니아 주립대학교와 캘리포니아 대학교 내신평점
(GPA)에 가산점이 주어진다.

▶ 무학년 학점제로 교과 개설

학교마다 한 교과 영역에 많은 하위과목을 제공하는 편이다. 보통

200~400개 과목을 **무학년 학점제**로 개설하고 있다. 그러나 학생 수 미달, 교사 수급 문제, 운영 예산 부족 등으로 많은 과목이 개설되지 못한다고 한다.

학생들은 학교마다 규정된 졸업이수학점 및 대학 입시 교과목 등을 고려하여 신청 과목을 검토하고 필요한 경우에는 학교 상담교사와 상담을 거쳐 개인 시간표를 작성한다. 그러나 상담교사의 도움을 받는 학생은 그리 많지 않다고 한다. 다음은 캘리포니아 주고등학교 졸업생이 교육과정과 관련해 직접 이야기한 것이다.

> 미국 전체를 통틀어서 말할 순 없지만 좋은 점은 학생이 원하면 커뮤니티 칼리지에 가서 무료로 수강을 할 수 있다는 거예요. 학기 중은 물론, 방학 때도 원하는 수업을 들을 수 있습니다. 저 같은 경우는 화학을 커뮤니티 칼리지에서 듣고, 고등학교에서 듣지 않았습니다. 신청 과목이 개설되지 않을 수 있습니다. 만약 학생 수 미달이거나, 아니면 그 과목을 가르칠 선생님이 없으면 개설되지 않으니까요.
>
> 몇 명 이상이어야 개설이 가능한지도 딱히 말하기 어렵습니다. 그 수업을 가르칠 수 있는 교사가 있는지 그리고 그 수업을 지원할 수 있는 예산이 학교에 있는지, 이렇게 학생 수 말고도 조건들이 있는데, 만약 둘다 있다면 엄밀히 학생 수는 상관이 없습니다. 하지만 학생 수가 적으면 학교가 그 적은 학생들을 위해 돈을 많이 들일 확률이 낮아집니다. 그래서 보통 10명 이상이면 100%, 그 밑으로 낮아질수록 개설이 힘들어진다고 보면 됩니다.
>
> - 캘리포니아 Orthopaedic Hospital Medical Magnet High School 졸업생

공통성을 기반으로 다양성을 보장하는 졸업요건

미국은 주마다 고등학교 졸업요건이 다르다. 각 주는 주 전역에서 반드시 포함시켜야 할 최소 공통 졸업요건만 마련하고 있을 뿐, 실질적 교육행정기관인 지역 교육구에서 추가적으로 이수해야 할 과목이나 활동들을 확대하여 운영하고 있다.

▶ 고등학교 졸업요건과 대학교 입학요건

각 과목의 1학기는 5학점으로, 1년은 10학점으로 운영된다. 캘리포니아 주의 졸업요건은 고등학교 졸업요건, 캘리포니아 대학교, 캘리포니아 주립대학교 입학요건을 표 3-9(184쪽)와 같이 제시한다.

▶ 모든 졸업생의 진학 및 취업 선택권 보장을 위한 지원

로스앤젤레스 통합교육구는 모든 졸업생이 대학에 가고, 취업을 준비할 수 있는 선택권을 보장해주기 위해 지원한다. 이에 위원회는 대학 진학 및 취업 준비 경력을 준비할 수 있는 선택의 기회를 마련하고 있다.

  학생들은 A-G 과정에서 D학점 이상을 받아야 하고, 추가적인 로스앤젤레스 통합교육구 졸업요건뿐만 아니라 캘리포니아 교육부 졸업요건을 만족시켜야 한다. 일부 학교에서는 졸업을 위해 각 과목에서 C학점 이상을 받아야 한다. 졸업을 위해 필요한 학점은 총 210학점이다. 로스앤젤레스 통합교육구는 교과에서 미국 민주

| 표 3-9 | 캘리포니아 주 고등학교 졸업요건 및 대학교 입학요건

고등학교 교과 영역	고등학교 졸업을 위한 캘리포니아 주 의무요건 *	UC 신입생 입학요건	CSU 신입생 입학요건
영어	3년	승인된 4년 과정	승인된 4년 과정
수학	2년(대수학 포함) (2003~04부터 시작)	3년, 대수학, 기하, 중급 대수학 포함. 4년 권장	3년, 대수학, 중급 대수학, 기하 포함
사회/ 사회과학	역사/사회학 3년 (미국사 및 지리 1년, 세계사, 문화 및 지리 1년, 미국 정부와 시민교육 1학기, 경제학 1학기 포함)	역사/사회과학 2년 (미국사 1년 또는 미국사 반년 및 시민 또는 미국 정부 반년, 세계사, 문화 및 지리 1년 포함)	2년 (미국사 또는 미국사 및 정부 1년과 기타 승인된 사회과학 분야 1년 포함)
과학	2년 (생물 및 물리 포함)	2년 (실험 필수, 생물, 화학 및 물리에서 선택), 3년 권장	2년 (생물 1년 및 물리 1년(실험) 포함)
외국어	1년 (시각 및 공연예술, 외국어 또는 직업 기술교육 중 택 1)	동일한 언어로 2년, 3년 권장	동일한 언어로 2년
시각 및 공연예술	1년 (시각 및 공연예술, 외국어 또는 직업 기술 교육 중 택 1)	1년 (시각 및 공연예술, 다음 중 선택: 무용, 드라마/연극, 음악 또는 시각예술)	1년 (시각 및 공연예술, 다음 중 선택: 무용, 드라마/연극, 음악 또는 시각 예술)
체육	2년	해당 없음	해당 없음
선택과목	해당 없음	1년	1년
합계	13	15 (고등학교 11, 12 학년에 7과목)	15

※ 선택과목은 역사, 영어, 고급 수학, 과학 실험, 외국어, 사회과학 또는 미술 등의 승인된 학업 과정 중에서 선택해야 한다.

주의 원리, 경제학, 건강을 5학점(1학기)으로, 과정 외로 봉사학습과 진로경로를 추가적으로 요구한다. 1학점은 총 20시간을 이수해야 하므로 일주일에 1시간씩 20주의 수업으로 이루어진다. 그리고 고급 과정을 이수(C등급 이상)하면 유효성 검증으로 연계된 일반 과목의 학점을 이수한 것으로 인정받을 수 있다.

다양성을 포괄하는 대학 입시

지역 내 커뮤니티 칼리지는 고등학교를 졸업한 학생이면 누구나 입학할 수 있다. 그러나 종합대학교에 진학하는 경우에는 우리나라와 비슷한 조건을 제시한다. 미국 역시 내신 성적(GPA, Grade Point Average)과 대학 입학시험(SAT 혹은 ACT)은 대학 입학의 필수 조건이며, 이외에 교내외 활동사항, 자기소개서, 교사 추천서, AP 과정 이수 및 성적, 에세이 평가 등이 대학 입학에서 고려되고 있다. 실제로 캘리포니아 주의 고등학교를 졸업하고 대학 입시를 준비했던 학생의 이야기를 들어보면 다음과 같다.[35]

---

35. 커뮤니티 칼리지는 주정부 재정으로 운영되며, 전문학사를 취득하는 2년 과정 프로그램을 제공한다. 일반적으로, 학위 과정은 크게 2종류로 타 학교로의 편입을 위한 학위와 취업을 위한 학위이다. 중·고등학교, 지역사회 단체, 지역사회 기업들과 연계된 기술 및 직업 프로그램을 운영한다. 일반적으로 비용이 저렴하며, 주에 따라서는 1학년 과정을 무료로 운영하기도 한다. 커뮤니티 칼리지는 유연한 입학 절차로 학생을 모집하며, 4년제 대학과 종합대학교와 학점을 교환하고 학위가 연계되어 있다. 학생이 고등학교에서 A-G 과정을 이수하지 않는다면 커뮤니티 칼리지에서 보충하는 수업을 이수해야 한다.

대학에 지원할 때는 물론 성적도 보지만 그렇다고 성적만 보는 건 아니에요. 성적은 학교 학점들을 보고, 미국의 수능인 SAT 성적을 봅니다. SAT는 영어와 수학 두 가지로 나뉘고, 각각 800점 만점, 총 1,600점 만점입니다. 또 한 가지가 더 있는데, 미국엔 AP라고 해서, 고등학교에서 대학 수준의 수업을 듣는 게 있습니다. 학기말에 시험을 보는데, 이건 학교 성적과는 별도로 나오죠. 1점부터 5점 만점인데, 3점 이상이면 패스입니다. 보통 좋은 대학에서는 5점 밑은 거의 안 본다고 보면 됩니다. 이 AP는 학교마다 무엇을, 얼마나 가르치느냐가 다릅니다.

성적 말고는 쉽게 말해 스펙을 봅니다. 미국 대학들은 학생들이 공부만 한 게 아니라 학교 수업 이외에 다른 어떤 활동들을 했는지를 중요하게 살펴보죠. 예를 들어 동아리나 인턴십, 이런 것들을 주로 보는데, 동아리 활동의 경우 리더십 역할을 했는지를 봅니다. 또한 자기소개서도 보는데, 어쩌면 이게 성적보다 더 중요하다고 볼 수 있죠. 최대 650자이고요. 이렇게 대학 지원의 요소들은 성적과 스펙, 자기소개서의 3가지가 반영됩니다.

　-캘리포니아 Orthopaedic Hospital Medical Magnet High School 졸업생

책임교육 차원의 다양한 교육 지원책 구축

미국은 다민족 국가이면서 관할 영역이 드넓고, 다양한 민족이 지속적으로 유입되고 있다. 이러한 이유 때문인지 12년간의 무상 공교육체제에도 불구하고 선진국 중 문맹률이 꽤 높은 편이다. 또한

미국 대학 입학 시 필요요건

┌ 필수조건 ┄┄┄┄┄┄┄┄┄┄┄┄┄┄┄┄ ┐   ┌ 선택조건 ─────── ┐
┊ 내신평점 + 대학 입학시험(SAT 혹은 ACT) ┊ +   │ 교내외 활동 +   │
└ ┄┄┄┄┄┄┄┄┄┄┄┄┄┄┄┄┄┄┄┄┄┄┄┄┄┄┄ ┘   │ 자기소개서 + 추천서 + │
                                          │ AP과정(가산점) +   │
                                          │ 에세이   │
                                          └ ─────────────── ┘

미국 대학입시 반영요소와 내용

반영요소	내용
내신 평점 (GPA)	• 고등학교 9~12학년까지 4년간의 전체 학년 과목 성적 반영 • 학교마다 다양한 방식[36]으로 내신 성적을 산출하기 때문에 GPA(평점)[37]로 산출 • 낮은 GPA 성적을 만회하는 것은 불가능하며, 재수해서 만회하는 것도 불가능
SAT	• 미국 대학 입시를 위한 학업 능력 시험으로 논리력 평가 (1,600점 만점) • SAT II 과목별 평가(36점 만점)는 상위권 대학에서만 요구
ACT	• SAT처럼 미국대학 입학시험 • 미국 모든 대학들은 SAT, ACT 둘 중 어느 성적이건 인정 • 영어, 수학, 독해, 과학 시험이며, 과목별 만점은 36점
교내외 활동	• 스포츠팀, 학생임원, 교내동아리, 인턴십, 봉사활동
AP	• AP는 대학과목 선이수제로 대학 과정을 고등학교에서 미리 듣는 제도 • 1년에 한 번 미국 전역 고교생 대상 AP시험을 보고 학점을 부여 • 5점 만점이며, 3점 이상이면 이수

필수조건 (내신평점, SAT, ACT에 해당)

선택조건 (교내외 활동, AP에 해당)

이주민 부모들의 자녀 교육에 대한 무관심으로 인해 높아지는 학생들의 결석률이 주마다 해결해야 할 골칫거리로 꼽힌다.

캘리포니아 주도 학생들의 출석률과 고교 졸업률을 높이고, 언어 유창성을 향상시키는 것이 주교육부의 목표이자 평가기준이다. 이에 로스앤젤레스 통합교육구도 다음과 같이 다양한 차원의 교육 지원책들을 마련하고 있다.

▶ 온라인 기반 학습 기회 구축

주 교육과정에 제시된 대부분의 AP, 심화과목, 정규과목을 선행하거나 학점을 회복하기 위해 학생들은 온·오프라인 통합 온라인 수업 과정을 활용할 수 있다. 학생들은 자신의 학습 속도와 진도에 따라 다른 친구와 교사와 소통하면서 수업을 수강한다. 또한 이와 비슷하면서 질 높은 수업을 제공하는 APEX 블렌디드 러닝을 마련하고 있는데, 이 과정은 학점을 이수하거나 회복하기 위한 과정이다. 로스앤젤레스 통합교육구에서 최고 수준의 해당 과목 교사가 수업하며, 유료로 운영된다.

---

36. ① A+, A, A-, B+, B, B- ~ / ② A, A-, B+, B, B- ~ / ③ A, B, C, D, F / ④ A, AB, B, BC, C, CD, D, F / ⑤ 100점 만점 점수 환산
37. 90점 이상은 4.0점(A), 80-89점은 3.0점(B), 70-79점은 2.0점(C), 60-69점은 1.0점(D), 50점 이하(E-F) 0점

▶ 고교 학점 회복 여름학교

학점 회복이 필요한 학생들을 위해 일부 학교에서는 여름에 수업을 개설하고 있다. 이 프로그램은 학교 간 공동 프로그램으로 6월 중순부터 7월 중순 정도에 운영되며, 상담교사와의 상담을 통해 학생 적합성 여부를 타진하고 지역구 웹사이트에서 신청하면 된다.

▶ 고교 및 커뮤니티 칼리지 동시 이수학점

지역의 커뮤니티 칼리지 과목을 고등학교 학생이 이수할 수 있도록 개설할 수 있다. 이 과정은 고등학교 졸업요건을 충족시키며, 교육과정을 풍부하게 해준다. 아울러 고등학교 졸업장, 직업 준비, 커뮤니티 칼리지로의 순조로운 진학을 추구하는 고등학생을 위한 선택을 추가적으로 제공한다. 이는 고등학교는 물론 이후 대학 진학 시에도 학점으로 동시에 인정된다.

▶ 시와 지역구가 협력한 위기 청소년 지원 프로그램

교육구 내의 모든 학생이 학업을 계속해 졸업할 수 있도록 로스앤젤레스 통합교육구와 로스앤젤레스 시(city)가 서로 협력하여 고등학교 학업 중단 위기를 해결하고, 학생들의 회복 노력을 다음과 같은 다양한 프로그램을 운영하여 지원하고 있다.

첫째, **청소년 지원센터**는 전문 상담교사와의 일대일 상담과 고교 졸업과 대학 및 진로 준비를 높이기 위해 맞춤식 집중 교육을 지원한다.

둘째, **가정 연계 프로그램**은 전문 상담교사가 학업 상담을 통해 학업 장애요인을 해결할 수 있도록 지원한다. 학생과 가정에 적합한 시와 지역사회 기관의 지원책과 연계해 지원하고 있다.

셋째, AP와 AP 준비 과정, 저소득층 대상 대학 진학 장려 프로그램인 AVID, AVID Excel, GEAR UP, 영재 프로그램인 GATE, IB, PSAT를 포함한 다양한 **심화학습의 기회**를 제공하고 있다. 일부 과목은 대학에서 학점이 인정되기도 한다. 지역구는 심화 과목 개설을 위한 교사의 전문성 향상 프로그램을 무료로 제공해주고 있으며, 온라인 연수와 워크숍 등을 개발하여 지원하고 있다. 그리고 학교에서도 고급 과정 운영 교사에게 수업 시수나 보수에 있어 인센티브를 제공한다.

넷째, 로스앤젤레스 통합교육구 **밴 서비스**는 학교 및 지역사회 기관에 접근하기 어려운 부모와 학생을 돕기 위한 이동 정보 센터이다. 학생 서비스국 상담교사가 학교등록 지원, 졸업정보, A-G 과목 학점, 교육적 선택사항, 출석의 중요성, 학생들의 성공을 위해 필요한 자원 등을 안내하고 있다.

▶ 출석 및 학업 지원 프로그램 운영

로스앤젤레스 통합교육구는 소외된 청소년, 비행 청소년, 위기에 처한 청소년을 위한 출석 및 학업을 지원하는 다양한 프로그램을 운영하고 있다.

첫째, **학업 지원 및 성취 프로그램**은 위탁가정 보호관찰 청소년에게 일대일, 소그룹 방과 후 맞춤식 집중 학업 지원을 제공한다. 보호자, 부모, 지역사회 파트너가 참여하며, 수학과 읽기의 기본적인 학업 능력, 협력과 학습 습관 형성을 통해 학업 성적을 향상시켜 고등학교 졸업률을 높이고 있다.

둘째, **A-G 디플로마 프로그램**은 A-G 코스 통과 및 졸업률을 높이고, 대학 진학 및 취업 준비를 촉진하며, 로스앤젤레스 중퇴율 제로라는 목표를 달성하기 위해 포괄적이고 증거에 기초한 아동 복지 및 출석 서비스를 지원·제공한다.

셋째, 출석률은 학업 성공에 중요하다. 이에 출석률이 가장 낮은 유치원과 9학년 학생별 출석율을 96% 이상 높이기 위한 **출석 개선 프로그램**을 제공하고 있다. 출석기대와 성과목표에 대한 직원, 학생, 부모의 인식을 증대하고, 학생 출석률 향상을 위한 예방 및 지원 프로그램, 즉 인센티브 프로그램, 지역사회 협력, 부모 지원 등을 활용한다.

▶ **학교의 교육적 탁월성과 평등성을 증진하는 학교 책무성 평가**

미국은 주 또는 지역 교육구마다 교육과정, 졸업요건, 대학 입학 등 다양한 교육제도가 실행되고 있다. 따라서 각 주마다 일정 수준의 교육의 질을 확보한다는 것이 결코 쉬운 일은 아니다. 이에 연방 초·중등 교육법은 학교의 교육적 탁월성과 평등성을 증진시키기 위한 **학교 책무성 평가**(School Accountability Evaluation) 실시를 포함하고 있다. 미국의 모든 학교는 '학교 책무성 평가 보고서'를 작성하고 공개하며, 지역 교육구와 주교육부는 이를 통계 처리하여 공개함으로써 학교 책무성 지표가 낮은 학교나 교육구를 지원하기 위한 정보로 활용하고 있다.

학교 측에서는 매년 교육과정 운영과 학교 책무성에 대한 반성의 기회가 되며, 부족한 부분을 다음해에는 좀 더 집중적으로 해결하도록 방안을 모색하게 한다. 무엇보다 미국의 학교 책무성 평가는 교육 현장에서 학부모들이 현실적으로 원하는 내용을 교사 및 교육행정가들이 교육 현장에 반영할 수 있는 기회가 된다고 한다. 평가지표는 로스앤젤레스 주의 교육목표 5가지 중 부모와 지역사회 연계를 제외한 100% 졸업, 모두의 유창성, 100% 출석률, 학교 안전을 중심으로 학교들이 자체적으로 수집한 정보와 학생 설문조사를 근거로 평가된다.

로스앤젤레스 통합교육구가 우리나라에 주는 시사점

미국은 지역별 다양성을 폭넓게 인정하면서도 최소한의 필수적인 **공통 기준**과 그에 따른 **책무성**을 요구하고 있다. 이로 인해 지역마다 상황에 적절한 교육과정과 졸업 자격요건을 마련하여 운영하고 있으며, 지속적으로 유입되는 인구에 대한 다차원적 교육 지원 방안을 적극적으로 실행하고 있다. 로스앤젤레스 통합교육구가 우리에게 주는 시사점은 다음과 같이 정리할 수 있다.

▶ 다양성을 포용하는 책임교육제도

미국은 광활한 국토, 다양한 민족과 언어가 사용되고 있는 국가로 중앙집권적 통일성과 일관성을 추구하기가 어렵다. 그래서 미국은 모두의 다양성을 인정하며 주마다, 지역 교육구마다, 학교마다 주어진 여건과 상황에 맞는 다양한 교육과정과 고등학교 졸업요건이 운영되고 있고, 그 스펙트럼 또한 폭넓다.

하지만 미국은 다양성을 인정하면서도 기본적인 교육의 질을 유지하기 위해 영어와 수학 교과에 대해서는 국가 수준의 **핵심 성취기준**을 마련하고, 학교 책무성 평가를 실시하고 있다. 또한 대학 입시에 있어서도 다양한 고등학교의 교육과정과 운영을 존중하는 동시에 서로 비교 분석할 수 있는 평가 방법을 도입하고 있다. 그리고 학교마다 다른 내신 성적 처리 결과의 통일성을 추구한 내신 성적의 평점(GPA) 처리, 전국적으로 실시되는 기본 과목 중심의 대학 입학고사인 SAT와 ACT가 이에 해당된다.

이처럼 미국은 다민족 다언어 국가라서 발생하는 다양성을 모두 포용하면서도 미국 국민으로서 기본적으로 유지해야 하는 교육적 기준을 마련하여 실행하고 있다.

▶ 다양성을 존중하는 학생의 과목 선택권 확대

미국의 고등학교는 지역에 따라 규모, 인종, 언어, 경제적 여건에 따라 다양한 상황이 존재한다. 따라서 학생의 과목 선택권 보장, 심화학습과 학점 회복의 기회를 학교 자체적으로 해결하기 어려운 경우도 많다. 이에 주 정부, 지역 교육구, 학교는 **협력**을 통해 다양한 교육 프로그램을 개설하여 운영하고 있다. 예를 들어 온라인을 통한 학점 이수 강좌와 일대일 강좌, 여름방학을 활용한 여름학기 강좌, 지역의 대학과 고등학교의 공동 학점 인정 과정, AP, IB, 영재교육과 같은 심화학습 과정 등이다. 즉 학교와 온라인 강좌나 대학과 연계하여 학생들에게 제공하는 과목을 최대한 확대하고 있는 것이다. 또한 선택과목의 경우, 주정부, 지역 교육구, 학교에 따라 과목을 개설할 수 있다. 이에 지역의 특성에 따라 매우 다양한 과목이 개설되어 운영 중이다.

▶ **다양한 학점 만회 기회 제공**

로스앤젤레스는 다양한 인종과 민족이 지속적으로 유입되고 있고, 수많은 저소득층이 존재한다. 따라서 이들을 미국 시민으로 통합하기 위한 교육이 반드시 필요하다. 이에 모든 학생들이 학업을 중단하지 않고 고등학교를 졸업할 수 있도록 각종 지원제도를 마련하여 운영하고 있다. 단위학교에서는 필요한 경우 교과 담당 교사가 학점 이수에 어려움을 겪는 학생들을 방과 후에 개별 혹은 소집단 지도를 해주고, 상담교사가 학생의 진로, 진학에 대한 상담과 지원 방안을 안내하고 있다.

그뿐만 아니라 학점을 이수하지 못한 학생들이 **학점을 회복**하도록 다양한 학교 밖 프로그램이 운영되고 있다. 주정부는 온라인 강좌, 학교 간 공동교육과정으로 운영되는 여름학교 수업, 지역

대학에서의 학점 이수, 시와 교육청이 협력하여 제공하는 학업 및 복지 지원 서비스와 밴을 활용한 방문 서비스까지 제공함으로써 학점 미이수로 인해 학업을 중단하는 학생이 없도록 다차원적이고 적극적으로 지원해주고 있다.

▶ 대학 입시에서 내신 성적의 중요성

미국 대학 입시에서 **절대평가로** 이루어지는 내신 성적은 매우 중요하다. 그리고 이 성적은 만회할 다른 방안이 없다. 일단 내신 성적이 좋지 않으면 SAT나 ACT 성적이 아무리 좋아도 상위권 대학에 입학하기 어렵다. 따라서 대학 진학을 목표로 한 학생들은 수업에 대한 열정이 높고, 그만큼 열심히 공부한다.

내신 성적의 중요성이 워낙 강조되는 만큼 미국 대학 입시에서는 재수가 거의 존재하지 않는다. 그 대신에 4년제 대학으로 진학하기 위한 또 다른 방법으로 지역의 커뮤니티 칼리지(전문대학)에 진학하여 2년 졸업 후 4년제 대학으로 편입하는 방법이 있는데, 많은 학생들이 이 방법을 활용하고 있다. 즉 우리나라처럼 재수·삼수를 하면서 대학 입시를 치르는 게 아니라, 자신의 진로계획대로 지속적으로 학습할 수 있는 기회가 주어지는 것이다.

우리나라의 경우에는 내신을 포기해도 정시로 대학에 진학할 수 있는 제도로 인해 날로 학교 교육에 소홀해지고, 재수생은 줄지 않으며, 부모는 엄청난 사교육비를 감당해야 하는 악순환이 지속되고 있다. 이에 미국 대학 입시에서 차지하는 내신 성적의 중요성은 학생들이 학교 수업보다 학원 수업에 더욱 몰두하는 우리나라 교육에 주는 시사점이 매우 크다고 하겠다.

▶ 교사의 전문성 신장을 위한 지원

미국은 학생들이 기본학력을 갖추게 하려는 주정부, 시와 지역 교육구의 협력적이고, 적극적인 노력과 더불어 우수한 인재 양성의 기회를 공교육체제에 마련하고 있다. AP, IB, 기타 심화 혹은 영재 학생 프로그램을 운영하려면 지도 교사의 전문성 확보가 매우 중요하다. 이에 로스앤젤레스 통합교육구에서는 AP 과정의 경우 교사가 전문성을 갖출 수 있도록 지역 대학과 연계하여 연수 프로그램과 워크숍을 마련하여 신청하는 교사들에게 무료로 제공하고 있다. 그리고 학교마다 다소 차이는 있지만, 심화과정[38]을 지도하는 교사에게 수업시수와 보수에 있어 인센티브를 제공하고 있다.

주주자 외 4인(2017) 연구에서도 학생들의 다양한 교과목 수요에 반응하도록 교사들의 다과목 교수-학습 역량을 함양하기 위한 노력의 필요성을 강조하고 있다. 따라서 우리나라도 교원양성 교육기관에서 복수전공의 활성화는 물론, 현직 교직연수로서 전문성을 확장할 수 있는 프로그램 개발이 절실히 필요하다.

---

38. 지역마다 또 학교마다 차이도 있지만 AP 과정이 없는 학교도 많고, 수업의 난도가 높아 신청하는 학생 수는 그리 많지 않다고 한다.

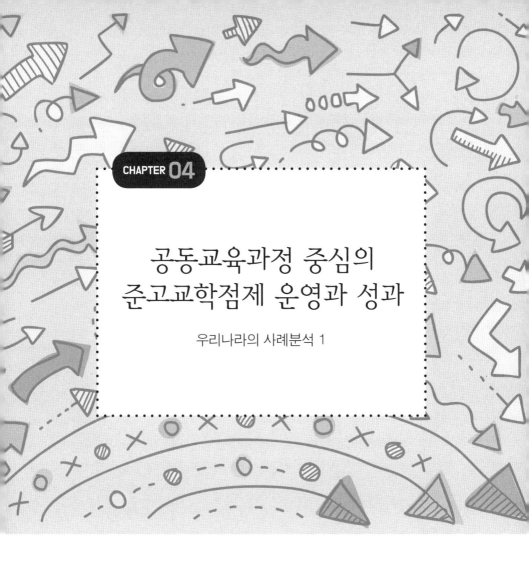

CHAPTER 04

공동교육과정 중심의
준고교학점제 운영과 성과

우리나라의 사례분석 1

앞장에서는 핀란드, 캐나다, 미국 등 해외 교육 선진국에서 학점제를 바탕으로 고등학교 교육을 어떻게 운영하고 있으며, 또 어떤 측면에서 공교육 혁신의 성과를 거두고 있는지를 살펴보았다. 그런데 국내에서 고교학점제의 핵심인 학생의 과목 선택권 확대를 경험한 국내 사례들을 살펴보기 전에 먼저 살펴볼 것이 있다. 바로 고교학점제 도입에 필수적인 다양한 교육과정의 개설 및 운영을 어떻게 이뤄갈 것인가에 관해서다. 그래서 이 장에서는 준고교학점제로서의 공동교육과정 운영을 중심으로 우선 살펴보려 한다.

앞으로 우리는 우리나라 고교학점제 운영 실태에 관해 살펴볼 것이다. 하지만 그보다 앞서 살펴볼 것이 있다. 고교학점제로 가기 위해서는 학생의 선택권 보장을 위한 다양한 교육과정 운영이 필수다. 그래서 이 장에서는 공동교육과정으로서의 **준고교학점제**에 관해 먼저 살펴보려 한다. 준고교학점제는 고교학점제의 요소들 중 일부만을 먼저 적용한 것으로 과목을 선택해서 듣되 학점이수 여부와 졸업을 연결시키지는 않는 것이다. 현재의 교육관련 법규와 제도로는 고교학점제가 추구하는 과목 선택과 이수 여부를 졸업에 적용시키는 데는 몇 가지 충돌하는 부분이 있다.

고교학점제를 시행하는 데 있어서 현장의 요구가 가장 많은 부분이 바로 시설과 교원 부분이다. 앞에서도 언급하였듯이 시설을 보완함으로써 교과교실제의 문제는 어느 정도 해결해나가고 있다. 하지만 교원으로 인한 문제는 시설 보완으로 해결할 수 없다. 이를 해결하기 위한 대안이 바로 준고교학점제로서의 공동교육과정인 것이다. 그래서 4장에서는 우리나라의 실제 고교학점제 운영 사례를 살펴보기 전에 먼저 온라인 강의활용형, 학교 간 연계형, 지역대학 협력형, 지역교육시설 활용형 등 공동교육과정의 유형과 함께, 학교 간 연계형의 사례인 캠퍼스형 교육과정, 지역교육시설 활용형인 마을교육과정, 교과중점학교를 통해서 교원의 부족으로 인해 발생할 수 있는 문제들을 어떻게 해결해나가는지 살펴보고자 한다.

01 준고교학점제 사례로서의 공동교육과정

고교학점제를 실시하게 되면 각 학생들의 흥미와 진로를 폭넓게 반영하고, 그들의 선택권을 보장할 수 있도록 다양한 교과목을 개설해야 한다. 하지만 역시나 가장 큰 문제는 다양한 교육과정을 담당할 교원 수급과 운용의 문제다. 아무리 역량이 뛰어난 교사라도 수많은 교육과정을 일일이 감당할 수 없는 게 현실이다. 이에 우리는 **공동교육과정**에 주목할 필요가 있다.

공동교육과정이란 무엇인가?

고교학점제가 가져올 고등학교의 가장 큰 변화라면 다양한 교과목을 개설하고, 그 교과목들 중에서 학생들이 자율적으로 선택하여 수강하게 된다는 점일 것이다. 하지만 아무리 규모가 큰 학교라고 해도 현재 2015 개정 교육과정상의 모든 과목을 개설하기란 교원이나 시설 부분의 한계로 인해 불가능하다. 또한 학생들의 선호에 따라 소수가 선택하는 과목들이 늘어나게 되므로 10명 이하의 학생이 희망하는 과목을 단위학교 차원에서 개설한다는 건 많은 제약이 따를 것으로 예상된다. 심지어 12학급 이하의 소규모 학교나 농산어촌 지역의 학교들이라면 과목을 개설하는 데 더더욱 제한적인 요소들이 많을 것이다. **공동교육과정**은 바로 이러한 점을 해결할 수 있는 운영 방식이다.

▶ 학교 간 협력을 통해 단위학교 교육과정 운영에서 벗어나다

공동교육과정이란 학생들의 소질과 적성, 수준에 맞춘 교육과정을 운영하기 위해서 학교단위의 교육과정 운영에서 나아가 지역 내 이웃학교가 주중 방과 후, 주말, 방학 시기를 활용하여 공동으로 소수 선택과목이나 직업, 교양과목 등을 개설하는 것을 말한다. 이 공동교육과정은 시·도교육청별로 다양한 이름으로 불린다. 예컨대 서울특별시교육청은 개방-연합형 교육과정, 대구광역시교육청은 협력교육과정, 경기도교육청은 교육과정 클러스터, 인천광역시교육청은 꿈두레 교육과정 등으로 부르고 있다.

공동교육과정은 개별학교의 한계를 학교 간 협력과 네트워크를 통해 극복하여 교육과정 다양화를 이룰 수 있는 가능성을 보여주었다. 공동교육과정 운영 학교에서는 특색 교과목을 개설하면서 일반고 교육과정에 대한 상상력을 자극하였다. 학교와 학교 간 벽을 허물고, 네트워크를 통한 협력 모델을 제시함으로써 미래형 학교의 모델을 제시했다고 볼 수 있다. 이에 우리는 고교학점제의 맹아(萌芽)를 공동교육과정에서 확인할 수 있을 것이다.

하지만 그럼에도 불구하고, 2~3과목의 특색 교과목 개설에 참여하는 학생들은 여전히 소수일 수밖에 없다. 성적 산출에 대한 부담 때문에 소인수 교과로 운영하는 경향이 강하다. 또한 일부 학생들 중심으로 운영된다든지, 평일 저녁이나 토요일에 교과목을 운영하기 때문에 학생들의 피로감을 더하고, 학습 능률을 떨어뜨릴 가능성도 있다. 무엇보다 가장 큰 문제는 개설된 교과가 선택교육과정의 범주에 속하기보다는 기존 교과에서 추가로 더 듣는, 즉 순증 방식으로 운영되고 있어 학생들의 교육과정에 대한 부담이 가중되고 있다는 점이다.

교사들의 입장에서도 저녁 때 수업이 진행됨에도 불구하고 정규수업의 일환으로 진행되다 보니 별도의 수당을 받기 어렵다. 보충수업은 수당이 있지만, 정규수업에서는 수업을 더한다고 해도 수당 지급을 받기 어렵기 때문이다. 이러한 현실적인 어려움으로 인해서 외부강사가 교과목을 맡는 경향이 강한데, 외부강사에 의존한 시스템은 진정한 학교 교육과정의 운영 자산으로 이어진다고 보기 어렵다.

이에 공동교육과정은 학교 간 네트워크를 통해 개별학교의 한계를 극복하는 방식이다. 따라서 제대로 운영하려면 학교 간의 협력이 절실히 요구된다. 공동교육과정 운영은 다음과 같이 2015 개정 교육과정 총론에 근거하고 있다.

개별학교의 희망과 여건을 반영하여 지역 내 학교 간 개설할 집중 과정을 조정하고, 그 편성·운영을 지원한다. 특히 소수 학생이 지망하는 집중 과정을 개설할 학교를 지정하고, 원활한 교육과정 편성·운영을 위한 행·재정적 지원을 한다.

▶ 공동교육과정 운영 방식은?

공동교육과정의 운영은 크게 온라인 강의 활용형, 학교 간 연계형, 지역대학 협력형, 지역교육시설 활용형 등 네 가지 형태로 구분할 수 있다. 단위학교에서 개설이 어려운 선택과목을 학교 간 협력을 통해 공동으로 운영하는 오프라인 공동교육과정은 시·도별로 활발하게 이루어지고 있으나, 타 학교로의 이동 및 생활지도 문제 등으로 인해 지속적으로 확대되지 못하고 있는 실정이다. 하지만 학교 밀집 지역 및 교통이 편리한 대도시는 활발히 진행되고 있고, 확대되는 추세다. 그러한 반면에 농산어촌 및 도서지역은 사실상 오프라인 공동교육과정 운영이 어렵고, 중소도시도 마찬가지로 확대되지 못하고 있는 실정이다.

각각의 운영 방식에 관해 살펴보면 다음과 같다.

① 온라인 강의 활용형

온라인 강의 활용형(온라인 공동교육과정)은 교육과정의 다양화를 위해 추진 중인 공동교육과정의 운영 활성화를 위해 ICT 기술을 활용하여 학생의 다양한 과목 선택을 지원하기 위한 것이다. 일반고의 교육과정 다양화를 위한 공동교육과정의 운영을 한층 활성화하고, 지역 간·학교 간 장벽을 넘어 모든 학생의 다양한 과목 선택권을 보장하기 위해 추진 중이다.

온라인 강의 활용형은 실시간 쌍방향 온라인 수업을 의미한다. 쌍방향은 영어 '인터(inter-;상호간)'와 '액티브(active;활동적)'가 결합한 단어인 'Interactive(상호작용)'의 번역어다. 하나의 통로를 통해 어떤 내용을 서로 주고받거나 소통할 수 있음을 가리킨다.

온라인 강의 활용형은 교실 수업을 온라인으로 옮겨 놓은 형태이다. 즉 기존에 교사주도로 녹화된 일방적 온라인 수업이 아닌, 교사와 학생이 상호작용하는 실시간 쌍방향 수업인 것이다. 따라서 교실 수업과 같이 정교한 시간표가 반드시 필요하다. 실시간 쌍방향 온라인 공동교육과정은 다음의 그림에서와 같이 비실시간

실시간·쌍방향 온라인 공동교육과정		
비실시간 온라인 수업 한계 극복	오프라인 공동교육과정 한계 극복	온라인 수업의 장점 활용
• 단방향동영상 중심 수업에서 실시간·양방향 참여형 수업 • 블렌디드, 플립 러닝, 토론 등 다양한 수업 모형의 적용 가능	• IT 기술을 활용하여 시·공간적 제약 극복 • 학생의 과목 선택권 확대 및 다양한 학습 기회 보장	• 수업 녹화 등을 통한 복습으로 학습효과 상승

실시간 쌍방향 온라인 공동교육과정의 장점[1]

---

1. 2018년 온라인 공동교육과정 시범운영 지원 사업. 온라인 공동교육과정 권역별 기초 연수(북부) 자료집. 교육부·한국교육개발원.

온라인 수업과 오프라인 공동교육과정이 가진 한계를 극복할 수 있다는 장점이 있다.

온라인 강의 활용형[2]의 추진 방향은 기존의 콘텐츠를 제공하여 일방향으로 운영해오던 방식에서 실시간 쌍방향 참여형 수업이 가능한 방향으로 바뀌어가고 있다. 온라인 강의 활용형(온라인 교육과정)의 추진 목표는 아래의 그림과 같다.

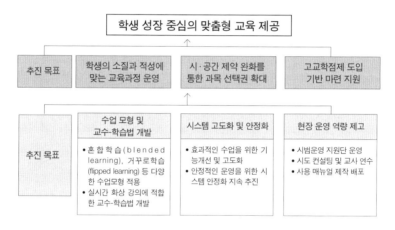

온라인 강의 활용형(온라인 교육과정)의 추진 목표[3]

이 온라인 강의 활용형(온라인 교육과정)은 특히 중소도시 및 농산어촌 등과 같이 교통 여건이 열악하거나 학교 간 거리가 먼 지역에서도 얼마든지 교육과정을 개설해 학생들에게 다양한 교육과정

---

2. 인프라 구축: 쌍방향 수업이 가능하도록 시·도교육청 사이버학습 시스템 개선 또는 신규 시스템을 구축하고, 학교 학습 장비를 지원하여 수업시간에 토론, 질의응답 등이 실시간으로 가능하도록 시스템을 구축해나가고 있다.

3. 교육부·한국교육개발원(2018). 2018년 온라인 공동교육과정 시범운영 지원사업: 온라인 공동교육과정 시범운영 지원단 위촉식 자료집, 한국교육개발원

을 제공할 수 있다는 장점이 있다. 온라인을 활용함으로써 실시간 (생방송) 수업 운영, 거꾸로 학습(플립러닝) 및 학생 참여형 수업 활성화 등을 통해 교수-학습 방법의 혁신을 이루어가고 있다.

2017년 고교교육력제고사업 계획 수립(2016년 12월) 및 참여 시·도교육청 선정(2017년 3월)을 통해 6개 교육청(서울, 대구, 인천, 충남, 전남, 경남)이 선정되었고, 위탁기관으로 한국교육개발원(KEDI)이 선정되었다. 2018년에는 추가로 대전, 부산, 세종, 경기, 강원(5개) 교육청이 선정되었으며, 2019년부터 17개 시·도교육청으로 확대 추진될 예정이다.

온라인 강의 활용형(온라인 교육과정)을 운영하기 위한 시스템 구성과 기능은 다음의 그림과 같다.

시스템 구성 및 기능	
교육포털 • 회원가입 및 로그인 • 수업 개설 신청 및 수업정보 등록 • 수강신청 • 학생 및 교사 개인화 서비스	**실시간 화상수업 플랫폼** • 실시간 화상수업 • 그룹토론 기능 • 수업영상 녹화, 품질제어 • 학습관리시스템(LMS) 연동
학습관리시스템(LMS) • 수업 개설 및 운영 관리 • 학생 관리 및 학습이력 관리 • 출결 및 학생평가 관리	**관리자시스템** • 회원 관리 및 권한 관리 • 수업 개설 승인 • 각종 통계정보 관리

온라인 강의 활용형의 시스템 구성 및 기능[4]

---

4. 교육부 보도자료. 실시간·양방향 화상수업으로 일반고 학생의 과목선택권 확대, 2018. 4. 18.

② 학교 간 연계형

2015 개정 교육과정을 살펴보면 단위학교 차원에서 개설되지 않은 과목을 다른 학교에서 이수함으로써 이를 인정하도록 하고 있다. 학교 간 공동교육과정 운영의 근거는 이미 2009 개정 교육과정에서부터 학생의 교과 선택권 확대를 위한 방안으로 다양한 시도들이 이루어진 바 있다.

2016년 서울시교육청은 한 학교가 중심이 되어 운영하고 타 학교에서 참가하는 방식인 '거점학교형'(2016.4. 47개교에서 56개 과정 운영)에서 인근 학교들이 공동으로 운영하는 방식인 권역별 **학교 간 연계형**으로 확대·발전시키는 방안을 제시하였다. 서울시교육청은 운영 방향을 "단위학교에서 개설하기 어려운 교과목이나 특성화된 중점과정을 학교 간 협력을 통해 공동운영하며 확장되는 교육과정"이라고 정의한다(서울시교육청, 2016:14)[5].

사실 단위학교의 교육과정 운영은 단위학교 내에서 운영하는 것이 가장 바람직하다. 하지만 학교 내에 학생이 희망하는 소인수 선택과목이 개설되지 않는 경우에는 학교 밖 학습을 할 수밖에 없으므로 차선책이 필요한데, 그것이 바로 학교 간 연계형이다.

이렇듯 학생들의 다양한 진로와 적성에 맞는 교육과정 제공을 위해서는 인근 학교들 간의 연계가 매우 중요하다. 대학교의 경우처럼 단위학교 내에서 각 학습자들의 모든 수요를 충족시키는 여

---

5. 서울시교육청 (2016). 개방 - 연합형 선택교육과정 편성·운영 방안

건이 확보되지 않는 한 학생 개인별 맞춤형 교육과정 운영은 학교 밖의 시설과 자원을 적극 활용함으로써만이 실현될 수 있기 때문이다.

공교육에서는 교육의 책무성 차원에서 학생 개개인이 필요로 하는 교육과정을 통해서 자신의 진로와 적성, 학업 능력을 고려하여 미래의 삶과 현재의 삶에 연결성을 찾도록 대비할 필요가 있다. 즉 학생들 각자가 필요로 하는 교육과정을 이수함으로써 자신에게 꼭 필요한 역량을 갖출 수 있어야 하는 것이다. 따라서 학교에서는 다양한 적성검사와 진로검사[6]를 통해 학생들에게 필요한 과목을 안내하여 맞춤형 교육과정에 필요한 충분한 정보를 제공해주어야 한다.

설명한 것처럼 학교 간 연계형은 인근 학교 간 협력을 통해 공동으로 과목을 개설하는 형태이다. 이는 크게 일반고 간 연계와 일반고-특성화고 연계로 구분할 수 있다. 일반고 간 연계는 소인수·심화 과목 등 단위학교에서 개설하기 어려운 과목을 중심으로 공동교육과정 운영하는 형태이다. 연구학교-선도학교 간 연계 등은 시·도교육(지원)청의 지원이 가능하다. 일반고-특성화고 연계는 진로 변경 및 직업교육을 희망하는 일반고 학생들을 대상으로 특성화고의 직업교육 과목을 일반고 학생들을 대상으로 수강할 수 있는 기회를 제공하는 것이다.

---

6. 워크넷(www.work.go.kr)이나 커리어넷(www.caree.go.kr)을 통해 무료로 검사를 진행할 수 있다.

이상에서 설명한 연계 방식 모두 아래의 그림과 같이 거점학교를 두어서 운영할 수도 있고, 각각의 학교에서 중심 과목을 나누어 연계하는 방안도 가능하다.

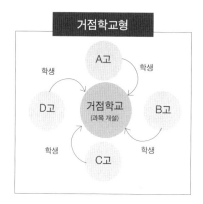 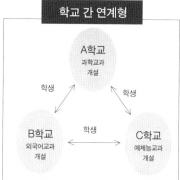

거점학교형과 학교 간 연계형 운영 방식의 비교

A유형(교과 교육과정 내 운영)	월	화	수	목	금
1					
2					
3					
4					
점심					
5					
6					
7					

- 7교시가 없는 요일의 5~6교시를 묶어 블록수업으로 운영
- 학생들은 점심시간 이후, 이동하여 개설 과목 수업 후 하교(교과교육과정으로 운영)

B유형(증배 운영)	월	화	수	목	금
1					
2					
3					
4					
점심					
5					
6					
7					
방과후					

- 정규수업이 모두 끝난 방과후에 블록수업으로 운영
- 학생들은 방과후수업 대신 교과목을 이수하는 형태(증배 운영)

인천시교육청 밴드형 교육과정 운영 모형

| 표 4-1 | 학교 간 연계형 교육과정 시·도별 사례 [7]

시·도	학교 간 연계형 교육과정
서울	• 거점형: 학교에서 개설되지 못한 교과목을 거점학교에 개설하여 희망하는 학생을 대상으로 운영하는 교육과정 • 연합형: 소인수로 개설하기 힘든 교과목을 인접한 학교끼리 개설하여 공동으로 운영하는 교육과정 • 온라인: 실시간 쌍방향 소통 기반의 학생 참여형 수업으로 운영하는 교육과정
부산	• 연합형·거점형: 수요 조사 후 학생의 희망에 따른 과목으로 개설 　- 예술 분야: 문학감상, 시 창작, 연극, 영화, 실용음악, 디자인 등 　- 특수 분야: 국제정치, 로봇 제작, 인쇄, 식품영양, 전자상거래 등 　- 인문 분야: 역사, 철학, 사회, 경제, 시사토론, 과제 연구 등
대구	[학교 간 공동교육과정] 학생들의 실질적인 과목 선택권 확대를 위해 학교 내 개설이 어려운 소수 선택과목 등을 공동으로 운영하는 과정 • 거점형: 특정 학교에서 강좌를 개설하고 관내 고등학교 학생들이 수강 가능
인천	• 거점형: 학생들의 수요는 있으나 학교에서 개설하지 못한 일반·심화·전문 교과목을 개설하여 운영하며 주변의 여러 학교 학생이 거점학교에 가서 수강하는 형태 • 밴드형: 거리상 근접한 학교 간에 교육과정을 공유하는 형태(208쪽 그림 참조) • 온라인: IT기술을 활용한 쌍방향 소통 기반의 학생 참여형 수업으로 운영하는 형태
광주	[학교 간 협력 교육과정] 학생들의 실질적인 과목 선택권 확대를 위해 소수 선택과목 등을 개설하여 학교 간 공동으로 운영하는 과정 • 개별형: 특정 학교에서 강좌를 개설하고 관내 고등학교 학생들이 수강 가능함 • 권역형: 인근 지역의 학교가 권역을 형성하여 강좌를 개설하고 권역 내 학교 학생을 대상으로 운영
다른 시·도교육청들도 이와 유사한 형태로 운영되고 있음	

7. 교육부·한국교육과정평가원(2018). 고교학점제 연구학교 운영 매뉴얼. ORM2018-20. p. 43

③ 지역사회 연계형

지역사회 연계형이란 단위학교별로 개인의 다양한 교과 수요에 대응하기 어려운 부분을 지역의 인적·물적 자원을 활용함으로써 선택교과의 운영 범위를 넓혀 학생들의 수요에 적극적으로 대응할 수 있게 하는 위한 방식이다. 지역사회의 인적·물적 자원 활용을 통한 체험학습의 활성화도 포함하고 있다. 물론 지역사회가 학교와 같이 독립적인 교육주체로서 교육과정을 운영하는 방식도 가능하다.

지역사회 연계형은 다시 지역대학 협력형과 지역교육시설 활용형으로 구분할 수 있다. **지역대학 협력형**은 심화과목, 실습 등을 중심으로 지역 대학 내에 고교생 대상 수업을 개설·운영하고, 계절수업 등을 활용하여 이를 정규교과로 이수할 수 있도록 지원하는 방식이다. 이를 위해서는 시·도교육청 차원에서 참여 대학의 발굴 및 적정 학교 연계, 학생 수요 조사 등의 지원이 필요하다. 예컨대 러시아어의 교육을 필요로 하는 경우 러시아어 교사의 부족으로 단위학교에서는 강의 개설이 거의 불가능하다. 하지만 인근의 러시아어과가 있는 대학에서 교육과정을 개설한다면 학생들이 과목을 수강할 수 있을 것이다. 또한 과학 실험 과목의 경우 고등학교는 실험 기자재가 미흡하고 실험에 대한 전문성이 떨어지므로, 이를 갖추고 있는 대학에서 수업을 진행하고 있다.

지역교육시설 활용형은 교육청 혹은 지역 공공기관, 대학 등의 유휴 공간 내 수업 운영 및 학습 가능한 공간을 확보함으로써 공동교육과정을 운영하는 것을 말한다. 공간 확보나 학교 간 연계 등은 교육(지원)청의 지원이 필요하다. 세종시의 경우에는 과거의 동사무소를 복합 커뮤니티센터로 하여 교육할 수 있는 학습 공간을 마련하고 있으며, 여기에서 다양한 활동들이 이루어지고 있다. 이러한 시설을 이용하면 여러 가지로 장점이 있다. 예컨대 타 학교 방문으로 인한 거부감을 줄여주고, 일방적인 학교 이동이 아니라 중간에서 만날 수 있어 공간적 제약을 어느 정도는 극복할 수 있기 때문이다.

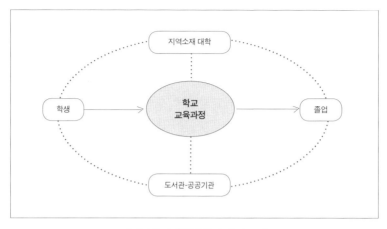

지역사회연계형의 운영 예시 모델

공동교육과정 운영을 위한 단위학교의 노력과 지원

이상에서 우리는 공동교육과정이 무엇인지 온라인 강의 활용형, 학교 간 연계형, 지역사회 연계형으로 나누어 살펴보았다. 아무래도 공동교육과정을 운영하기 위해서는 기존에 학생의 과목 선택권이 제한적이었을 때보다는 각 학교별로 많은 노력들이 필요한 것이 사실이다.

단위학교에서 필요한 여러 가지 노력들 중에서 이 글에서는 특히 선택과목 개설 및 안내, 진로·교육과정 설계 지원, 교원 역량 강화, 학부모의 교육과정 이해도 제고의 네 부분으로 나누어 구체적으로 진행되어야 할 내용들을 제시하고자 한다.

▶ 선택과목 개설 및 안내

1학년 학생을 대상으로 학생 개개인의 진로 및 적성에 맞는 교과를 선택하게 하고, 수강 신청 방법을 안내한다. 세부내용은 다음과 같다.

- 학생 진로를 고려한 선택과목 수요 조사 및 개설과목 확정
- 과목 선택 안내를 위한 설명회: 책자의 제작 및 활용 (교육부: 과목 안내서 제작 보급)
- 학생 수강신청 방법 안내

▶ 진로 · 교육과정 설계 지원

1학년 대상 학생 개인의 진로 및 적성에 맞춘 개인별 교육과정 설계를 지원하는 활동을 제공한다. 세부내용은 다음과 같다.

- 진로 · 적성검사 및 진로상담
- 진로 연계 교육과정 설계를 위한 상담
  - 진로와 연계한 과목 선택 안내
  - 고등학교 3년간 학업 계획서 작성
- 진로 및 적성에 맞는 창의적 체험활동의 연계 지도

▶ 교원 역량 강화

편성 · 운영 지침에 따른 학생 개인별 교육과정을 설계하기 위해

교사의 교육과정 상담 및 진로·진학지도 역량 강화하도록 한다. 세부내용을 살펴보면 다음과 같다.

- 교육과정 편성·운영 역량 강화를 위한 교원 연수
  - 2015 개정 교육과정 및 개방연합형 선택교육과정
  - 고교 교육과정의 다양화와 대입전형의 관련성
- 전 교원이 진로·진학 관련 학생 개인별 교육과정 설계 지원
  - 학교 특성에 맞는 과목 선택 안내서 제작
  - 진로와 연계한 과목 선택 상담 기간 운영, 학생의 학업 계획 수립 지도

▶ 학부모의 교육과정 이해도 제고

개방-연합형 선택교육과정에 대한 학부모의 인식을 제고함으로써 공동교육과정 운영의 추진 동력을 확보할 수 있다. 세부내용을 살펴보면 다음과 같다.

- 학부모의 교육과정에 대한 이해도 제고를 위한 연수 실시
  - 시기: 학기초(연수용 PPT, 리플릿 활용)
  - 내용: 2015 개정 교육과정 및 공동교육과정 안내
    고교 교육과정의 다양화와 대입전형의 관련성 이해
    교과목 선택에 따른 학생 진로·진학지도
- 학부모의 학교 교육과정 편성·운영 참여

▶ 공동교육과정 운영을 위한 시스템

이상에서 설명한 4가지와 함께 반드시 필요한 것이 있다. 바로 공동교육과정 운영을 위한 시스템 지원이다. 그 내용을 정리하면 다음과 같다.

- 교육과정 개설 및 운영 지원을 위한 시스템 개통
- 공동교육과정 강좌, 수강신청, 학생 관리 효율화 시스템 구축
  - 각 시도교육연구정보원 서버 활용
- 권한별-강사, 학교 관리자, 중앙(시교육청) 관리자-데이터베이스 관리 기능
- 매뉴얼 안내 및 시스템 활용 설명회를 통한 업무 경감 및 효율화의 실현
- 주요 기능
  - 강좌 개설 및 수강신청(강좌 개설, 강사 승인, 학생 신청)
  - 출석부 지원 및 출석 관리(학생 정보 현행화 필수)
  - 과제 관리·학습 관리용 에듀나비 카페 자동 생성 기능(강사 및 학생용)
  - 평가 관리 시스템 개발(각종 자료 전송, 출력 기능)
  - 관련 DB의 추출 및 출력 기능(소속 학교/강좌/학년별 자료 생성 가능)

공동교육과정 운영을 위한 주체는 교사이다. 따라서 교사의 설득

없이는 현실적으로 공동교육과정을 운영할 수 없기 때문에 무엇보다 교사의 지원이 중요하다. 이에 교사의 지원을 얻기 위해서는 다음과 같은 조치들이 필요하다.

- NEIS에서 성적처리 후 참여 학교의 성적열람 기능 추가: 업무 경감
- 외부강사 선정 절차의 간소화, 교사 신분일 경우 소속 학교에서 겸임 지원
- 일정 시간 수 이상의 수업 교사에 대한 인센티브 제공

공동교육과정 운영은 어떤 성과를 거두었나?

고교학점제가 본격적으로 실행되기 위한 준비 단계로서 일종의 준고교학점제라고 할 수 있는 공동교육과정의 운영을 통해 현장에서는 나름대로 소정의 성과를 거두었다. 여기에서는 이를 다음과 같이 과목 선택권 보장과 학습 경험, 진로지도의 관점으로 나누어 정리해보았다.

▶ 학생의 과목 선택권 보장

개별학교에서는 학생들의 수요와 관심이 적어 운영하기 어려웠던 과목들에 대해 공동교육과정을 운영함으로써 지역의 인근 학교들과 함께 개설함으로써 이수할 수 있는 기회를 제공할 수 있었다.

이는 그동안 개별학교가 여건의 제약을 이유로 학생들의 다양한 과목 개설에 대한 목소리를 묵인해오던 상황에서 학생들의 흥미와 적성을 고려하고, 학생들의 목소리를 학교 교육과정 운영에 실질적으로 반영하게 되었음을 의미한다.

또한 공동교육과정 수업에서는 학생들의 수요가 적어 개별 학교에서 개설하기 어려운 과목들을 개설하다 보니 참여 학생들은 자신들의 학교에서는 자주 만날 수 없었던 자신과 유사한 관심사나 꿈을 가진 학생들과 만날 수 있게 되었다. 학생들은 클러스터 수업을 통해 자신과 유사한 꿈을 가진 또래 친구들을 보면서 자극을 받기도 하고, 또 몰랐던 정보도 서로 교환하면서 자신의 진로에 대해 좀 더 심도 있게 고민하고 꿈을 키워가게 되었다.

▶ 풍부한 학습 경험 제공

공동교육과정 수업에서는 교사 중심의 일방적인 전달식 수업에서 벗어나 다양한 학생 참여형 수업을 진행한다. 예컨대 프로젝트수업, 협력수업, 토의·토론수업, 실험·실습 위주의 수업, 하브루타, 문제해결 학습, 액션 러닝, 블렌디드 러닝 등으로 학생들에게 다양하고 풍부한 학습 경험을 제공하고 있다.

또한 질문과 상상력이 넘치는 배움 교실을 지향하는 경우에는 심화된 교육 내용이나 다른 수업에서는 공부하지 못했던 주제들을 다뤄보면서 학생들이 일반고에서 경험할 수 있는 영역을 뛰어넘는 기회들을 제공하고 있다. 이와 같은 수업에서 학생들은 자발적으로 대화와 토론을 나누는 과정에서 스스로 대안을 모색하고, 그 속에서 문제를 해결할 수 있는 사고력과 판단력, 협업 능력이나 의사소통 능력 등 미래 핵심역량을 키워가게 되었다.

> 학생들은 수업이 종료되어도 선생님에게 질문을 하느라 강의실을 떠나지 않았다.
>
> — 교사 A

> 공동교육과정은 나에게 의미 있는 시간이었다. 수업을 통해 내가 알고 있던 지식과 상식을 뛰어넘는 새로운 사실들을 많이 알게 되었다. 또한 나에게 큰 영향을 미친 것은 수업 방식이었다. 자유로운 수업 분위기 속에서 이야기하고, 토론하고, 자신의 의견과 생각을 발표하고, 글로 작성하고, 질문을 할 수 있었다. 수업은 항상 즐거움의 시간이었고, 내가 늘 꿈꿔오던 수업이었다. 나의 변화를 직접 느끼면서 성장하고 있음을 알 수 있었고, 여러 가지 세계 문제에 대해 배우며 깊이 생각하고 넓은 시야로 일상생활에서의 작은 것들을 바라볼 수 있게 해주었다.
>
> — 학생 B

> 대학이 최우선이 되는 고교 과정에서 수능공부 말고 다른 일에 관심을 갖고 시간을 뺏긴다는 것이 부모로서 걱정스럽고 그만두게 하는 것이 옳은 게 아닌가 하는 생각도 잠시 했었다. 하지만 본인이 좋아하는 것에 몰입하여 진지하게 하나하나 만들어가고, 늦은 시간까지 열심히 하는 모습을 보니 멋지다는 생각이 절로 들었다.
>
> — 학부모 C

▶ 개별 맞춤형 진로 지원

진로교육은 학생의 미래 삶과 자아실현의 기반이 된다. 따라서 기존과 같은 체험 활동 수준에 머물지 않고 본질적으로 교과 교육과정과 연계할 필요가 있다. 내신과 수능 점수에 맞춰 대학과 학과를 선택하는 방식에서 탈피하여 흥미와 적성을 고려해 진로를 선택하는 방식이 교육과정 클러스터를 중심으로 일어나고 있다. 예컨대 ○○예고 문창과에 다니는 아이들을 부러워하다가 공동교육과정 수업을 통해 동국대 국어국문학부 문창과 특기자로 진학한 학생, 그냥 성적에 맞춰 대학에 가려던 학생이 공동교육과정 수업을 통해 신소재공학과를 콕 집어 선택하는 등 수업과 진로·진학이 연계되는 사례가 점점 더 많아지고 있다.

2022 대입개편안에서는 '고교학점제'의 단계적 도입을 명시하고 있다. 만약 이것이 실현된다면 분명 현 교육의 고질적 문제점들을 해결하고, 교육의 본질을 회복하여 미래교육으로 나아갈 수 있을 것이다. '고교학점제'를 추진하기에 앞서 학교 간 협력으로 다양한 과목을 개설하여 학생 맞춤형 교육을 실천하고 있는 공동교육과정은 아마도 든든한 실행동력이 되어줄 것이다.

02 따로 또 같이, 캠퍼스형 공동교육과정[8]

지금까지 우리는 공동교육과정이 무엇인지 살펴보고, 이를 온라인 강의활용형, 학교 간 연계형, 지역대학 협력형, 지역교육시설 활용형 등으로 나누어 알아보았다. 이제부터는 준고교학점제의 실제 사례들을 좀 더 자세히 살펴보려고 한다.

여기에서는 먼저 학교 간 연계형을 구현한 세종특별자치시의 캠퍼스형 공동교육과정의 운영 사례를 집중적으로 들여다볼 것이다. 캠퍼스형 공동교육과정이란 인근에 위치한 몇몇 고등학교를 하나의 복합체라는 인식을 바탕으로 운영되는 공동교육과정이다.[8] 세종시의 사례를 통해 학교 간 네트워크가 어떤 식으로 이루어지고 있는지 그리고 성과와 향후 과제도 함께 살펴보자.

---

8. 세종특별시교육청(2018). "캠퍼스형 공동교육과정 기반 세종형 고교학점제 추진 계획"에서 발췌

캠퍼스형 공동교육과정의 운영 배경

세종특별자치시는 40분 이내의 통학이 가능한 13개의 일반고등학교가 하나의 복합체라는 인식을 바탕으로 고교 간 공동체에 기반하여 학생 맞춤형 캠퍼스형 공동교육과정을 구현했다. 단위학교를 넘어 인근 학교와 함께, 필요에 따라 권역별로 또는 세종시 어디서든 자신이 원하는 정규교과, 학교 교육과정에서 개설되기 힘든 심화과목, 예체능 실기 전공 교과, 전문 교과를 수강할 수 있고, 인근 대학과 국책연구단지 등의 우수한 인력풀을 활용한 '진로 전공탐구 방과후교실'에서 자신의 진로 적성에 꼭 맞는 진로 전공 탐구를 통해 자기주도적 학습 능력을 향상시킬 수 있다.

세종특별자치시교육청은 공동교육과정 I , 공동교육과정 II , 공동교육과정 III 등 3개의 캠퍼스형 공동교육과정을 운영하고 있다. 이러한 공동교육과정을 추진하게 된 배경 및 목적은 다음과 같다.

- 학생 자신이 바라는 진학과 진로에 맞춘 다양한 교육과정 운영 및 원하는 과목 수강에 대한 학생 선택권 요구
- 미래 핵심역량에 기반한 새로운 학력관의 대두와 학생부종합전형 확대 등 대학 입시제도의 변화
- 캠퍼스형 공동교육과정이라는 플랫폼을 활용하여 학생 맞춤형 고교 교육과정을 중심으로 체제 전반에 관한 기반 조성

공동교육과정 Ⅰ·Ⅱ·Ⅲ의 주요 특징은 다음과 같다. 참고로 공동교육과정 Ⅰ과 Ⅱ는 방과 후와 토요일에 운영되고 있으며, Ⅲ은 정규수업시간에 교육하고 있다.

▶ 공동교육과정 Ⅰ

단위학교 내에서 선택과목을 모두 개설하기에는 현실적으로 어려움이 있고, 제2외국어를 포함한 일부 교과의 경우 단위학교 내에 교사가 배치되지 않기도 한다. 그러다 보니 학생이 소속 학교에서 원하는 공부를 할 수 없기 때문에 권역별 거점학교 공동교육과정이 필요한 것이다.

단위학교 교육과정에서는 개설하기 힘든 심화과목, 예체능 실기 전공교과 및 전문교과를 대상으로 하여 권역별 인근 학교들이 학교별 2~3개의 심화과목, 전문과목을 개설·운영하는 상호 보완적 거점학교를 운영하고 있다.

▶ 공동교육과정 Ⅱ

학생들의 흥미와 적성을 고려한 다양한 진로전공 학습강좌 개설 요구를 반영할 필요가 있었다. 이에 인근 대학, 정부세종청사, 국책연구단지 등 우수한 인프라와 교육 친화적 도시 환경을 갖추고 있는 세종시의 지역적 강점을 활용하여 학교 교육과정에서 다루기 힘든 생활과학, 직업교육 기초, 상경계열, 자연과학, 공학 등의 진로전공과 관련된 학습 공간을 마련하고자 만든 학생 맞춤형 진로전공 연구 방과후 공동교육과정이 바로 공동교육과정 II다.

주로 학습자 중심의 프로젝트형 수업을 통해 학생의 자기주도적 학습 역량을 키운다. 이에 과거와 같은 국·영·수 과목 중심의 보충수업 성격인 천편일률적 방과후수업에서 벗어나 거점운영학교에서 학생들의 진로적성을 반영한 진로전공 연구 방과후교실을 운영하고 있다.

▶ 공동교육과정 III

인근 학교 간의 캠퍼스형 공동교육과정으로 시범 운영되고 있는 것이 공동교육과정 III이다. 신설학교인 3개 생활권의 소담고등학교를 교육과정 특성화 혁신고등학교로 지정하고, 인근에 위치한 보람고등학교와 연계하여 소담고-보람고 간의 캠퍼스형 공동교육과정을 시범 운영하고 있다.

예컨대 금요일 5, 6교시에 교양과목인 논술과목을 개설했는데, 소담고에서는 인문사회 논술, 보람고에서는 수리과학 논술을 개설함으로써 학생들의 선택에 따라 인문과 과학 글쓰기를 정규시간에 공동교육과정으로 운영 중이다.

앞으로 이러한 캠퍼스형 공동교육과정이 더욱 성공적으로 운영 및 활성화된다면 다음과 같은 효과를 기대할 수 있을 것이다.

- 학생 과목 선택권 확대를 통한 진로적성 개발 지원 강화

- 인근 학교 간 공동교육과정 운영을 통한 일반고의 교육력 강화·학습자 중심의 프로젝트형 수업을 통해 학생의 자기주도적 학습 역량 향상 및 학교 미개설 과목의 이수를 통한 학력 증진과 사교육 유발 요소 억제
- 지역사회의 학교, 대학과 연구단지의 직원을 통한 진로전공 학습 역량 확대

캠퍼스형 공동교육과정 운영의 향후 과제는?

지금까지는 캠퍼스형 공동교육과정 운영 전반에 대해 학생, 학부모, 강사 등 대체적으로 만족도가 높은 것으로 나타나고 있다. 강좌를 신청하는 이유에 대해서는 진로에 도움이 될 것 같다는 의견이 많았으며, 공동교육과정을 통해 교과 학습에 대한 풍부한 경험을 갖게 되고, 진로 설계에 도움을 받기를 기대하는 것으로 나타났다. 그러나 강좌가 개설된 학교가 너무 멀어서 이용하기가 불편하다는 점이 공동교육과정 수강을 취소하게 되는 주요한 이유라는 의견도 나오고 있다.

하지만 교육청에서 운영한 캠퍼스형 공동교육과정은 학생의 과목 선택권을 확대하고 보장하는 점에서 일단 의미 있는 성과를 거두었다고 하겠다. 다만 시행하는 과정에서 몇 가지 어려운 점이 드러난 것 또한 사실이다. 이를 정리해보면 다음과 같다.

첫째, 공동교육과정 I 의 **인원 조정** 관련이다. 심화과목(일반과목)에서 13명 초과 시 인원 조정에 대한 불만 민원이 접수되었다.

둘째, 강좌 **편성 방안**에 대한 지속적인 연구가 필요하다. 교과 과목의 위계가 분명한 수학이나 과학 과목의 경우, 1학년 학생의 수강 여부에 관한 검토도 필요하다.

셋째, **운영학교 선정**과 관련한 문제이다. 운영학교가 늦게 결정되면서 읍·동 지역에서의 교통 불편으로 인해 포기자가 발생하는 것에 대한 방안 마련이 필요하다. 예컨대 동지역 한솔고 학생이 읍지역 세종고 수업을 포기하는 경우가 발생할 수 있기 때문이다. 사전에 학교와 강좌를 정해서 신청을 받는 방안을 모색하는 동시에 온라인 접수 시스템을 구축할 필요가 있다.

넷째, **행정**상의 문제점이다. 우선 온라인 접수의 필요성이다. 2천 명 이상이 신청하면서 오프라인 접수에 따른 행정상 어려움이 발생하였다. 앞으로 지속적인 운영체계를 갖추기 위해서는 온라인 접수 방안이 꼭 필요한데, 이에 2018년부터 온라인 접수가 시행되고 있다[9]. 아울러 선착순 접수의 단점을 극복할 수 있는 방안이 같이 모색되어야 한다. 또한 공동교육과정 II 수업 중 교실단위를 넘는 수업 환경이 필요한 강좌가 발생하였다. 이에 목공, 음식 등 지역사회 작업교실을 연계해서 활용하는 방안을 모색할 필요가 있을 것이다.

---

9. http://www.sjecampus.com

03 마을이 곧 학교다, 마을교육과정

이제부터 살펴볼 공동교육과정의 사례는 바로 마을교육과정이다. 앞서 설명했던 지역사회 연계형 공동교육과정의 대표적인 사례라고 할 수 있다. 마을교육과정은 크게 학교 밖 위탁교육(위탁교육형)과 학교 밖 인적·물적 교육자원 활용(자원 활용형)으로 나누어 볼 수 있다. 학교 밖 학습장 위탁교육의 범위를 확대하고 다양화하기 위해서는 학교 밖 체험학습과 위탁교육에 대한 인식의 전환 및 다양한 지역사회 학습장의 발굴 그리고 다양한 학습주체의 협력이 필요하다.

우리나라의 대표적인 마을교육과정 사례를 꼽자면 마을교육공동체와 경기꿈의학교를 들 수 있다. 또한 경기도에서는 부천을 교육과정 특성화 시범지구로 지정하여 지역에서 할 수 있는 교육과정을 운영하고 있다. 그래서 여기에서는 이에 관해서 좀 더 자세히 알아보고자 한다.

학교와 마을이 함께하는 마을교육공동체[10]

학교는 마을과 동떨어져서는 그 역할을 다할 수 없으며, 마을은 학교가 없어지면 구심점을 잃어버리게 된다. 그러기에 마을교육공동체를 통해 학교와 마을은 필연적으로 서로 소통하고 협력하여야 할 것이다. **마을교육공동체**란 학교와 지역의 구성원들이 공동의 정체성을 가지고 주인이 되어 능동적으로 만들어가는 공동체라고 할 수 있다. 학교와 마을이 아이들을 함께 키우고, 마을이 아이들의 배움터가 되고, 아이들이 마을의 주인이 되어야 한다는 뜻이다. 주민이 선생님이고, 마을이 학교이며, 지역의 삶이 곧 교육과정이 되는 것이다.

▶ 모두를 위한 교육

가장 좋은 학교는 마을과 **함께**하는 학교다. 마을과 학교가 만나 머리를 맞대고 우리 아이들의 미래 그리고 우리 지역의 미래를 함께 고민해야 한다. 배움이란 삶에서 완성되는 법이다. 교육으로 대한민국 사회의 발전과 통합을 이루고, 미래 인재를 길러내는 것이야말로 교육의 사명이 아닐까? 모두를 위한 교육(for of all)을 표방하며 실제로 함께하는 교육, 행복한 학교를 실현하려면 마을교육공

---

10. 학교와 마을이 역할을 분담하고, 공동의 교육목표를 실현하기 위해 소통하고 협력하는 과정을 통해 상생하는 공동체로서 존재하며 함께 공동체 문화를 만들어가는 대안적인 교육의 방법이라고 할 수 있다.

동체를 통해 학부모, 지역사회와 함께 꿈꾸면서 꿈을 현실로 만들기 위해 노력해야 할 것이다.

마을교육공동체는 치열한 경쟁의 공간이 되어버린 학교와 서로가 서로에게 무관심해진 마을을 행복한 삶의 공동체로서 복원시키고자 하는 것으로, 교육이 지향하는 새로운 방향이기도 하다. 학교와 마을이 아이들을 기르기 위한 역할을 분담하고, 공동의 교육목표를 실현하기 위해 소통하고 협력하는 과정을 통해 상생하는 공동체 문화를 만들어가는 것이 핵심이다.

마을교육공동체는 산업화와 개인화로 인해 소외되고 고립된 교육주체들, 즉 학생과 교사, 학부모, 지역민의 삶을 비전과 마인드를 공유하고 선택적·주체적으로 함께 만들어가는 공동체로 복원하기 위한 교육의 새로운 방향 제안이라고 할 수 있다.

실천적 의미에서 학교와 마을이 아이들을 함께 키우고, 마을이 아이들의 배움터가 되고, 아이들이 마을의 주인이 되는 것, 학교와 지역사회의 구성원들이 공동의 정체성을 가지고 주인이 되어 능동적으로 만들어가는 교육공동체인 것이다. 대표적인 예로 풀무학교와 성미산마을 등을 들 수 있다.

▶ 교육공동체 참여자들이 추구해야 할 가치

교육공동체 참여자들은 자율성, 평등하고 민주적인 참여, 연대의식, 책임감, 전문성, 공동체 문화 등 기본적 가치를 추구해야 한다.

마을교육공동체 사업은 ① 학교 정규교육과정에서 마을교육과정 실시, ② 마을교육공동체 학교와 연계한 학교협동조합 구축, 마을에서 실시하는 교육 활동 지원, ③ 혁신교육지구를 장기적으로 마을교육공동체 사업으로 전환, ④ 연대와 봉사로 학교를 지원하는 교육자원봉사센터 운영 등의 형태로 진행될 수 있다. 마을교육공동체에서 주로 이루어지고 있는 교육 내용은 진로적성(체험교육), 놀이교육, 공동체교육(관계성, 시민교육), 마을·지역사회 이해교육, 평화 생태교육 등이다.

경기도의 마을교육과정

마을교육공동체를 실현하고 있는 우리나라의 대표적인 마을교육과정 사례는 경기도교육청이 추진하는 경기꿈의학교와 부천 교육과정 특성화 시범지구를 꼽을 수 있다. 각각의 프로그램에 관해 좀 더 소개하면 다음과 같다.

▶ '학생 중심' 교육철학을 실현하는 경기꿈의학교

경기도교육청은 2015년부터 혁신적인 '마을교육공동체' 정책을 추진하고 있다. 교육협동조합과 교육자원봉사센터 등을 기반으로 하는 교육과 관련된 사회적 기업들을 교육지원청 산하에 설립하고 학생, 교사, 학부모, 지자체 및 비영리단체 등 다양한 교육주체들이 운영하는 '꿈의학교'를 확산해가고 있다.

오직 공교육에만 의존해서는 급변하는 사회 속에서 우리 학생들의 꿈과 끼를 제대로 펼치게 할 수 없다. 이에 '꿈의학교'는 마을의 인적·물적 자원이 교육의 장 안으로 들어와 학생들의 다양한 꿈을 실현시켜야 한다는 사회적 요구와 함께, 학생을 교육의 주체로 세우는 '학생 중심' 교육철학을 기반으로 학생이 자율적으로 참여·기획하며 진로를 탐색하고 꿈을 실현하기 위해 학교 밖에서 스스로 운영하는 교육 활동을 펼치도록 지원하는 정책이다.

학교와 마을이 연계한 다양한 마을교육공동체 주체들이 참여하되, 학생들의 자유로운 상상력을 바탕으로 학생 스스로 기획·운영하고 진로를 탐색하면서 학생들의 꿈이 실현되도록 돕는 **학교 밖 학교**를 지향하고 있다.

2015년 초기에는 '꿈의학교'의 유형을 운영 시기와 기간에 따라 방과후/주말형/계절형/혼합형, 방학 중 쉼표형 등으로 구분하였으나, 2016년에는 '경기꿈의학교'라는 이름으로 운영 주체와 운영 방식 등으로 유형을 구분하여 확대하고 있다. 꿈의학교나 꿈의대학은 일종의 방과후 모델로 볼 수 있는데, 앞으로 고교학점제와 연계하여 교양이나 진로 교과에서 정규수업 모델형으로 일부를 전환할 필요가 있을 것이다.

▶ **부천 교육과정 특성화 시범지구**[11]

부천교육과정 특성화 시범지구의 경우, 지자체와 교육지원청의 역할이 매우 중요함을 우리에게 다시 한 번 알려준다. 개별학교만의 노력으로는 교육과정 특성화가 어렵기 때문이다. 특히, 교과목 특성화를 위해서는 적지 않은 예산이 수반되어야 하는데, 이제는 지자체에서도 강당 같은 시설 중심의 예산 집행이 아니라 교육과 정에 한층 관심을 기울여야 함을 잊지 말아야 할 것이다.

부천시는 본래 과학고 설립에 관심을 기울였으나, 이후 일반고 를 살리는 쪽으로 방향을 틀었다. 몇몇 명문고를 만들어내는 것보 다는 지역의 일반고와 특성화고를 어떻게 활성화할 것인가를 위 해서 노력하는 게 훨씬 더 중요하다는 측면에서 매우 바람직한 현 상이다. 고교학점제는 지자체와 교육청, 학교, 시민사회가 함께 협업할 수 있는 **거버넌스** 구축의 계기가 될 수 있다.

부천 교육과정 특성화 시범지구 또한 일반고 혁신 모델을 창출 하기 위해 만들어졌다. 즉 모든 학교가 각각 특색 있는 다양한 교 육과정을 운영하며, 학생들은 고교 진학 시 흥미·적성·진로에 따 라 원하는 교육과정을 선택·지원할 수 있도록 하고 있다. 교육과 정 특성화 지구 내 일반고 전체가 학교별로 특색 있는 교육과정을 운영할 수 있도록 지원해줌으로써 교육과정의 다양화와 특성화를 추구하는 것이다. 중점과정(중점학교) 운영, 주문형 강좌 및 공동 교육과정 개설 등으로 교육과정 다양화, 학습·체험의 장 확대 등 을 가져왔고, 이것이 교실수업의 혁신을 일으키고 있다.

부천시는 시범지구 내 일반고를 희망에 따라 교과중점학교 및

---

11. 부천교육지원청(2017). 〈2017 고등학교 교육과정 특성화 시범지구 설명회 자료집〉에서 발췌.

자율학교로 지정하고, 지자체(교육청-부천시 간 MOU 체결) 및 지역 사회의 행·재정적 협력을 통해 활성화하고 있다. 다음은 교육과 정특성화 시범지구 추진체계를 정리해본 것이다.

교육청	교육지원청	지자체
•교육과정 다양화 모델 개발·보급 •교과중점학교, 자율학교 희망고 교육과정 심사 및 지정 •주문형 강좌, 교육과정 클러스터 운영교 지원 •교원 역량강화 연수 기획 및 지원 •평가 및 우수사례 확산	•시범지구 운영에 대한 교육 공동체 공감대 형성 •교과중점학교 교육과정 장학 및 지원 •주문형 강좌, 교육과정 클러스터 운영 희망교 현황 파악 및 지원 •지자체와의 협력관계 구축 •지역사회 기반 학습·체험장 확보	•교육과정 다양화를 위한 행·재정 지원 •지역사회 기반 체험 장소 확대 및 교육 프로그램 개발·운영 •홍보 및 행사 지원 •교육청, 교육지원청 간 시범 지구 추진을 위한 지속적인 지원 및 협력체계 구축 •지역 특성화 교육사업 운영 지원

교육과정 특성화 시범지구 추진체계

교육과정 특성화를 위해 시범지구 내 전체 일반고(23개교)를 중점 학교로 지정하고, 교육과정 클러스터 운영 등을 통해 교육과정 다 양화를 추진하고 있다. 표 4-2는 시범지구 내 교육과정 운영 현황 이다.

|표 4-2| 시범지구 내 교육과정 운영 현황

특성화교육과정(중점학교)	교육과정 클러스터 (공동교육과정)	주문형 강좌(소수과목)
23교 29과정*	26교** 48과정	22교 63과정

* 중점교과 : 과학(5교), 외국어(5교), 예술(5), 국제화(5), 사회(1), 문화콘텐츠(1), 융합(7)

** 시범지구 내 특목고(음악), 특성화고(제과제빵, 프로그래밍)와 연계하여 과정 개설·운영

04 일반고 학생들에게도 다양한 교육 기회를, 교과중점학교[12]

마을교육과정에 이어 끝으로 살펴볼 사례는 바로 교과중점학교이다. 교과중점학교[13]란 "특정 분야에 '소질·적성'이 있는 학생이 특성화된 교육을 받을 수 있도록 **중점교과 관련 과목**을 '다양하게 개설·운영'하는 학교"를 말한다. 일종의 학교 간 연계형 공동교육과정 운영 사례로 볼 수 있겠다.

교과중점학교의 경우, 그동안 특정반을 만들어서 소수 학생을 중심으로 운영이 되는 경향이 지배적이었다. 하지만 이러한 경우, 편성의 편의성은 보장될지 모르지만, 과연 학교 교육과정의 전반적인 질의 변화로 이어졌는지에 대해서는 의문이 남지 않을 수 없다. 그와 동시에 자칫하면 엘리트 육성반으로 변질되어버릴 가능

---

12. 교육부·한국교육개발원(2018). 〈2018학년도 고교교육력제고사업 교과중점학교 사례집〉, CRM 2018-127, pp.3~4
13. 여기서 교과중점학교는 2016년 교과중점학교 지원 기본계획(2016.5)에 따라 지정된 학교와 2017년 및 2018년 고교교육력제고사업을 통해 시·도에서 지정하는 학교를 의미함

성 또한 다분하다.

이러한 우려를 해소하기 위해서는 궁극적으로 고교학점제를 목적으로 교과중점학교가 기능해야 한다. 또한 교과중점학교의 교육과정을 인근 지역의 학생들에게 개방하는 시스템으로 전환해야 할 것이다. 이러한 모델이 확장되면 자연스럽게 기존의 공동교육과정보다 훨씬 더 체계적인 캠퍼스형 고교 모델로 진화할 수 있다. 앞으로 교과중점학교가 제대로 자리를 잡게 되면 외국어고나 과학고를 굳이 운영할 이유도 사라지게 될 것이다.

교과중점학교의 운영 및 추진 배경

교과중점학교의 운영 목적은 바로 위에서 언급한 개념정의에서도 파악할 수 있듯이 일반고(자율고 포함) 학생의 소질과 적성을 고려하여 다양하고 깊이 있는 교육 기회를 제공하기 위함이다. 현재는 학생의 끼를 살리고 진로설계를 지원하는 학생 맞춤형 교육과정을 확대·제공하기 위해 기존에 과학중점학교, 예술·체육중점학교 운영을 통해 제공되던 과학, 예술·체육 분야에 더하여 국제, 경제, 사회, 제2외국어, 융합 등으로 운영 분야를 확대하여 운영하고 있다. 다음의 그림은 교과중점학교의 개념이 어떻게 변화되어가고 있는지를 정리한 것이다.

고교 교과중점학교 지원 계획(2016. 5.11)	2017 고교교육력제고 사업 계획 (2016. 12)	2018 고교교육력제고 사업 계획 (2017. 12)
특정 분야에 '소질·적성'이 있는 일반 '중학교 및 고등학교'학생이 '특성화된 교육'을 받을 수 있도록 '중점과정'을 설치하고 '심화교육'을 제공하는 학교	특정 분야에 '소질·적성'이 있는 고등학교 학생이 '특성화된 교육'을 받을 수 있도록 '중점과정을 설치·운영하는 학교'	특정 분야에 '소질·적성'이 있는 학생이 특성화된 교육을 받을 수 있도록 '중점교과 관련 과목을 다양하게 개설·운영'하는 학교

교과중점학교 개념의 변화

위의 2018년 고교교육력제고사업 계획의 교과중점학교 개념을 보면 기존에 사용해온 '중점과정'이라는 표현을 '중점교과 관련 과목'으로 바꾸어 사용하고 있다는 점을 확인할 수 있다. 이는 학생의 과목 선택권 강화의 흐름을 담고 있는 2015 개정 교육과정과 고교학점제 도입의 취지에 부합하도록 한 것이다. 즉 중점과정으로 별도로 편성·운영하던 기존 방식을 지양하고, 한층 더 **유연**하고 **개방적**으로 운영할 수 있도록 개념을 변경한 것이다.

고등학교 교과중점학교 추진근거는 초·중등교육과정 총론 내에 일반고(자율고 포함) 교육과정 편성·운영기준의 내용에서 찾아볼 수 있다.

> (**2009 초·중등교육과정 총론**) "과학, 수학, 사회, 영어, 예술, 체육 등 교과를 중심으로 중점 학교를 운영할 수 있으며 이 경우, 학교 자율과정의 50% 이상을 관련 교과목으로 편성할 수 있다."

(2015 **초 · 중등교육과정 총론**) "특정 교과를 중심으로 중점학교를 운영할 수 있으며 이 경우, 자율 편성단위의 50% 이상을 해당 교과목으로 편성할 수 있다."

분야의 다양화를 꾀하고 있는 교과중점학교

2009, 2015 개정 교육과정은 특정 교과를 중심으로 중점학교를 운영할 수 있도록 명시하고 있다. 이를 근거로 2009년 과학중점학교를 시작으로 예술, 체육 교과로 확대되어 운영되고 있었는데, 2016년부터 사회, 제2외국어, 융합 등으로 확대되어 분야를 더욱 다양화시켜 교과중점학교를 운영하고 있다. 아래의 내용은 교과중점학교에 진학한 어느 학생의 이야기이다.

저는 과학 분야에 소질과 적성이 있어서 '교과중점학교'에 진학하였어요. 우리 학교는 일반고인데 과학 과목에 특성화된 교육을 받을 수 있도록 '과학중점과정'을 운영하고 있어서 중학교 때 선지원을 하게 되었죠. 우리 학교에서는 특목고인 과학고 못지않게 과학 교과를 집중적으로 공부할 수 있어서 좋아요. 일반고의 자연계열에서는 보통 30% 내외의 비중을 차지하는 과학·수학 교과의 비중이 우리 학교에서는 총 이수단위의 45% 이상을 차지하고 있거든요. 1학년 때는 연간 60시간 이상의 과학 체험 활동과 함께 한국과학창의재단에서 제작한 과학교양, 과학융합 과목을 추가로 이수하였고, 2학년 때부터는 실험, 탐구 중심의 교육을 받아서 좋아요. 물론 물리Ⅰ,Ⅱ, 화학Ⅰ,Ⅱ, 생명과학Ⅰ,Ⅱ, 지구과학Ⅰ,Ⅱ는 기본으로 배우고요.

중학교 자유학기제 전면 시행 및 2015 개정 교육과정 도입에 따라 일반고에도 교육과정 다양화가 요구되고 있다. 교과중점학교는 일반고 학생들의 진로 희망이 저마다 다양하고 학생 맞춤식 교육에 대한 학생 및 학부모의 요구가 커져가는 상황에서 하나의 대안이 될 수 있다는 인식에서 추진되었다. 교과중점학교의 목적이 지역·학교의 여건과 학생의 요구를 살린 특색 있는 일반고 교육모델을 창출하는 데 있는 만큼, 실제로도 학생들의 과목 선택권을 확대하였다. 그 결과 학생들이 한층 분명한 학업동기와 의욕을 가질 수 있게 하고, 수업과 학교 분위기도 역동적으로 살아나도록 여건을 조성하고 있는 것으로 나타났다.

고등학교 교과중점학교와 관련된 추진경과를 살펴보면 다음의 글상자(238쪽 하단)와 같다. 그리고 교과중점학교 현황 및 고교교육력제고사업 지정 교과중점학교 현황은 다음의 표 4-3과 4-4를 참고하자.

|표 4-3| 중점학교 현황(2017년 지정기준)

(단위 : 교)

구 분	과학	예술	체육	고교교육력제고	계
학교 수	135	9	27	162	333

| 표 4-4 | 고교교육력제고사업 지정 교과중점학교 현황(2017년 지정기준)

(단위 : 교)

융합*	예술	사회	제2외국어	국제	과학	SW	체육	기술	문예	인문학	계
48	27	26	16	14	12	7	6	3	2	1	162

* (예시) 로봇·컴퓨터, 미디어융합, 산업·인문융합, 기술·디자인·문화융합 등

고등학교 교과중점학교 관련 추진경과

- 과학중점학교 53교 지정(2009.9)
- 예술·체육 중점학교 지정 운영 계획(2010.2.24)
- 창의경영학교 사업을 통해 과학 및 예술·체육 중점학교 지원(2011.2.17)
  ※2009, 2010년에 지정된 과학, 예술·체육 중점학교는 교육과정 혁신형 창의경영학교로 추진
- 과학, 예술, 체육 교과중점학급 지속 운영계획(창의경영학교 사업 폐지)(2014)
- 과학(4,200백만 원)·체육(1,220백만 원)·예술(480백만 원) 중점학교 특별교부금 지원(2016.3)
- 교과중점학교 지속 확대, 기존 과학, 예술, 체육에서 사회, 제2외국어, 기술 등으로 운영 분야 다양화(고교 맞춤형 교육 활성화 계획, 2016.4.25)
- 고교 교과중점학교 지원계획(2016. 5.11)에 따른 신규 지정 64교 72과정
- 2017년 고교교육력제고사업 계획(2016. 12)에 따른 신규 지정 86교 90과정
- '지능정보사회에 대응한 중장기 교육정책의 방향과 전략'(2016.12)에서 '교과중점학교 활성화'를 단기 핵심과제로 선정
- 2018년 고교교육력제고사업 계획(2017. 12)에 따른 신규 지정 60교 예정

CHAPTER 05

고교학점제를 실시하고 있는
우리나라 학교들

우리나라의 사례분석 2

앞에서 우리는 고교학점제 도입에 앞서 필수적인 과제인 학생들의 과목 선택권 확대를 위한 방안으로서 캠퍼스형 교육과정, 마을 교육과정, 교과중점학교 등의 준고교학점제로서의 공동교육과정 운영에 관해 살펴보았다. 공동교육과정을 통해 학점제를 실시하는 데 따른 다양한 교과목의 개설이나 이에 따른 교원 문제를 해결할 수 있음은 물론, 고교학점제가 우리나라에도 충분히 정착해 제대로 기능할 수 있을 거라는 가능성을 엿볼 수 있었다. 이제부터는 본격적으로 우리나라 고등학교의 학점제 운영 사례를 살펴보려 한다.

3장에서 살펴본 해외 사례를 통해 우리는 학점제를 통해 얻을 수 있는 고등학교 교육 혁신 및 공교육체제 개혁 효과를 살펴보았다. 아울러 제도를 제대로 정착시키기 위해서는 어떤 제반조건을 갖추고, 또 각 교육주체들이 어떠한 노력을 기울여야 하는지에 관한 의미 있는 시사점을 발견할 수 있었을 것이다.

이제부터는 우리나라의 고교학점제 사례를 살펴보려 한다. 비록 연구학교를 중심으로 한 시범 사례이기는 하지만, 이들 사례의 성과와 보완점 등을 함께 살펴봄으로써 고교학점제가 입시 중심의 고질적인 교육 문제들을 해결해가는 교육혁신 플랫폼으로 어떻게 기능할 수 있는지에 관해 실감함은 물론 제도의 도입과 관련된 여러 가지 오해나 편견들을 해소할 수 있을 것으로 기대한다.

01 모든 학생의 성장을 생각하고 이끌어내는 인천신현고등학교

인천의 신현고등학교(이하 신현고)는 "더불어 살아가는 민주시민 육성"을 비전으로 하는 인천 최초의 자율형 공립고등학교이다. 개교 당시만 해도 이 학교의 인근은 인천 서부지역 공단 배후의 낙후된 환경이었다. 하지만 주변에 청라지구가 조성되어 아파트 단지가 들어서면서 학생 구성이 다양화되고, 학생 간 학력 차이도 크게 나타나기 시작하였다.

학생들의 과목 선택권은 어떻게 확대하고 있는가?

신현고는 다양해진 학생별 수준과 관심에 맞춰 학생 중심 교육과정의 필요도가 높아졌다. 이에 무학년 학점제를 운영하였고, 제2외국어 진로집중 중점학교와 꿈두레 공동교육과정(학교 간 공동교육과정)을 통해 학생들의 과목 선택권을 확대해나갔다.

▶ 학생 선택권을 강화한 학교 교육과정 편제

신현고는 학생의 흥미와 진로에 따른 학생 맞춤형 교육과정을 운영하기 위해 교사들의 담당 과목 수를 늘리고, 꿈두레 공동교육과정(학교 간 공동교육과정), 지역사회 영어마을 연계 교과, 제2외국어 진로집중 과정과 예술·체육 선택학생을 위한 자율전공 과정을 운영하고 있다.

이를 통해 2016년에는 75개 교과, 2017년에는 79개 교과를 개설할 수 있었고, 무학년 학점제 과목도 운영하였다. 2018년에는 85개 교과를 개설하였지만, 2009 개정, 2015 개정 교육과정이 동시에 운영되어 무학년 학점제 교과는 운영하지 않고 있다. 그러나 학생들의 과목 선택권이 확대되고, 교육과정-수업-평가 일체화를 통한 학생 중심 수업을 실현함으로써 이제 수업시간에 배움에서 소외되어 잠만 자는 학생은 거의 사라졌다고 한다. 다음은 신현고 어느 2학년 재학생의 이야기다.

> 학생들이 좋아하는 과목을 선택할 수 있어서 학습에 흥미를 느껴요. 수업시간에 자는 애들도 거의 없고요. 저는 전자공학에 관심이 있어서 공학 일반 과목을 선택했는데, 과목을 수강하면서 저 나름대로 전자공학에 대한 확신을 갖게 되었고, 앞으로 전자공학과로 진학하기로 마음먹었어요. 처음에 전자공학과에 가겠다는 말에 부모님께서나 주위에서 저에게 잘 맞지 않을 수도 있다고 걱정하셨지만, 과목을 수강하면서 수업에서 실습하고, 체험하는 활동들을 통해 전자공학이 나의 흥미이고

진로라는 생각이 들었죠. 창의 경영을 수강한 친구들도 과목에 대한 만

족도가 높아요. 실제로 창업에 대한 생각을 하고 있는 친구였는데, 자

신의 꿈에 대해 더욱 확신을 갖게 되었다고 하더라고요. 저희는 이런

실제적으로 체험하고 실습할 수 있는 과목이 좋아요. 앞으로 더 많이

늘어났으면 좋겠어요.

- 2학년 재학생

| 표 5-1 | 인천신현고등학교 2018학년도 입학생 교육과정 편성

교과영역	과목	선택과목영역	선택과목명	선택가능과목수	1학년		2학년		3학2년		계
					1학기	2학기	1학기	2학기	1학기	2학기	
보통교과 기초	국어	공통	국어		4	4					42~90
		일반	문학				4				
		일반	독서, 화법과 작문, 언어와 매체	3~4				12	16	12	
		진로	심화국어, 고전읽기								
	수학	공통	수학		4	4					
		일반	수학 I				4				
		일반	수학 II, 확률과 통계, 미적분	(2~5)				(4)	(4)	(4)	
		진로	기하, 경제수학, 수학과제 탐구								
	영어	공통	영어		4	4					
		일반	영어1				4				
		일반	영어회화, 영어 독해와 작문, 영어 II	3~4					(5)	(5)	

교과	영역	구분	과목							이수 단위
보통교과 기초		진로	영어권문화, 진로영어, 영미문학읽기	(3~4)				(5)	(5)	42 ~ 90
	한국사	공통	한국사		3	3				
보통교과 탐구	사회	공통	통합사회		3	3				6
	과학	공통	통합과학		4	2				8
		공통	과학탐구 실험			2				
	사회/과학	일반	세계사, 세계지리, 경제, 정치와법, 윤리와 사상, 물리학 I, 화학 I, 생명과학 I, 지구과학 I	4 (3)			12 (9)	12 (9)		18 ~ 50
		진로	여행지리, 과학사	1			2	2		
		진로	사회문제탐구, 생활과 과학	1			(2)	2		
		진로	고전과 윤리, 융합과학	1				2	2	
		일반	동아시아사, 사회문화, 한국지리, 생활과 윤리	2				8	6	
		진로	물리학 II, 화학 II, 생명과학 II, 지구과학 II							
보통교과 체육예술	체육	일반	체육		2	2				10 ~ 18
		일반	운동과 건강				2	2		
		진로	스포츠 생활					1	1	
		진로	체육 탐구				(4)	(4)		
	예술	일반	음악/미술	2	2	2	1	(1)		10 ~ 18
		일반	연극				(3)	(3)		
		진로	음악감상과 비평/ 미술감상과 비평	1				2	2	
		진로	음악 연주/ 미술창작	1			(4)	(4)		

대분류	중분류	구분	과목								이수단위
보통교과 생활교양	기가	일반	기술, 가정		2	2					16 ~ 22
		일반	정보				(2)	(2)			
		진로	가정과학, 공학일반, 창의경영, 지식재산일반	1			(2)	(2)			
	제2외국어	일반	중국어 I , 일본어 I , 스페인어 I 외	1	3	3					
		진로	중국어 II , 일본어 II	1			(3)	(3)			
	한문	일반	한문 I				(2)	(2)			
		진로	한문 II						(2)	(2)	
	교양	일반	진로와 직업, 심리학, 교육학, 종교학, 철학, 논리학, 환경, 보건	2			2		2		
			진로와 직업, 보건, 논술					(2)		2	
전문교과	외국어계열	전문1	중국어회화 I , 일본어회화 I	1	(2)	(2)					0 ~ 20
		전문1	중국어회화 II , 일본어회화 II	1			(2)	(2)			
		전문1	중국어, 일본어 독해와 작문 I	1					(2)	(2)	
	체육	전문1	체육과 진로탐구	1					(4)	(4)	
	예술	전문1	드로잉/ 음악 전공실기/ 연극의 이해	1					(4)	(4)	
검토	추후 예정		전문 II , 교육청 인정 과목(대안과목 포함) 등	1			(2)	(2)	(2)	(2)	
계	교과				31	31	31	31	31	25	
	창체				4	4	4	4	4	4	
	이수단위 계				35	35	35	35	35	29	

※ 단위 수의 괄호 ( ) 표시는 선택과목 그룹으로 묶여져 학생이 선택하는 과목이다.

표 5-1은 실제 신현고 2018학년도 입학생의 교육과정을 제시한 것이다. 교과 영역은 보통교과에서 전문교과까지 확대하여 운영하고 있다. 보통교과의 경우 거의 모든 과목을 개설하고 있고, 제2외국어 진로집중 과정을 위한 중국어, 일본어 전문과목과, 예술·체육 자율전공 학생들을 위한 예술·체육 전문과목도 함께 운영 중이다.

▶ **과목별 형평성 유지 및 모든 학생에 대한 책임교육 강화**

신현고는 기술가정 교과의 가정 과학, 공학 일반, 창의 경영, 지식재산일반 4과목과 교양 교과 10개 과목 중 8개 과목을 개설하였는데, 학생들의 흥미와 진로를 고려하여 과목 선택권을 확대했다는 측면에서 큰 호응을 얻고 있다. 2015 개정 교육과정의 각 영역별 필수이수단위를 준수하고 있으며, 교육과정 편제표에 영역별 최소 이수단위와 최대 이수단위를 제시함으로써 교육과정 편제에 대한 이해를 도모하고 있다.

국가 수준 교육과정상 필수로 이수해야 하는 공통 과목을 제외하면 각 과목별 이수단위를 4단위 이하로 운영하고 있다. 이에 시간표를 운영함에 있어 융통성과 단위 수에 있어 과목별 형평성을 유지하고 있다.

기초 영역은 최소 42단위부터 최대 90단위까지 학생들이 선택할 수 있다. 국어, 영어, 수학 교과 각 최소 필수이수단위 10단위씩과 한국사 필수이수단위 6단위를 합한 기초영역 필수이수단위 36단위부터 최대 84단위는 기초영역이 총 교과 이수단위인 180단위의 50%, 즉 90단위를 초과할 수 없다는 기준을 준수하고 있다. 무엇보다 학생들이 기초영역에서 최소 42단위부터 수강할 수 있도록 편성하였다는 것이 고무적이다. 많은 일반고에서 비록 자유수강제를 운영하더라도 기초영역 단위를 70단위 이상 90단위까지도 운영하고 있기 때문이다.

탐구 영역은 18단위부터 최대 50단위까지 선택할 수 있다. 교육부 과학중점학교의 경우 수학 교과와 과학 교과의 합산 단위 수가 45%를 넘도록 권고하고 있는 것과 비교해보면 학생의 진로에 따른 과목 선택권이 크게 보장되어 있다고 볼 수 있다.

예술과 체육 영역의 경우 각 필수이수단위에서 10단위 이상 최대 18단위까지 선택할 수 있도록 편제되어 있으며, 전문교과 영역에 심화과목을 확대했다는 점도 예술·체육 분야로 진로를 결정한 학생들의 과목 선택권을 보장하고 있다고 볼 수 있다. 무엇보다 예술 교과에서는 연극을 선택할 수 있도록 편성한 점은 특별하다. 연극은 정규교사를 수급하기 어려워 외부 강사를 채용하여 운영하고 있는데, 강사 수급이 쉽지 않다고 한다.

생활교양 영역은 필수이수단위 16단위부터 22단위까지 학생들이 선택할 수 있으며, 많은 일반고에서 과목을 담당할 교사 수급의 어려움으로 인해 개설을 기피하고 있는 생활교양 교과의 과목들이 거의 모두 개설되어 있다. 아울러 **전문교과 영역**도 과목을 개설하고 있는데, 이는 제2외국어 진로집중 과정 운영과 예술·체육 자율전공 학생들을 위한 심화과정으로 마련한 것이다.

| 표 5-2 | 과목 간 선택 그룹 확인

학년	선택과목 그룹(단위)	선택
1	기술.가정(4), 중국어회화1(4), 일본어회화1(4)	택1
2	A그룹: 사회문제탐구(2), 생활과 과학(2), 교양 과목군(2) ⇒ 2과목 선택하여 학기별 1과목(2단위)씩 4단위 이수	택2
	B그룹: 여행지리(4), 과학사(4), 정보(4), 가정과학(4), 공학일반(4), 창의경영(4), 지식재산일반(4), 한문1(4), 중국어회화2(4), 일본어회화2(4), 시교육청 인정과목(대안과목 포함) (4)	택1
	C그룹: 세계사(6), 세계지리(6), 경제(6), 정치와 법(6), 윤리와 사상(6), 물리학1(6), 화학1(6), 생명과학1(6), 지구과학1(6), 연극(6), 중국어2(6), 일본어2(6)	택4
2-1	D그룹(1학기): 체육탐구(4), 음악연주(4), 미술창작(4) ⇒ D그룹 선택 시 A, B 그룹 선택 불가	택1
2-2	D그룹(2학기): 체육탐구(4), 음악연주(4), 미술창작(4), 기초교과(국, 영, 수) 군(4) ⇒ D그룹 선택 시, 교양 1과목(2단위) 반드시 이수	택3
3	고전과 윤리(4), 융합과학(4), 한문2(4), 중국어/일본어 독해와 작문1(4), 시교육청 인정과목(대안과목 포함) (4)	택1
3-1	체육과 진로탐구(4), 음악전공 실기(4), 드로잉(4), 연극의 이해(4), 기초교과(국영수)군(4)	택4
3-2	체육과 진로탐구(4), 음악전공 실기(4), 드로잉(4), 연극의 이해(4), 기초교과(국영수)군(4)	택3

신현고는 교사 수급을 고려하면서 1, 2학기 교사 담당 수업시수의 비율을 맞추기 위해 선택과목 그룹을 조직하고 학생들이 선택할 수 있는 방법을 일부 조정하고 있다. 예를 들어 2학년의 경우 예체능 선택 학생의 과목 선택권을 보장해주기 위해 예체능 과목군인 D그룹을 선택하면 A·B 그룹을 선택하지 못하고, 2학기에는 교양 1과목(2단위)를 반드시 이수해야 한다. 즉 학생들의 진로에 따른 선택과목군을 편성하여 교사 수급과 수업시수를 고려하면서도 학생들의 과목 선택권을 보장해주고 있었다.

또한 교사들의 부전공, 복수전공 교과로 개설한 B그룹의 공학일반, 창의경영, 지식재산일반 등은 수강한 학생들의 만족도가 상당히 높게 나타났다고 한다. 무엇보다 일반고에서는 과목 선택권이 보장되기 어려운 예술·체육 선택 학생들의 과목을 전문교과로까지 확대하여 1, 2, 3학년에 지속적으로 개설해주고 있다는 점이 고무적이다. 2017년 사교육비 조사에서 예술·체육 관련 사교육비가 증가한 것을 고려하면 공교육체제에서 예술·체육 정규수업을 마련해주고 있는 신현고의 교육과정 편성은 모든 학생의 교육을 보장하려는 책임 있는 노력임을 알 수 있다.

▶ 진로집중 이수과정 운영

신현고는 학점제와 더불어 제2외국어(일본어, 중국어) 진로집중 과정을 운영하고 있다. 이 과정은 앞으로 일본어 및 중국어 관련 학과에 진학하고 싶은 학생이나 취업을 생각하는 학생들을 위해 개설된 것이다.

일반고에서는 졸업 후 대학 진학을 하지 않을 경우 따로 직업위탁 교육과정을 선택하지 않는 한 취업 과정이 따로 마련되어 있지 않다. 신현고는 이에 대한 대비로 우리나라와 교류가 많은 나라의 언어인 일본어와 중국어 진로집중 과정을 운영하고 있다. 즉 고등학교 졸업만으로도 어느 정도의 일상적인 소통 능력을 습득할 수 있도록 고등학교 3년 동안 내내 일본어나 중국어를 학습할 수 있는 기회를 마련해준 것이다.

다른 일반고에서는 주로 2학년부터 선택하는 제2외국어 과정이 신현고에서는 1학년부터 개설되어 있다. 제2외국어 교과 중에서는 일본어와 중국어 진로집중 과정을 운영하고 있으며, 이 과정을 선택하면 총 20단위의 일본어, 중국어 과목을 선택하게 된다.

| 표 5-3 | 제2외국어(일어, 중국어) 진로집중 이수과정 과목 편제

	선택과목	과목수	단위 수(총 20단위)
1학년	(일반) 일본어 I , 중국어 I 중 택1 (전문) 일본어회화 I , 중국어회화 I 중 택1	2개	과목별 학기당 2단위씩 4단위
2학년	(진로) 일본어II, 중국어II 중 택1 (전문) 일본어회화II, 중국어회화II 중 택1	2개	
3학년	(전문) 일본어 독해와 작문 I , 중국어 독해와 작문 I 중 택1	1개	

신현고의 일본어, 중국어 교사는 각 2명씩이며, 교사 간 협력관계가 잘 구축되어 있어서 학기 초 계획 수립, 교육과정 운영, 각 학기 말 평가를 통해 진로집중 과정을 지속적으로 향상시키기 위해 함께 협력하고 있다고 한다. 선택 인원이 적은 과목의 경우 지필고사로 성적 차이가 크게 나는 것을 방지하기 위해 중국어의 경우는 수행평가 비중을 60%, 일본어는 50%로 운영하고 있으며, 원어민 인터뷰, 작문, 프로젝트 읽기, 말하기 등의 다양한 수행평가를 실시하고 있다.

그러나 교과별 수행평가가 4~5개 정도 운영되어 학생들에게 부담을 줄 수 있다 보니 수업과 연계하면서 성적 긴장도를 낮출 수 있는 평가 방안을 구상 중이라고 한다. 한편으로 교사들 모두 **절대평가**의 필요성을 절실히 느끼고 있었다.

신현고의 교사들은 교과 관련 프로그램과 교내 대회를 다양하게 운영함으로써 좀 더 많은 학생들이 성공을 경험할 수 있도록 배려하고 있었다. 특히 일본과 중국 고등학교와의 국제교류 활동도 운영 중이다. 그러나 학생들이 많은 수행평가나 프로그램, 대회 등으로 인해 힘들어하거나 피로감을 호소하는 모습도 보이고 있으므로, 담당 교사들은 모든 활동이 단발적이지 않고 일상적인 수업에서 절차적으로 이루어져 교육적 효과를 드러내기 위한 아이디어가 필요하다고 느끼고 있었다.

하지만 이러한 많은 노력에도 불구하고 진로집중 이수과정이라는 말이 무색할 만큼 실제로는 대학에 진학할 학생들이 주로 이

과정에 지원하고 있고, 게다가 모집인원 수가 적어서 내신 성적에 있어서도 결코 유리하지 않다. 즉 진로보다 입시가 더 중요한 현재의 사회 분위기로는 집중반 운영의 원동력을 얻기가 어렵다는 뜻이다. 그래서 2019년부터는 선 배정을 없애고 자유수강제로 운영할 예정이며, 교사들은 이후 일본어, 중국어 선택 학생들을 위한 프로그램을 계획 중이라고 한다.

▶ **꿈두레 공동교육과정 운영**

신현고에서 학생들의 과목 선택권 확대를 보장하기 위해 마련한 또 다른 방안이 바로 꿈두레 공동교육과정이다. 신현고는 인천시 서구의 거점형 꿈두레 공동교육과정(학교 간 공동교육과정[1]-거점형)으로, 표 5-4와 같이 스페인어 I, 프랑스어 I, 독일어 I 세 과목을 운영하고 있다. 매주 토요일에 블록수업으로 3~4시간씩 총 34시

| 표 5-4 | 꿈두레 공동교육과정 개설 교과목

교과 영역	교과(군)	개설 과목	운영 단위 1학기	운영 단위 2학기	대상 학년 1학기	대상 학년 2학기	수강 예정 인원	비고
생활 교양	제2 외국어	스페인어1	2	2	2, 3 학년	1학년	15명 내외	
		프랑스어1	2	2			15명 내외	
		독일어1	2	2			15명 내외	

---

1. 고등학교 학생들의 과목 선택권을 확대하기 위해 캠퍼스형 공동교육과정(세종), 꿈두레 공동교육과정(인천), 교육과정 클러스터(경기), 개방-연합형 종합캠퍼스 교육과정(서울) 등 여러 시·도 교육청에서 학교 간 공동교육과정을 운영하고 있다.

수를 운영한다. 인원은 15명 내외로 운영되며 가급적 등급이 산출되지 않도록 인원수를 13명으로 조정하여 운영하고 있다. 세 과목 모두 수행평가 비율을 높여 지필평가는 1회 실시하고 있었으며, 대화, 말하기, 발표, 조사하기 활동 중심으로 교육과정-수업-평가의 일관성이 유지되도록 운영하고 있었다. 그리고 모든 과목이 외부 시간강사를 채용하여 진행되고 있었다.

그러나 정규수업시간이 아니라 방과후나 주말을 이용하고 있다 보니 학생 출석, 교사 근무 부담 등의 운영 측면에서 한계가 드러나고 있는 게 사실이다. 학생의 과목 선택권을 늘리기 위해서는 먼저 단위학교의 교육과정 과목 편제를 다양하게 확대하고, 여건상 단위학교에서 단독으로 개설하기 어려운 과목만을 학교 간 공동교육과정으로 운영하며, 되도록 정규교과시간을 활용하는 방안으로 실시되어야 할 것이다.

현재 여러 시·도교육청에서 공동교육과정을 운영하고 있다. 하지만 교사 수급 문제, 학생 중심 운영, 번잡한 행정업무, 학생 생활지도, 안전지도 등으로 인해 단위학교가 어려움을 겪고 있는 형편이다. 따라서 단위학교는 공동교육과정을 운영하기 전에 수업을 수강하는 학생을 중심으로 운영 여부와 지원 방안에 대한 계획을 충분히 그리고 꼼꼼히 따져보아야 할 것이다. 다음은 공동교육과정 운영에 관한 신현고 교감의 이야기이다.

가급적 학교 간 공동교육과정 운영은 필요 없다고 생각합니다. 학교 간 공동교육과정 운영은 자칫 교내에서 과목 개설을 자체적으로 해결할 수 있는 방법을 충분히 고려하지 않고, 학교 밖으로 해결책을 떠넘겨버리는 방법이 될 수 있으니까요. 실제적으로 공동교육과정 수업은 여러 가지 문제점을 드러내고 있습니다. 첫째, 수업을 담당하는 외부 강사 채용과 교사의 전문성 확보가 어렵습니다. 정규교사가 방과후나 매주 토요일에 추가로 수업을 운영하기란 쉽지 않습니다. 그러다 보니 공동교육과정은 외부 강사가 운영하는 경우가 많은데, 강사 수급이 용이하지 않고, 수업의 질적 측면이 보장되지 않는 경우도 종종 있습니다. 둘째, 학생의 인지적·정서적 학습 과정에 적합하지 않을 수 있습니다. 주당 수업을 하루에 몰아서 운영하다 보니 토요일에 운영하는 경우 하루에 서너 시간 수업이 진행됩니다. 즉 학생은 일주일 수업을 하루에 몰아서 수강해야 하지요. 셋째, 학교의 업무 부담이 증가합니다. 강사 채용 및 관리, 수업 및 평가 관리, 학교 간 협의 등 공동교육과정을 운영하기 위한 행정업무가 가중됩니다. 넷째, 학생 생활지도, 안전지도가 보장되지 않을 수 있습니다. 이러다 보니 도시 학교는 가급적 학교 내 교육과정 편성을 통해 과목을 개설하여 운영하고, 공동교육과정은 학교 조직으로 해결되지 않는 농어촌형으로 운영할 필요가 있다고 봅니다.

▶ **지역사회 영어마을 연계 교과 운영**

신현고는 2017학년도에 인천영어마을과 연계한 교과를 1학점으로 운영했다. 이 과정은 인천 서구청의 지원을 받아 원어민 강사와 함께하는 영어몰입 체험교육으로 실시되었다. 프로그램은 영어 강사가 진행하는 요리, 방송체험, 퀴즈쇼 등 12개 체험학습으로 이루어져 있었고, 150명씩 총 4차시에 걸쳐 운영되었다.

이는 고등학교로는 처음으로 정규수업시간을 이용해 기존의 교실 영어 학습에서 탈피하여 지역사회 교육기관에서 영어몰입 교육을 시도했다는 데 큰 의미가 있다. 그러나 신현고에서 인천영어마을까지 버스를 타고 30분 정도 이동해야 하는 어려움으로 인해 정규수업시간에 운영하는 것에 대한 부담이 있었다. 그래서 2017년에만 운영되고 폐지되었다. 이미 폐지된 지역사회 교육기관과 연계한 학점제 운영에 대해 굳이 언급하는 이유는 무엇일까? 이는 앞으로 학생의 과목 선택권을 보장하기 위해 지역사회 교육기관까지 수업을 확대 적용할 때에는 학생의 이동 부담과 이에 따른 행정업무 지원 방안을 충분히 고려하고 나서 준비해야 한다는 점을 거듭 강조하고 싶기 때문이다.

▶ 학생들의 활발한 참여를 이끌어낸 204단위의 미학

신현고는 204단위 안에서 모든 교과와 연계된 프로그램, 교내 대회, 학생의 진로를 지원하는 각종 프로그램이 운영되고 있다. 즉 교과별 정규수업시간 내에 모든 교육과정 활동이 이루어지고 있는 것이다. 방과후에는 오직 방과후학교와 자기주도 학습만 이루어지고 있다.

그래서 자연스럽게 교육과정-수업-평가의 일관성 있는 학교 교육이 이루어지고, 수업의 많은 부분이 토의, 토론, 발표, 실습, 체험 등으로 구성된 학생 중심 수업으로 이루어지고 있다. 교내 대회도 교과 수업과 연계되어 수업시간에 절차적으로 운영되고 있다. 이에 학생들이 수업시간에 한층 주도적으로 참여하게 되었고, 호응 또한 좋은 편이다. 다음은 신현고 학생들의 이야기이다.

> 학기당 수행평가 수가 50~60개 정도 되거든요. 일단 평가 수가 많다 보니까 과제를 완성하는 게 너무 바빠요. 그러다 보니 수행평가에서는 서로 협력과 협동을 할 수밖에 없고, 지필평가에서 경쟁을 하게 되는 것 같아요. 특히 1, 2학년은 너무 바빠서 운 적도 있어요.
>
> - 2학년 학생

> 1, 2학년 때 정말 힘들긴 했지만, 3학년이 되어 자소서를 쓸 때 너무 뿌듯했어요. 후배들에게 정말 열심히 하면 나중에 큰 기쁨이 있을 거라고 말해주고 싶어요. 저는 1학년 때 성적이 별로 좋지 않았지만 토의, 토론, 체험 활동이 많은 수업을 통해 자신감을 얻었고, 3학년이 된 현재는 상위권으로 제가 원하는 대학에 갈 수 있는 내신을 얻게 되었어요.
>
> - 3학년 학생

신현고는 204단위 안에 학교의 모든 교육이 이루어지므로 모든 프로그램과 행사는 교과와 연계된다. 따라서 교과 부서별로 교과 교사의 전문성을 중심으로 업무가 추진되고 있다. **교육과정 중심의 업무 분장**은 교과별로 교사들이 함께 동료성을 기반으로 공동 연구와 실천을 할 수 있는 학교 문화를 조성하고, 수업·평가·교과 연계 프로그램과 대회를 협력적이고 내실 있게 운영할 수 있는 원동력이 되고 있다. 그리고 실제로 동료교사 간의 친밀성과 협력성이 높아져 수업과 평가의 개선이 용이해졌다고 한다. 아울러 교무실이 교과별로 구성되고 나서 학생들이 교사를 찾아가는 게 한층 편해졌다고 한다. 교육과정 중심으로 업무가 분장됨에 따라 예산 편성도 교육과정 중심으로 이루어지고 있으며, 수업과 평가에 교사들이 사용할 수 있는 예산이 많아져서 수업과 평가를 개선하는 데 한층 도움이 된다고 한다.

수업 및 평가의 혁신을 이끌어내다

학점제가 운영되면 학생의 과목 선택권이 보장되는 데 따른 여러 가지 장점이 뒤따른다. 우선 학생의 선택을 받기 위해서는 **수업 개선**이 이루어질 수밖에 없다. 물론 우리나라는 대학 입시로 인해 일부 쏠리는 과목이 생길 수밖에 없지만, 신현고에서 학생들의 선택은 다양하게 나타났다. 일단 과목별로 많은 경우 30명에서 적은 경우 3명까지 학생 수가 다양하다.

둘째, 학생들의 **학습 의욕**과 **동기**가 충만해졌다. 학생들은 자신의 흥미와 진로를 중심으로 과목을 선택하기 때문에 자발적으로 배우고자 하는 의욕이 상대적으로 높은 편이다.

셋째, 상대평가 운영으로 수강생이 적은 과목의 경우 학생들에게 **성적 이외의 성공 동기**를 제공하는 것이 매우 중요하다. 이러한 이유로 신현고의 수업은 토의, 토론, 실험, 실습, 체험 등 학생이 주도적으로 참여할 수 있는 활동들로 이루어지고 있다. 그리고 수업 중에 수행평가, **교과와 관련된** 다양한 대회와 프로그램이 동시에 운영되고 있다. 즉 학생들은 기존의 일방적인 강의식 수업에서 벗어나 학생 중심 수업에 참여하면서 수행평가 점수도 받고, 상도 받을 수 있고, 프로그램도 이수할 수 있는 것이다. 아래의 학생 인터뷰에서도 알 수 있듯이, 학생들의 교사와 수업에 대한 만족도가 높게 나타나고 있었다.

> 저희 학교 선생님들은 정말 바쁘세요. 과목도 2개 이상 가르치는 분이 있고, 각종 프로그램, 대회도 모두 수업에서 이루어지기 때문에 준비하고, 운영하고, 평가하시려면 엄청 바쁘실 것 같아요. 간혹 많은 수행평가와 프로그램 운영으로 힘들고 싫을 때도 있지만, 마치고 나면 왠지 기분이 좋더라고요. 선생님들의 고생으로 저희가 배우는 것이 참 많다고 생각해요. 그래서 많이 고맙습니다.
>
> - 3학년 학생

그런데 위에서 제시한 수업 혁신을 가져온 세 가지 이유는 **평가의 혁신**도 함께 이끌어냈다. 현재 우리나라 대부분의 고등학교 교과에서 운영되는 상대평가로는 학점제를 운영하는 데 많은 제약이 있다. 관건은 학생 수인데, 학생 수가 적을수록 좋은 내신 성적, 즉 등급을 받기가 어렵기 때문이다. 즉 수강생 수가 적은 과목의 경우 석차, 비율을 기반으로 한 등급제로 성적을 처리하면 1~3 등급의 좋은 등급을 받을 수 있는 학생 수가 적어진다. 그러다 보면 자신이 정말 수강하고 싶은 강의라도 수강인원 수가 적어서 포기하거나 혹은 학교에서는 등급을 기재하지 않고 '·(방점)'으로 표기하기 위해서 13명[2] 초과 학생들이 선택을 포기하고 다른 과목을 선택하도록 설득하기도 한다.

그렇기 때문에 학생들이 자신의 진로와 흥미와 관계없이 수강생 수가 많은 주요 과목으로 쏠리는 부작용을 막기 위해서 평가 방법에 대한 정책적 배려가 필요하다고 신현고 교감은 조언한다. 즉 교고학점제를 운영하기 위해서는 **성취평가제**가 반드시 필요하다. 그리고 고교학점제로 학생들이 학습해야 할 과목 수가 많고, 교사도 담당 과목 수가 많기 때문에 전 학생이 참여하는 지필 평가를 최소한으로 줄이는 것도 필요하다고 이야기한다.

실제로 신현고는 수업에서 학생 참여형, 과정 중심 평가 위주로 이루어지다 보니 지필형 중간고사를 실시하지 않는 과목이 많아졌다. 무엇보다 수업 중 과정 중심 평가를 실시하고 평가 때마다 공개했더니 지필평가보다 민원도 훨씬 줄었다고 한다.

---

2. 학업성적관리 규정에 따르면 보통교과(기초교과 영역 중 기본과목, 체육·예술(음악/미술) 교과(군)의 일반과목·교양교과(군)의 과목·전문교과 제외)의 과목 수강자 수가 13명 이하인 경우 '교과', '과목', '단위 수', '원점수/과목평균(표준편차)', '성취도(수강자수)'를 입력하고, '석차등급'란에는 '석차등급'이나 '·'을 입력한다. 다만, 수강자 수가 13명 이하인 과목이 2과목 이상인 경우에 '석차등급'란에 '석차등급 또는 '·'표기 중 한 가지 방법으로 동일하게 입력한다.

학점제, 교사의 꿈과 숨은 끼를 깨우다

신현고 교사들은 학점제 운영을 통해 자신의 전공과목을 확대하고 있으며, 학생 중심 수업 및 평가 **전문성**을 향상하는 동시에, 교과 관련 프로그램 및 대회 디자이너로 활약하고 있다. 교육과정 중심의 업무 분장을 통해 교사들끼리 교과별로 자주 협의하게 되고, 교사 간 협력이 용이해져서 수업 개선 의지는 물론 효과 또한 극대화될 수 있었다고 한다.

예컨대 한 수학 교사는 대학시절 취득한 공학 자격증으로 기술가정 진로과목인 공학 일반을 개설하여 공대에 진학할 학생들에게 진로 정체성을 길러주었다. 또 어떤 사회 교사는 창의경영 과목을 개설하여 실제 학생들이 상품을 개발하여 판매하는 과정과 그 결과를 기부하는 활동을 통해 창업을 준비하는 학생들에게 미래 직업에 대한 확신을 불러일으키기도 하였다.

아울러 수업과 평가의 꾸준한 개선을 통해 외부에 수업 및 평가 전문가로서 이름을 알리게 된 교사들도 생겨났다. 새로운 과목을 개척하거나 수업과 평가의 혁신을 통해 지역 안팎으로 알려져 유명세를 얻게 된 교사 수가 현재는 19명에 이른다고 한다. 그리고 이러한 교사들의 노력들이 쌓이고 쌓여 학생과 학부모의 만족도가 높은 오늘날의 신현고를 만들게 된 것이다.

하지만 이러한 신현고도 학점제를 처음 도입할 때는 수많은 어려움을 겪었던 것이 사실이다. 교사들은 수업 담당 과목 수를 늘리고, 수업 방식을 바꾸는 데 대해 초기에는 많은 부담을 드러냈다. 무엇보다 아직까지 경험해보지 못한 일에 대한 두려움이 컸다고 한다.

이를 해결하기 위해 전국에서 외부 수업 전문가를 초빙하여 교사들을 대상으로 적극적으로 연수를 실시하였고, 교육과정 중심의 업무 분장과 교과 중심 프로그램 운영을 통해 교사들을 괴롭혀온 행정업무도 많이 줄였다. 또한 대부분의 예산을 교육과정 운영에 배정하였다. 즉 교사가 **수업에 집중**할 수 있는 환경을 만드는 데 학교가 적극 지원했고, 이 모든 지원은 결국 교사들의 적극적인 협조로 이어지게 된 것이다.

그럼에도 불구하고 교사들이 5년마다 전근해야 하는 공립고등학교에서 학점제를 안정적으로 운영하기란 쉽지 않았다. 교사의 이동으로 인해 개설되었다가 폐강되는 과목이 발생하기도 하고, 필요할 때마다 강사를 채용하는 것도 쉽지 않기 때문이다. 신현고에서는 보건 수업을 담당할 강사를 채용하여 채용계약까지 이루어졌는데, 수업 시작 직전에 갑자기 사의를 표해 교내 보건교사가 대신 수업을 진행하기도 했다고 한다. 또한 학생이 수강을 원하는 과목이 있어도 강사 채용이 이루어지지 못해 안타깝게 수업을 열지 못하는 경우도 있었다. 이러한 문제들을 종합해볼 때, 앞으로 고교학점제를 전면 도입하기 위해서는 교원 수급 문제를 교육부 혹은 시·도교육청 차원에서 적극적으로 해결해주려는 노력이 수반되어야 할 것이다.

학점제의 성공적인 도입과
정착을 위한 전제조건은 무엇인가?

우리나라의 고등학교 교육은 아직까지 대학 입시에 종속된 경향이 강하다. 따라서 어쩔 수 없이 입시에서 비중이 높은 과목들을 중심으로 학업이 편중될 수밖에 없다. 실제로 고교학점제가 가진 장점이 아무리 많다고 한들 감히 도입해볼 엄두조차 내지 못하는 일반고도 많을 거라고 짐작된다. 이에 신현고에서 밝힌 학점제 도입과 정착을 위한 전제조건을 살펴보는 것은 일선 학교에 큰 도움이 될 것이라고 생각한다.

▶ 교감, 교장에게 필요한 교육과정 전문가로서의 리더십

학점제를 도입하려면 학교 리더의 역할이 매우 중요하다. 학교 교육과정 편성, 학교공동체성 형성, 교사의 수급 및 지원, 교사 행정업무 경감, 학교 외부 교육기관 및 시설 연계, 예산 운영 등 기존의 단위제와는 다른 업무체계를 운영해야 하기 때문이다. 신현고 교감은 개별학교가 학점제를 도입하여 운영할 수 있으려면 리더의 **교육과정 전문성**과 합리적인 학교 운영 철학 및 민주적 소통 역량이 필요하다고 조언한다. 주주자 외 4인(2017)도 신현고의 첫 번째 성공요인으로 리더의 교육과정 전문성을 꼽았다. 구체적인 내용을 살펴보면 다음과 같다.

첫째, 리더는 교육과정 전문성을 갖추어야 한다. 고등학교에서는 리더가 개정 교육과정별 편성 원리, 교과군별 편성 특성, 대학 입시제도를 잘 파악하고 있어야 학생 맞춤형 교육과정을 편성할 수 있으며, 교사 수급과 교과교실 운영에 민감하게 대처할 수 있다. 무엇보다 학생의 과목 선택권 확대에 따라 교사 수급이 민감하게 나타나기 때문에 선택과목군 편성과 학교와 지역 상황에 맞는 선택과목 확대 방안을 미리 예측하고, 융통성 있게 대응할 수 있어야 한다.

리더에게 교육과정에 관한 역량이 부족하면 교육과정 운영에 있어 교사 간 갈등, 학생 혼란을 초래할 수밖에 없다. 더욱이 학점제 운영의 문제점에 대한 해결책을 학교 밖으로만 떠넘기기 쉽다. 학점제가 전국적으로 시행되면 학교는 학교 교육과정을 중심으로 최대한 학생들의 과목 선택권을 보장할 수 있도록 교육과정을 편제해야 한다. 이를 위해 리더의 교육과정 전문성은 무엇보다 중요하다고 하겠다. 다음은 리더의 교육과정 전문성 필요에 관한 신현고 교감의 이야기다.

일정 기간을 근무한 후에 전근을 다니는 교사들이 모이는 공립학교에서 처음부터 민주적으로 학점제 운영을 위한 교육과정을 편성하고 운영하기란 쉽지 않습니다. 학점제 운영이 공동체의 합의로 결정되면 학점제 도입 시기에는 리더의 역할이 참으로 중요합니다. 교사들이 학점제 운영에 대한 전문성이 구축될 때까지는 리더가 좀 더 적극적으로 학교 운영에 참여할 수밖에 없으니까요. 학점제 운영에 있어 리더의 가장 중요한 업무는 학교 교육과정의 편성과 운영입니다. 리더가 교육과정과 학점제 운영으로 일어날 수 있는 각종 사안에 관한 대비를 잘 해주어야 시행착오를 줄이면서 교사와 학생이 원활하게 교육과정 활동에 참여할 수 있습니다.

둘째, 리더는 **합리적 학교 운영 철학**과 **민주적 소통 역량**을 갖추어야 한다. 학점제를 운영하려면 교육과정 편제, 수업시수, 교사 1인당 담당과목 수, 관련 프로그램 운영 등 교사들 간에 합의하고 협력해야 할 사항은 무수히 많다. 실제 교과별 협의회나 교육과정 위원회 회의가 많아지면 자칫 교사 간 갈등만 심화되는 결과를 초래할 수도 있다. 이에 학교공동체 간에 서로 합의할 수 있는 규정을 만들어야 한다. 학교장에 위임된 안건들은 교직원 간 협의를 통해 학교 자체적인 규정을 만들어야 한다. 그러나 학교 자체 규정을 만들려면 우선 교사들에게 교육법, 교육과정을 이해하고 활용하는 역량과 회의 운영 역량이 있어야 한다. 이에 신현고는 교사 연수를 강화하였다.

물론 연수를 통해 역량을 갖추고 민주적으로 합의된 규정을 구축한다고 해도 갈등은 일어날 수 있다. 그렇기 때문에 리더의 역할이 더욱 중요한 것이다. 리더는 지속적으로 합리적인 학교 운영 철학과 민주적 소통 역량을 바탕으로 갈등 해소와 문제해결 방안을 모색해야 한다. 그리고 학점제를 도입하는 초기에는 이러한 리더의 역량이 더욱 강조된다고 신현고 교감은 말한다.

어떤 선생님이든 저희 학교로 전근을 오시면 먼저 "저희 학교에서 5년 근무하시려면 2~3개 과목을 가르치셔야 합니다."라고 약속합니다. 그리고 1·2학기 교과시수가 다를 수 있음을 안내하지요. 학점제 운영에서 학생의 과목 선택권을 확대하기 위해서는 교사 수급은 매우 중요합니다. 한 수학교과 선생님께서 공학 자격증을 가지고 계셨는데, 공학일반 수업에 대한 학생들의 반응이 참 좋았습니다. 그리고 해당 선생님께서는 요즘 타교나 타기관의 강사로도 초빙되고 있지요. 선생님들께서 자신의 부전공 혹은 복수전공 교과를 개설하시면서 오히려 교사로서의 자긍심을 느끼시곤 합니다. 그리고 이러한 노력은 교사로서 새로운 시대를 대비하기 위한 필연적인 노력이라고 생각합니다.

▶ 교육과정 중심의 업무 분장

고교학점제 도입에 있어 또 다른 중요한 사안은 바로 교사들이 각종 행정업무에서 벗어나 수업연구과 교육과정 개발, 평가 등의 업무에 집중할 수 있도록 지원해주는 것이다. 신현고는 교사들이 수업에 열중할 수 있도록 **교육과정 중심**으로 교사들의 업무를 분담하고, 교무 학사를 운영하며, 예산을 편성 및 운영하고 있었다. 무엇보다 교사들의 업무 부담을 줄이기 위해서 그다지 필요 없다고 판단되는 업무는 과감하게 폐지하거나 필요성이 적은 업무는 업무 효율성을 위해 통합 또는 축소 운영하였다. 이러한 노력들은 교사들의 큰 호응을 불러일으켰고, 아울러 수업에 대한 열정과 노력을 더욱 강화할 수 있는 원동력이 되었다.

신현고의 교사 업무부서는 행정부서 4개, 교과부서 6개, 학년부서 2개로 이루어져 있다. 행정부서는 교육과정부, 평가연구부, 생활안전부, 진학진로상담부이고, 교과부서는 국어부, 외국어부, 수학교육부, 사회교육부, 과학교육부, 교양교육부, 학년부는 1·2학년을 함께 통합한 학년지원부와 3학년부로 구성되어 있다. 기존 행정 위주의 업무 분장을 교육과정 중심으로 개편한 것이다.

신현고 교감은 고교학점제에서는 **교과 중심**으로 학교가 운영되어야 하므로, 행정부서를 축소하고 교과 중심으로 부서를 운영하게 되었다고 한다. 행정부서의 경우 기존의 행정업무를 분석하여 필요 없는 것은 과감하게 폐지하고, 교과에서 할 수 있는 업무는 교과부서로 배정하여 꼭 필요한 행정업무를 4개부서가 분담하여 운영한다. 그리고 협의를 통해 지속적으로 업무를 줄이고, 학년부를 지원하는 역할을 강화하고 있다(주주자 외 4인, 2017).

그래서인지 신현고에는 방학 중 교사의 근무조 근무가 없다. 예전과 달리 교육과정 중심의 학점제로 학교가 운영되고 있고, 인터넷 덕분에 교사의 근무조가 따로 필요 없다고 한다. 즉 교과 업무라는 것의 성격상 옆 사람이 대신해줄 수 있는 게 아니고, 외부에서 인터넷을 활용하면 얼마든지 업무를 처리할 수 있으므로, 군이 방학 중에 근무조가 출근할 필요가 없다는 것이다. 교사들은 오히려 방학 중 시간을 활용하여 지도 부담이 늘어난 과목의 수업 및 평가 전문성을 향상시킬 수 있다.

▸ **학습 결과 공개 및 공유를 통한 학생들의 동기 유발**

신현고의 학교 복도에는 학생들이 수업, 평가, 프로그램, 교내 대회 등에서 작업한 결과물들이 수시로 전시되고 있다. 전시된 결과물을 작업한 주인공은 자신이 참여한 활동에 대해 자부심과 긍지를 가질 수 있고, 이를 지켜보는 동료 학생들도 다른 친구들의 생각을 공유하고 응원할 수 있어서 또 다른 교실 밖 수업 효과가 발생하는 장점이 있다고 한다.

무엇보다 학생들은 성적과 관련 없이 자신이 수업시간에 열심히 작업한 학습결과물이 전시됨으로써 보람을 느낀다고 한다. 교사들은 학생 결과물을 통해 수업과 평가의 결과를 실제적으로 공유하여, 교과별 혹은 교과 융합적인 수업 및 평가의 연구 기회로 삼고 있다. 또한 학교를 방문하는 학부모, 외부인에게도 학교의 교육 활동을 소개하는 좋은 기회의 장이 되고 있다고 한다.

 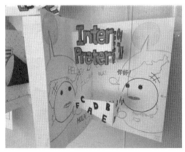

신현고 복도에 전시된 학생들의 작업 결과물들

02 개방적이고 자율적인 학생 맞춤형 교육과정을 운영하는 도봉고등학교

도봉고등학교(이하 도봉고)는 미래사회의 주역이 될 학생들을 '인성과 지성이 조화로운 자율적 민주시민'을 길러내려는 교육목표를 바탕으로 맞춤식 개방형 교육과정과 체험 중심의 창의적 교육과정을 통해 맞춤형 진학 및 진로 지도를 강화하고 있다. 그뿐만 아니라 교사와 학생 그리고 학부모까지 깊이 교류할 수 있는 다양한 프로그램을 마련함으로써 학교와 지역사회가 함께 학생들의 성장과 발전을 위해 지혜와 힘을 모으고 있다.

학생 맞춤형 교육과정에 대한 높은 관심

도봉고는 2003년 설립되었으며, 2018년을 기준으로 교원 56명, 학생은 1, 2, 3학년 총 305명인 남녀공학 일반고등학교이다. 교직원 현황은 표 5-5와 같다.

| 표 5-5 | 2018년도 기준 도봉고 교직원 현황

2018학년도			
구분	남(A)	여(B)	휴직교원	합계 (A+B)
교장	1	0	0	1
교감	1	0	0	1
수석교사	1	0	0	1
보직교사	6	5	0	11
일반교사	11	14	4	25
특수교사	0	3	0	3
전문상담교사	0	0	0	0
사서교사	0	0	0	0
실기교사	0	0	0	0
보건교사	0	1	0	1
영양교사	0	0	0	0
기간제교사	2	6	0	8
강사	1	4	0	5
총계	23	33	4	56
원어민교사	0			
휴직교원	4			

도봉고는 개인차를 고려한 맞춤형 수업분반 운영, 선택교육과정
에 따른 교사 업무의 효율적 관리, 위탁교육을 통한 취업, 진학교
육, 학생생활기록부의 관리 등 표 5-6에서 제시한 2017 학교교육
과정 운영사업 현황을 통해 알 수 있듯이 교육과정에 많은 관심과
노력을 기울이고 있다. 특히 도봉고는 2017학년도부터 서울시에

서는 최초로 학생 수 100명 미만이 입학한 학교로 언론에 보도된 바 있다. 하지만 도봉고는 적은 학생 수를 오히려 학생 개개인을 위한 특화된 **맞춤형 교육과정** 운영으로 승화시키고 있다고도 볼 수 있다.

|표 5-6| 도봉고 2017 학교 교육과정 운영사업 현황

분야	사업	발전 요구사항	
교육 과정	교육과정 편성 및 교과교실제 운영	• 과목 선택권 유지 • 선택한 대로 과목/ 시간 개설 • 선택과목의 범위 확대	• 과목 선택 정보를 적극 제공 • 과목 선택 관련 학생지도 강화
	개인차를 고려한 맞춤형 분반수업 운영	• 학생 중심 수업 실현 유지 • 학생 수준/능력에 맞는 수업 실현 유지	• 강사 복지비의 균형 편성 • 학급별 균형적인 수업 방법 체계화
	교과지도 및 평가관리	• 선택교육과정에 따른 복잡한 교사 업무를 효율적으로 관리 유지 • 홈페이지에 기출문제 계속 탑재 • 재활용 가능한 시험지 포장봉투 교체	
	학사일정 수립 및 운영	• 1, 2월 등교일수 최소화 • 요일별 테마를 정하여 다양한 방과후 프로그램을 효율적으로 운영 • 각종 대회 및 활동 프로그램의 흐름을 담은 입시지도용 앱 제작	
	학교생활기록부 관리	• 학생부종합전형에서 출결의 중요성을 강조하는 교육 실시	
	위탁교육	• 직업반의 취업 및 진학 결과 공개	
	특수교육 교과활동 및 통합교육	• 일반교과학급에서의 특수학생 출결처리 방법 체계화	

※출처: 도봉고등학교(2017), 학교교육계획서

학생 중심 교육과정은 어떻게 편성·운영되는가?

앞서 간략하게 도봉고가 주력하고 있는 학생 맞춤형 교육과정 운영 현황을 살펴보았다. 이제부터 본격적으로 이러한 학생 중심 교육과정이 어떤 식으로 편성되고 또 운영되는지에 관해 살펴볼 것이다.

▶ **교육과정 편성 및 운영의 특징**

도봉고 교육과정 편성의 기본 방향은 ① 국가 수준 교육과정 및 서울시교육청의 교육과정 편성·운영 지침 준수와 ② 개방형 선택 교육과정이라는 두 가지로 정리해볼 수 있다.

2018년 현재 1학년은 2015 개정 교육과정을, 2~3학년은 2009 개정 교육과정을 적용하고 있으며, 주5일 수업제를 전면 적용함으로써 수업일수는 190일 이상으로 하고(단, 실제 수업과 정기고사, 창의적 체험 활동, 학교 행사 등의 시수를 적절히 확보하기 위해 2018학년도 수업일수는 191일), 실제 수업시수는 과목별 1단위당 17시간 이상이다(도봉고등학교, 학교알리미).

도봉고 교육과정 편성의 첫 번째 기본 방향은 다른 학교들과 거의 동일한 방향이지만, 두 번째 방향은 도봉고만이 가진 교육과정 편성·운영의 특징을 잘 제시해주고 있다고 본다. 도봉고는 **개방형 선택교육과정**의 의미를 다음과 같이 규정하고 있다[3].

---

3. 도봉고등학교(2018: 14)

- 1학년은 학교 선택과목(필수과목)만으로 편성하되, 2·3학년은 일부 필수과목 및 과목군별 필수이수단위 수를 충족하는 범위에서 수강할 과목을 학생 스스로 선택할 수 있도록 한다.
- 학생의 과목 선택권을 보장하기 위해 다양한 선택과목을 제시하고 선택한 학생 수가 적어도 강좌를 개설한다(교육과정위원회에서 개설 여부를 결정).
- 1학년은 학급별 시간표에 따라서, 2·3학년은 개인별 시간표에 따라서 해당 교실로 이동하여 수업을 받는 '선형 교과교실제'를 전면 시행한다.
- 교과목에 대한 정보를 사전에 학생들에게 공개함으로써 개인의 필요와 특성에 따른 교과목 정보 탐색과 상담이 이루어질 수 있도록 지도한다.
- 교과별 수업시간 수, 교사 정원을 학생 선택 현황에 따라 조정한다.

다음의 표 5-7은 도봉고 개방형 선택교육과정 운영의 특징을 기존 일반 교육과정의 특징과 비교한 것이다[4]. 이 표를 통해서도 확인할 수 있지만, 도봉고는 특히 학생들 개개인의 선택권을 존중하며, 아울러 그들의 다양한 흥미와 관심을 반영한 유연한 교과 운영을 하고 있다는 측면에서 다른 학교와 비교할 때 두드러진 특징을 보여준다고 하겠다.

---

4. 도봉고등학교(2018). 학교교육계획서, p.14

| 표 5-7 | 도봉고와 타교의 선택교육과정 운영상의 특징 비교

내용	타교의 일반 교육과정	도봉고의 개방형 선택교육과정
이수과정 구분	인문사회/ 자연공학 등	없음
이수단위 수	학기당 5, 4, 3, 2 단위로 다양	학기당 3단위로 통일
필수과목 수	16과목 내외	4과목
학생 선택과목	예체능, 제2외국어 등 같은 분야에서 선택	모든 과목 중에서 10개 선택 (단, 일부는 필수)
과목 개설 방법	학교 교육과정에 명시된 과목만 개설	모든 과목 제시 후 학생 선택과목 최대한 개설
수업 방법	학급별로 교과교실에서 수업	개인별 시간표에 따라 교과교실에서 수업
장점	• 운영의 효율성, 안정성 • 교원 수급의 예측 가능성	• 학생의 다양한 흥미와 진로를 반영 • 교과목에 대한 관심 제고 • 개설 교과목 변경의 유연성
단점	• 학생의 선택권이 거의 없음 • 교과목에 대한 적극적 관심이 부족함 • 교육과정 변경이 매우 어려움	• 이동수업에 따른 혼란 • 교실환경을 깨끗하게 유지하기 어려움 • 학생 선택에 따라 교원의 시수 및 수요 변동

※출처: 도봉고등학교(2018). 학교교육계획서. 일부 표현 수정

또한 도봉고는 학교교육계획서의 **학교 자율운영체제 흐름도**에서 선택교육과정을 분명하게 밝히고 있다. 이를 통해 학생 전면 과목 선택이 이루어지고 있고, 개인별 교육과정 운영이 가능한 것이다[5]. 다음 페이지의 그림은 도봉고의 선택교육과정 운영이 어떤 식으로 이루어지고 있는지를 잘 보여준다.

---

5. 도봉고등학교(2018). 학교교육계획서. p.18

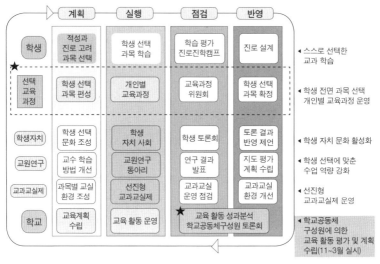

계획	실행	점검	반영	
학생	적성과 진로 고려 과목 선택	학생 선택 과목 학습	학습 평가 진로진학캠프	진로 설계	◀ 스스로 선택한 교과 학습
★ 선택 교육 과정	학생 선택 과목 편성	개인별 교육과정	교육과정 위원회	학생 선택 과목 확정	◀ 학생 전면 과목 선택 개인별 교육과정 운영
학생자치	학생 선택 문화 조성	학생 자치 사회	학생 토론회	토론 결과 반영 제언	◀ 학생 자치 문화 활성화
교원연구	교수 학습 방법 개선	교원연구 동아리	연구 결과 발표	지도 평가 계획 수립	◀ 학생 선택에 맞춘 수업 역량 강화
교과교실제	과목별 교실 환경 조성	선진형 교과교실제	교과교실 운영 점검	교과교실 환경 개선	◀ 선진형 교과교실제 운영
학교	교육계획 수립	교육 활동 운영	★ 교육 활동 성과분석 학교공동체구성원 토론회		◀ 학교공동체 구성원에 의한 교육 활동 평가 및 계획 수립(11~3월 실시)

도봉고의 학교 자율운영체제 흐름도

▶ **개방형 교육과정 편성 · 운영을 위한 이수단위 배당**

도봉고는 국가 교육과정에 명시된 교과(군)별 필수이수단위를 충족하기 위한 필수이수과목을 지정하고 있으며, 그 이외의 단위 수 이수는 모두 학생 각자의 선택에 맡긴 채 **개방**하고 있다. 2018학년도 입학생을 대상으로 도봉고에서 지정한 필수과목을 정리하면 표 5-8과 같다.

국가 수준에서 총 교과의 필수이수단위는 86단위이다. 하지만 도봉고의 경우는 표 5-8에서 볼 수 있듯이 총 교과 필수이수단위를 100단위로 지정하고 있고, 80단위는 학생의 선택으로 열어놓았다는 것을 알 수 있다. 이 표를 통해 2018학년도 도봉고 입학생의 학교 지정과목과 학생 선택과목을 확인할 수 있다.

|표 5-8| 도봉고 2018 입학생 교육과정 편성 과목

교과(과목군)		1학년 (모두 필수)	2학년 (모두 6단위)		3학년 (모두 6단위)	
국어		국어(8)	언어와 매체(4), 문학(4)		독서, 화법과작문, 실용국어*	
수학		수학(8)	수학1, 수학2, 기하*		확률과통계, 미적분, 경제수학*	
영어		영어(8)	영어회화, 영어1		영어2, 영어독해와작문, 실용영어*	
한국사		한국사(8)				
사회	사회	통합사회(8)		1개 이상 선택		
	지리		세계지리		한국지리	
	역사		세계사		사회문화	
	일반 사회		경제, 정치와법		생활과윤리, 사회문제탐구*	
	도덕		윤리와 사상			
과학	과학	통합과학(8) 과학탐구 실험(2)		1개 이상 선택		
	물리		물리1		물리2*	
	화학		화학1		화학2*	
	생명 과학		생명 과학1		생명과학2*	
	지구 과학		지구 과학1		지구과학2*	
체육· 예술	체육	체육(4)	운동과 건강2	필수	스포츠생활*	필수
	음악		음악	1개 이상 선택	음악연주*	1개 이상 선택
	미술		미술		미술창작*	
생활· 교양	기술· 가정	기술· 가정(6)		1개 이상 선택		1개 이상 선택
	정보		정보			
	제2외 국어		일본어1, 중국어1		일본어2*, 중국어2*	
	교양				논리학, 실용 경제, 환경	

※ 2·3학년에서 '필수' 또는 '1개 이상 선택'으로 표시된 과목 이외에는 자유롭게 선택
 *는 진로선택과목
※ 출처: 도봉고등학교(2018), 학교교육계획서, p.18

선택과목 편성을 위해서는 어떤 준비가 필요한가?

도봉고와 같이 교과 영역 간 칸막이 없이 학생들에게 자유롭게 과목을 선택할 수 있도록 운영하기 위해서는 몇 가지 준비가 필요하다. 우선 학생들에게 개방형 선택과정의 의미를 이해시키고, 과목 선택에 대한 유의사항을 숙지시켜야 한다. 아울러 교과별 과목에 대한 안내 자료를 배부하여 각 과목에 대한 학생들의 충분한 이해를 도모해야 할 것이다.

두 번째로 수강신청과 관련한 체계적인 절차 마련의 필요성이다. 우리나라 대부분의 고등학교들이 취하고 있는 교육과정 편성 방식은 교육과정 편성안의 상당 부분을 학교가 지정하고, 학생들은 그저 학교가 지정한 몇 가지 선택과목 중에서 제한적인 선택을 하는 수준에 머물고 있다. 이와 달리, 도봉고에서 운영하고 있는 것처럼 국가에서 지정하고 있는 필수이수단위 수를 제외한 모든 단위 수를 학생의 자유로운 선택으로 열어놓으려면 각 과목의 수강시간과 교실 지정, 수강신청서 개발 등에 있어 대학에서 이루어지고 있는 수강신청과 비슷한 일련의 체계적인 절차가 필요하다. 이하에서는 이 두 가지 준비를 어떻게 해야 하는지에 관해서 간략히 살펴보고자 한다.

▶ 학생 선택의 내실화를 위한 지원

도봉고는 '과목 선택을 위한 안내 자료'를 개발하여 수강신청을 하기 전에 학생들에게 배부함으로써 학생의 과목 선택이 내실 있게 이루어지도록 도와주고 있다. 배부된 안내 자료 속에는 비단 선택과목의 목록과 과목 선택의 예시, 각 교과별 과목의 성격만 제시되는 것이 아니라 개방형 과목 선택제의 의미, 과목을 선택하는 데 따른 유의사항 등에 관한 내용들도 함께 포함되어 있다. 이 자료를 통해서 도봉고의 개방형 과목 선택제의 의미는 물론 유의사항에 대하여 학생들에게 자세히 안내함으로써 선택에 있어서의 내실화를 꾀하고 있다.

▶ 체계적인 수강신청 절차 마련

도봉고는 한 학기에 학생들이 선택할 수 있는 과목을 창의적 체험 활동을 포함해서 11개로 한정하여 각 과목의 시간대와 교실, 지도교사들을 미리 정해놓고 있다. 그리고 창의적 체험 활동 4단위 이외에 모든 과목은 3단위 2학기제로 운영하고 있다.

11개의 시간대에서 창의적 체험 활동을 제외하면 3단위 과목을 10개 선택하게 되므로 학생들은 30단위를 선택하게 된다. 대부분의 학생들은 정해진 11개의 시간대에서 1과목씩을 선택하여 자신만의 교육과정을 만들어간다. 물론 아직까지 선택이 완벽하게 자유롭다고 할 순 없지만, 대체로 학생들의 선택을 만족시키는 방향에서 시간표 작성이 이루어지고 있다. 다음 그림은 도봉고의 블록별 시간 배치를 보여준다.

교시	월	화	수	목	금
1	가	사	다	나	마
2	가	사	다	카	마
3	카	라	바	자	차
4	카	마	차	자	차
5	바	나	아	라	다
6	바	나	아	라	동아리
7	아	자	가	사	동아리

도봉고의 블록별 시간 배치의 예

이러한 점은 학교 교육계획서를 통해서도 확인할 수 있었다. 이처럼 도봉고는 체계적인 시스템을 구축함으로써 개방형 교육과정을 편성 및 운영함에 있어서 시행착오를 점차 줄여나가고 있다.

학생 맞춤형 교육과정 운영을 통해 얻은 성과

위에서 설명한 바와 같이 도봉고에서 학생 맞춤형 교육과정을 실시한 결과 다음과 같은 효과를 얻게 되었다.

가장 의미 있는 점은 아무래도 학생들에게 **실질적인 과목 선택권**이 부여되고 있다는 점이다. 1학년은 물론 2·3학년 모두에서 학생 중심으로 실질적인 과목 선택이 이루어지고 있다. 이를 통해 우리나라 교육의 고질적 병폐라고 할 수 있는 입시 비중이 높은 과목을 중심으로 이루어지고 있는 획일적 교육과정 운영으로 인한 학생들의 학교 부적응, 배움에서의 소외 등의 문제를 완화시키

개방형 선택교육과정 편성·운영

1. 운영 목적
   가. 2009 개정 교육과정(2,3학년) 및 2015 개정 교육과정(1학년) 지침을 준수한다.
   나. 학생 개인의 특성과 자율성 신장을 위하여 효과적인 수업을 지원한다.
   다. 개방형 선택교육과정에 따라 학생의 과목 선택권을 최대한 확대한다.

2. 기본 방침
   가. 학생의 관심·흥미·적성·진로를 고려하여 과목을 스스로 선택하도록 최대한 보장한다.
   나. 과목 선택 시 학생이 교사 및 학부모와 상담 후 신중하게 선택하도록 지도한다.

3. 추진계획

사업명	내용	시기
2019학년도 교육 과정 편성	• 개설과목 결정: 교과협의회, 교육과정위원회	6월
	• 선택과목 안내: 책자 배부 및 설명회 개최	9월
	• 선택과목 조사: 서식 배부 및 수합(10과목), 데이터 전산 입력	10월
	• 과목 폐강 여부 결정: 교육과정위원회	10월
	• 선택과목 재조사: 학생별 선택 현황 확인, 데이터 전산 입력	10월
	• 선택과목 확정: 교과협의회, 교육과정위원회, 학생별 확인	11월
	• 배치 작업: 강좌별 시간 및 수강학생 배치	12월
	• 시간표 작성 배부 　-교육과정과 학생 선택 강좌 수 고려, 추가 수업에 대한 강사 채용	1~2월
	• 결보강 처리(결보강 원칙에 따른 보강) -1개월 이상 결강 사유 발생 시 기간제교사 임용	연중

※출처: 도봉고등학교(2018). 학교 교육계획서

고 있었다. 특히나 우리가 주목할 만한 점은 교과교실제 운영을 통해서 학급별 교실 수업에서 야기되는 생활지도 문제들, 예컨대 따돌림이나 폭력, 학급 간의 갈등 등과 같은 문제들이 대폭 줄었다는 것이다.

다음으로 2015 개정 교육과정의 취지에 맞게 학생 각자에게 **선택의 자유 및 기회가 보장**되어, 스스로 선택하고 자발적으로 참여함으로써 학습 만족도 및 결과에 따른 자기 책임 역량을 강화시켰다. 또한 학급단위가 아닌 동일 과목 타반 수강생과의 교우 친밀도를 높일 수 있었다. 이는 국가 수준 고등학교 교육과정의 취지인 '하고 싶은 공부, 즐거운 학교'를 살린 교육과정으로 다른 학교에 모범적인 사례로 보인다.

끝으로 본인이 선택한 과목에 대한 **수업 참여도 및 만족도**가 높았다. 과거의 획일적 교육과정 운영 방식에서는 아무래도 수업에 관심을 갖지 않는 학생들이나 수업 내용 자체를 이해하지 못하는 학생들의 비율이 꽤 높은 편이었다. 이는 결과적으로 많은 학생들이 배움에서 일탈해버리는 결과를 초래하고 말았다. 이에 수업 또한 우수한 학업성취도를 보이는 몇몇 학생들을 중심으로 흘러갈 수밖에 없었던 것이다. 하지만 학생들이 자발적으로 과목을 선택하게 되면서 수업에 대한 몰입도가 한층 높아졌고, 이는 학생들의 수업 활동에 대한 적극적인 참여를 이끌어내게 되었다. 그리고 이는 결과적으로 자연스럽게 배움에서 소외되는 학생들을 줄여나가는 효과로 이어졌다.

좀 더 정교한 고교학점제 운영을 위하여

도봉고는 학교의 적극적인 지원 아래 학생들에게 실질적인 과목 선택권을 부여하는 학생 맞춤형 개방적·자율적 교육과정을 운영하고 있다. 하지만 앞으로 고교학점제를 좀 더 정교하게 운영하기 위해서는 다음과 같은 보완이 필요하다.

우선 소수 선택과목 개설로 인해 개설 교과목 수가 증가하다 보면 아무래도 한 명의 교사가 여러 과목의 수업과 평가를 담당해야 하므로 교사들의 업무 부담이 증가할 수밖에 없다. 더욱이 학생의 교과 선택에 따라 과목별로 교사 부족 현상이 나타나게 된다. 이를 해결하기 위해서는 교·강사에 대한 **임용 유연화**가 필요하다. 특히 시간 선택제 임용 기간제 교사의 확대가 필요하며, 다과목 지도 교사에 대한 수업시수 경감이 요구된다고 하겠다.

다음으로 학생 선택에 따른 교육과정 관련 업무 및 정기고사 관련 업무 부담이 증가할 수밖에 없다. 이를 해결하기 위해서는 수강신청, 수강신청 변경, 교과교실 배정, 개인별 시간표 편성, 고사 진행 등에 있어서 **전산화** 및 **시스템화**가 필요하다.

끝으로 교실이동으로 수업이 이루어지다 보면 개인 용무를 볼 시간이 부족하다. 예를 들어 5층에서 수업을 듣고 4층 홈베이스를 거쳐 1층 교실로 이동할 경우 교실을 옮겨 다니는 데만도 상당한 시간이 소요된다. 따라서 **블록타임**을 확대하거나 쉬는 시간을 15분으로 늘릴 필요성도 고려되고 있다.

03 맞춤형 진로교육과 교육역량 강화의 두 마리 토끼를 잡은 한서고등학교

'무에서 유를 창조하는 인재육성'이라는 건학이념을 바탕으로 하는 한서고등학교(이하 한서고)는 학교공원화사업으로 조성된 아름다운 교정과 함께 학생들을 배려하는 다양한 교육 환경을 갖추고 있다. 아울러 최첨단 교육 기자재까지 확보하고 있어 시설만큼은 다른 학교들에 비해 강력한 인프라를 구축하고 있다고 하겠다. 2017년 개방형 선택교육과정 시범학교로 선정된 후 현재까지 운영 중이다.

개방형 선택교육과정 시범학교로서의 운영 현황과 절차

한서고는 서울에 소재한 사립고등학교로 2018년을 기준으로 재학생 수가 1학년의 경우 214명(남 92, 여 122), 2학년은 240명(남 104, 여 136), 3학년이 258명(남 129, 여 129)으로 총 712명에 이르는 대규모 학교이다. 남녀공학인 이 학교는 학년별로 9~10개 학급, 총

28개 학급으로 구성되어 있으며, 한 학급은 25명 내외의 남녀 합반으로 구성되어 있다.

▸ 학교 운영 현황

한서고의 교사는 총 67명이지만, 실제 수업을 담당하는 교원 58명을 기준으로 산정하면(표 5-9 참조), 수업교원 1인당 학생 수는 12명 정도이다. 수업을 담당하는 58명의 교사를 교과별로 살펴볼 때 국어(10명), 수학(8명), 영어(8명), 사회·역사·도덕(10명), 과학(8명), 체육(3명), 예술(4명), 교양(7명)으로 구성되어 있다. 교사 1인당 주당 평균 수업시수는 15.1시간으로 전국 평균(16.9시간)에 비해 상대적으로 적은 편이다. 한서고의 경우 교과교실제 지정·운영 학교는 아니지만, 일부 교과(한국지리, 세계지리, 경제, 법과 정치 등)에 한해 교과교실을 구비하여 운영하고 있다.

| 표 5-9 | 한서고 교과별 교직원 현황

구분	국어	수학	영어	사회	과학	체육	예술	교양	계
1학년	2	3	3	4	2	1	2	2	19
2,3학년	8	5	5	6	6	2	2	5	39
계	10	8	8	10	8	3	4	7	58

※출처: 한서고등학교(2018). 한서고등학교 학교 알리미

한서고는 2017년 서울시교육청의 개방형 선택교육과정 시범학교로 선정된 후, 현재 학생 선택권 확대를 위한 **개방형 선택교육과정**

을 운영하고 있다. 이 고등학교는 인근 지역의 개발 등으로 인해
전입하는 학생들이 증가하면서 한 공간에 다양한 수준의 학생들
이 공존하게 됨에 따라 학생 모두가 참여하고 만족하는 수업을 실
시하는 데 어려움을 겪고 있었다. 이러한 어려움을 해결하기 위한
방안으로 개별 학생에 대한 맞춤형 진로교육의 필요성에 공감하
며, 개방형 교육과정과 일반 고등학교 교육역량 강화 사업에 관심
을 가지게 된 것이다(한서고등학교, 2017: 1).

　개방형 선택교육과정은 학생들이 특정 진로 과정에 제한을 받
지 않고 자유롭게 과목을 선택함으로써 진로를 탐색하며 개별 교
육과정을 형성해가는 방식을 말한다. 한서고는 이러한 개방형 선
택교육과정 시범학교 운영을 통해 2015 개정 고등학교 교육과정
의 현장 적용 방안을 구체화하는 한편, 새로운 교육과정의 취지와
방향이 실현되기 위해 필요한 프로그램 개발과 운영 등 지원 방안
을 도출하는 데 초점을 두고 있고 있다(김상래, 2017: 4).

▶ 개방형 선택교육과정 운영 여건의 마련 및 운영 절차[6]

한서고는 개방형 선택교육과정을 운영하기 위해서 무엇보다 이러
한 교육과정 운영이 가능한 학교 여건을 마련하는 데 힘을 기울이
고 있다. 예컨대 개방형 교육과정을 위해 교과협의회 중심의 지원
팀, 운영팀, 협력팀 등의 TF팀(Task Force Team)을 조직하여 운영

---

6. 이광우 외(2017). "지능정보사회 대응을 위한 중장기 고교 교육과정 방향 탐색 연구", 한국교
　육과정평가원, pp. 53~54

하는 한편, 인건비, 운영비, 연수·워크숍비, 교구·기자재비 등 개방형 교육과정 교육 활동을 착수하고 활성화하는 데 소요되는 예산을 마련하기도 했다.

아울러 개방형 교육과정을 의도에 적합하게 운영하기 위해서는 교사들의 관심과 자발적인 참여가 요구된다. 이에 외부 연수, 자체 연수, 원격 연수 등 다양한 연수 기회를 마련하고 연수 참여를 지원하는 한편, 학교 자체적으로는 교사공동체를 활성화하고 교사연구회를 운영하는 등 학생 참여 중심의 수업 모형을 개발하고 실제 수업에 적용할 수 있도록 적극적으로 지원하고 있다.

개방형 선택교육과정이라는 취지에 부합하는 교육과정의 편성 및 운영을 위해서는 무엇보다 교사와 학생, 학부모가 개방형 선택교육과정에 대해 정확히 이해하고, 학생들이 진로 계획에 따라 과목을 선택하도록 하는 것이 무엇보다 중요하다는 것을 인지해야 한다. 이를 위해 한서고는 교사와 학생 그리고 학부모 사이의 **유기적인 소통**을 강조하는 방식으로 개방형 교육과정을 편성·운영하고 있다. 즉 담임교사, 학생, 학부모 대상으로 선택과목에 대한 안내를 하고, 1차 선택과목 희망 조사를 실시하여 개설해야 할 선택과목을 확정한 다음, 2차 선택과목 희망 조사를 실시하여 변동 및 재검토 사안에 따라 학생 면담을 실시한 후에 최종적으로 선택과목을 확정하는 방식으로 이루어지고 있는 것이다.

이때 학생들이 교육과정 편성·운영 지침을 준수하고 있는지의 여부는 2015 개정 교육과정의 지침을 고려하여 ① 필수이수단위의 충족과 ② 진로선택 3개 과목 이상 이수, ③ 학기당 이수 과목 수 8개 이내 등을 중심으로 학생 개인별 관리와 상담이 이루어지고 있다. 한서고의 개방형 교육과정 편성·운영의 절차는 다음의 표 5-10과 같다.

| 표 5-10 | 한서고 개방형 교육과정 편성·운영의 절차

시기	내용	비고
3월 초	종합적성검사 실시	진로 상담부
5월 말	담임교사 대상 선택과목 설명회 개최	개방형 선택과목 및 필수이수단위 안내
6월 초	진로 안내 및 선택과목 안내	1·2학년 대상 조사 조사·결과 홈페이지 공개
6월 초	학부모 대상 교육과정 설명회 개최	개방형 교육과정 및 선택과목 안내 - 연수 및 가정 통신문 배부
6월 중순	1차 선택과목 희망 조사	반 학생이 선택한 과목을 엑셀파일에 저장(담임) → 교육과정계
6월 중순 7월 중순	진로 및 필수이수단위 확인	담당교사 및 담임교사
7월 하순	개설 선택과목의 확정	교과협의회 및 교육과정위원회
8월 하순	선택과목 확정에 따른 안내 및 2차 선택 과목 희망 조사	담당교사 및 담임교사
8월 하순~ 9월 하순	변동 및 재검토 사안 에 따라 학생 면담	담당교사 및 담임교사
9월 하순	선택과목 확인 (확정, 변경 시 사유서 제출)	학생들은 확정된 선택과목에 이상이 없는지 확인 후 개발된 프로그램에 신청할 수 있도록 지도
9월 말 ~10월 초	검인정 도서 선정과 교과서 주문	1학기 성적 중심으로 학급 편성 및 시간표 작성
11월 하순	최종 선택과목 확인(학생 확인 보관)	교과서 신청서

※출처: 이광우 외(2017). "지능정보사회 대응을 위한 중장기 고교 교육과정 방향 탐색 연구", p.54

학년 특성에 따른 개방형 교육과정, 어떻게 운영되고 있나?

한서고는 학생 중심 교육과정을 편성하고 운영하는 데 있어서, **학년별 특성**을 고려했다는 점에서 특징적이다. 즉 학년의 특성에 따른 개방형 교육과정을 운영하고 있는 셈이다. 예컨대 1학년의 경우 과목 편식을 막기 위해 학교 지정과목으로 편성하는 '공통과목 지정형'으로 운영하는 반면, 2학년은 기초, 탐구, 생활·교양 교과 영역 내에서 과목을 선택할 수 있는 '부분 개방 선택형'으로 편성하고, 3학년은 교과 영역을 구분하지 않는 '전면 개방 선택형'으로 운영하고 있다.

▸ 균형학습을 꾀하는 학교 지정과목 운영

한서고는 학생의 선택권을 확대하더라도 특정 과목에 대한 편식이 일어나지 않도록 하는 데 노력을 기울이고 있다. 이를 위해 1학년뿐만 아니라 2·3학년에서도 교육과정 편제에 학교 지정과목을 둠으로써 체계적으로 균형학습이 이루어지도록 하는 데 각별히 신경을 쓰고 있었다. 즉 기초소양과 선택 심화학습의 균형을 유지할 수 있도록 최소 수준으로 지정과목을 운영하고 있는 것이다. 예컨대 탐구 교과의 경우 사회 교과와 과학 교과를 4단위로 단위 수를 통일하고, 학생 진로에 따라 탐구 영역에서 4개 과목을 선택할 수 있도록 편성하였다.

▶ 학생들의 과목 선택권 보장을 위한 다양한 과목 개설

선택교육과정이 앞으로 더욱 활성화되려면 무엇보다 학생의 과목 선택권이 다양하게 보장되어야 한다. 이를 위해 한서고는 교양과목(교육학, 철학, 논리학, 환경, 보건), 전문과목(아동생활지도, 식품과영양, 영상제작 기초, 프로그래밍), 체육 예술(음악전공실기, 미술전공실기, 체육전공실기 기초 등)에서 다양한 과목들을 신설 또는 확대하여 개설하였다. 대학 진학에 학과를 미리 결정한 학생들을 배려하여 그들을 위한 맞춤형 교육과정을 지원하기 위해 소인수 선택과목을 편성·운영하고 있다. 즉 1학년에서는 논리학을, 2학년에서는 정보처리와 관리, 철학과 교육학을, 3학년에서는 아동생활지도, 식품과 영양, 영상제작 기초, 프로그래밍 등의 과목을 편성·운영하고 있는 것이다. 한서고의 학년별 학교 지정 교육과정과 학생 선택교육과정은 다음 표와 같다.

| 표 5-11 | 2017년 한서고의 학년별 과목 구분(2018 입학생 기준)

구분	1학년(13과목)	2학년(25과목)	3학년(36과목)	교과 영역
학교 지정 (22)	국어, 수학, 영어, 한국사	문학, 수학 I , 수학 II , 영어 I , 영어 II	화법과 작문, 영어독해와작문	기초
	통합사회, 생활과 윤리, 통합과학, 과학탐구실험			탐구

학교 지정 (22)	체육, 음악 감상과 비평, 미술창작	운동과건강	스포츠생활	체육 예술
	기술·가정, 논리학			생활 교양
학생 선택 (52)		언어와 매체, 기하실용수학, 영미문학읽기	고전읽기, 심화국어, 미분과적분, 확률과통계, 영어권문화, 진로영어, 심화영어 I	기초
		한국지리, 세계지리, 세계사, 경제, 정치와 법, 물리학 I , 화학 I 생명과학 I , 지구과학 I	동아시아, 윤리와사상, 사회·문화, 물리 학 II , 화학 II , 생명과학 II , 지구과학 II , 과학과제연구, 생활과과학	탐구
			음악전공실기, 미술전공실기, 체육전공실기 기초, 육상운동, 시창·청음, 드로잉, 음악연주, 미술감상과비평, 현대문학감상	체육 예술
		일본어 I , 중국어 I , 한문 I , 정보처 리와 관리, 철학, 교육학	보건, 일본어 II , 한문 II , 환경	생활 교양
			아동생활지도, 식품과영양, 영상제작 기초, 프로그래밍	전문 교과

▶ **인근 학교와의 협력교육과정 운영**

한서고는 학교 자체적으로 운영되는 교육과정뿐만 아니라, 인근의 다른 학교와 협력한 교육과정도 함께 운영하고 있다. 이를 통해 소속 학교는 물론 인근 학교 학생의 과목 선택권 확대를 위해서도 노력하고 있는 것이다. 예컨대 한서고 재학생 및 인근 학교 2학년 인문계 학생을 대상으로 일부 학생을 선발하여 '국제경제'와 관련한 과목(3단위)을 1주일에 1회씩 **방과후수업**의 형태로 17주간 운영함으로써 학생들의 관심과 필요에 따른 학습 기회를 제공하고 있다.

한서고 교육과정의 학년별 과목 구분 및 교육과정 편제의 실제는 앞서 표 5-11에서 제시하였다. 2018학년도 입학생 기준으로 개설한 과목 중에서 학교 지정과목은 총 22개 과목이며, 학생 선택과목은 총 52개 과목, 총 74개 과목이 개설되었다. 학년별로 살펴보면 1학년은 총 13개 과목, 2학년은 총 25개 과목, 3학년은 총 36개 과목이 개설되었다.

교수–학습 및 평가 방법은 어떻게 변화되었나?[7]

한서고는 개방형 선택교육과정을 운영하면서 기존의 전통적 수업

---

7. 이광우 외(2017). "지능정보사회 대응을 위한 중장기 고교 교육과정 방향 탐색 연구", 한국교육과정평가원, pp.52~56의 내용을 재구성함.

방식에서 벗어나 교수-학습 및 평가 방법에 있어서도 변화를 시도하고 있다.

▶ 성취기준 중심의 교육과정 재구성

무엇보다 학생들의 학습 부담을 적정화하여 학생들 간의 적극적인 상호작용과 경험을 활성화하기 위해 한서고는 교과서가 아닌 **성취기준**을 중심으로 교육과정 재구성을 활성화하였다. 다시 말해 교육과정 재구성을 통해 수업시수 증감을 결정하고, 교과협의회에서 교과 내 연계를 고려하여 교수-학습의 변화를 시도한 것이다. 학기말이나 2월 개학 후 첫째 주 등 수업 공백이 발생하기 쉬운 시기에는 여러 교과를 아우르는 교과 간 주제통합수업을 구성하고 코티칭(Co-Teaching)을 시도함으로써 학생 참여형 수업을 실천하기도 하였다.

▶ 과정 중심 평가를 비롯한 평가 유형 다양화 및 개별적 피드백 강화

교수-학습 방법과 함께 평가에 있어서도 변화를 시도하였다. 개방형 교육과정을 운영하면서 각 과목의 특성을 고려하여 지필 평가의 비율을 20%, 30%, 50%, 60%, 70% 등 자율적으로 적용하도록 하고, 평가의 횟수 또한 교과별로 다양하게 실시하도록 한 것이다. 수행평가의 경우 평가 횟수를 늘려 과정 중심 평가를 실시함으로써 성적 이의제기를 감소하도록 하는 한편, 토의·토론, 실험·실습, 포트폴리오, 자기평가·동료평가 등 **평가 유형의 다양화**를 위해 노력하고 있다. 아울러 학생이 과제를 수행한 과정 및 결과에 대하여 개별학생에게 피드백을 제공하고, 학생의 성취에 대한 특기사항은 학교생활기록부에 기록하도록 하였다.

▶ 정기고사의 원활한 진행을 위한 다각적 지원

무엇보다 한서고는 개방형 교육과정을 운영함에 있어 정기고사를 관리하는 측면에도 상당한 관심과 노력을 기울이고 있다. 사실 개방형 교육과정을 운영하게 되면 개설한 과목 수가 많다 보니 한 명이라도 같은 학생이 수강하는 과목들은 동시에 시험을 치를 수 없다. 게다가 동일한 과목을 수강하는 학생 전체가 동시에 시험을 치르도록 해야 한다. 이에 한서고는 전체 시험 기간을 늘리는 한편 과목별로도 시간을 달리하여 시험 시간표를 작성하였다. 만약 중간에 대기하는 시간이 발생하면 대기실을 지정해두고, 대기실에는 감독관을 배치하는 식의 노력을 기울이고 있다.

이에 따라 특정 일자에 고사를 치르게 되는 과목들 중에서 시험을 보는 학생 수가 가장 많은 과목을 1교시부터 차례로 배열함으로써 대기 인원을 줄이도록 시간표를 작성하고 있다. 아울러 시험 시간표가 확정되면 과목별로 시험 장소와 학생별로 좌석번호를 지정한 후에, 학생들에게 시험 방법에 대한 교육을 실시하고 있다.

학생별로 시험 시간표를 배부하고, 매 시간 시험 장소마다 응시자의 명부를 준비해두는 일은 고사 본부의 업무와 시험 감독의 업무를 크게 증가시킨 게 사실이다. 하지만 개방형 교육과정을 운영한 결과 오히려 문항의 완성도가 높아져 전년대비 문항 오류가 감소하였다. 아울러 교사의 문항 출제 만족도 또한 높아진 것으로 보고되었다.

개방형 선택교육과정의
지속적 운영을 위한 학교의 적극적 지원[8]

한서고에서는 개방형 교육과정(2009 개정 교육과정 적용)을 운영한 결과, 학생들이 계열의 구분과는 상관없이 자신의 진로나 관심, 능력 수준에 따라 다양한 선택과목을 이수하게 되어 대체로 긍정적으로 평가하고 있었다. 학교 차원에서도 개방형 선택교육과정을 지속적으로 운영하기 위한 지원을 아끼지 않고 있다.

▶ 개방형 선택교육과정 운영 지원 프로그램 개발

한서고는 학생 선택 중심의 개방형 교육과정을 운영하는 과정에서 학생들의 희망 조사 결과에 따라 수많은 경우의 수가 나타나다 보니 운영상의 많은 어려움이 발생했다고 보고하였다. 말하자면 학생들을 대상으로 이수 희망 교과를 조사하고, 교육과정을 편성 및 분반하고, 시간표를 작성하는 일 등은 기존의 방식이나 시스템

---

8. 이광우 외(2017). "지능정보사회 대응을 위한 중장기 고교 교육과정 방향 탐색 연구", 한국교육과정평가원, pp. 54~56의 내용을 재구성함.

만으로 해결하기에는 너무 복잡하고 어려운 문제였다는 것이다.

이에 따라 한서고에서는 외부 업체에 의뢰하여 수강신청, 학급 편성, 학생 개인별 시간표 구성 및 출력, 교실 배치 등을 처리해주는 별도의 학급편성 컴퓨터 프로그램을 개발하여 활용하고 있다. 이 프로그램은 학생 개인별로 선택한 과목들을 입력하면, 선택과목 신청 현황을 분석하여 제공하므로, 교사들이 해당 학기의 학생들 과목 선택 상황을 쉽게 파악하는 데 매우 유용하다.

한서고는 이러한 컴퓨터 프로그램을 활용함으로써 학생들의 과목 선택, 학급 편성, 시간표 편성 등에 관한 업무 처리가 효율화되어 교사의 업무 부담을 크게 감소시켰다고 한다. 그뿐만 아니라 불필요한 공강시간을 최소화하는 방식으로 시간표를 편성하고, 원하는 조건의 반 편성 자료를 제공받을 수 있어 기존의 반과 담임 개념이 크게 흐트러지지 않는 선에서 편성·운영할 수 있게 되었다고 평가하고 있다.

선택교육과정 운영에 따른 각종 부작용의 해소를 위하여

한서고는 학생들의 과목 선택권을 확대하면서 학생들이 자유롭게 과목을 선택할 수 있는 기회를 보장하였다. 이를 통해 학생들은 자발적으로 선택하여 참여함으로써 학습 만족도가 높아졌으며, 학습 결과에 대한 자기 책임도 높아진 것으로 평가하고 있다. 하지만 빛이 있으면 그림자도 존재하는 법이다. 이에 앞으로 좀 더 정교한 학점제 운영을 위해 필요한 노력들을 정리해보았다.

▶ 교사 업무 과부하를 해결하기 위한 노력

한서고의 경우 학생 선택교육과정을 운영하면서, 교육과정 및 평가 관련 업무를 담당해야 하는 교사들의 업무가 과부하되는 현상이 중요한 쟁점으로 제기되었다. 이러한 문제를 보완하기 위해서 소수 선택과목 운영을 위한 강사 인건비를 지원하고, 시간표 작성 및 고사 운영을 위한 프로그램 개발, 교육과정 운영 전담 교사에 대한 인센티브 부여 등의 대책이 제안되기도 하였다.

▶ 수업 공간의 확보 및 학습 분위기 조성을 위한 제언

선택형 교육과정의 운영을 위해서는 교실 크기를 조정하고 시설을 확보하여 소규모 수업을 할 수 있도록 교실을 개선하거나 합반 수업이 가능한 공간으로 만들 필요가 있다. 또한 개방형 교육과정을 운영할 때 불가피하게 발생하게 되는 공강시간을 위해 자율적인 학습 분위기를 조성하고 다양한 프로그램(예: 자율동아리 등)의 활발한 운영이 필요하다고 논의되었다.

▶ 바람직한 선택권 행사를 위한 지속적 안내와 지도

아울러 학생의 과목 선택권을 확대하고, 이를 취지에 적합하게 운영하기 위해서는 무엇보다 학생들에게 교육과정에 대한 안내와 상담이 제공되어야 한다. 예컨대 친한 친구와 같은 반이 되려고 과목을 선택한다거나, 학습 부담이 적은 과목, 평가를 하지 않은 교양과목, 성적을 상대적으로 좋게 받을 수 있는 과목을 선택하는 식으로 학생들이 자신의 진로와 상관없이 과목을 선택하는 경우도 종종 있을 것이다. 이러한 사태를 예방하기 위해, 모든 학생들에게 교육과정에 대해 안내할 수 있는 기회를 마련하고, 지속적으로 개별 학생의 진로에 따라 어떠한 선택이 이루어져야 하는지에 관한 충분한 안내와 상담이 필요하다고 제언하였다.

04 자율이수 교육과정 운영을 표방하는 충남삼성고등학교[9]

충남삼성고등학교(이하 삼성고)는 세간에 알려진 바와 같이 상당히 우수한 시설과 설비를 갖추고 있다. 특히 다양한 교육과정을 편성·운영하는 데 적합한 교과교실을 다수 갖추고 있다. 학교의 비전으로 삼고 있는 자기주도적 학습 실현의 기반을 충실히 확보하고 있는 것으로 보인다.

학교의 교육목표는 '바른 품성, 창의력, 리더십을 겸비한 글로벌 미래 인재'이며, 이를 위해 '1인1위인(역할모델 설정)', '1인1어(외국어 마스터)', '1인1기(특기 개발)', '1인1능(창작 능력 배양)', '1인1선(사회봉사)' 등을 교육중점으로 설정하고 있다. 특히 자기관리를 강조하며, 자율이수 교육과정 운영을 도모하고 있다.

---

9. 이광우 외(2017). "지능정보사회 대응을 위한 중장기 고교 교육과정 방향 탐색 연구", 한국교육과정평가원, pp. 72~88의 내용 재구성 및 최신자료 인용. 고교학점제와 관련하여 방송매체를 통하여 많이 소개되었으나, 학교 운영에 대한 자료를 얻는 데 한계가 있어 부득이 기존 연구 자료를 이용하였으며, 독자들의 이해를 높이기 위해 내용을 재구성함.

자기주도적 학습을 실현하는 학교 운영 현황

삼성고는 충남 아산시 탕정면에 있는 자율형 사립고로 1,049명의 재학생과 102명의 교원으로 구성되어 있다. 학급 수는 1학년 12개, 2·3학년 10개씩 총 32개 학급으로 이루어져 있으며, 1학년 370명(남 157, 여 213), 2학년 340명(남 153, 여 187), 3학년 339명(남 154, 여 185)이다. 교원 수는 102명으로 이 중 수업을 담당하는 교원은 95명이며, 교원 1인당 평균 시수는 51.5시간으로 전국 평균인 16.9시간보다 낮다. 삼성고의 교직원 현황을 간단히 정리하면 다음과 같다.

| 표 5-12 | 삼성고 교과별 교직원 현황

구분	국어	수학	영어	사회	과학	체육	예술	교양	공업	상업정보	계
1학년	4	5	5	5	5	3	3	6			36
2,3학년	8	12	8	7	12	3	2	5	1	1	59
계	12	17	13	12	17	6	5	11	1	1	95

※출처: 충남삼성고(2018). 충남삼성고 학교 알리미

대부분의 학교에서는 법정 수업일수인 190일을 기준으로 교육과정을 운영하지만, 삼성고의 경우에는 1학년 195일, 2학년 193일, 3학년은 191일을 운영하고 있는 것이 특징이다.

| 표 5-13 | 삼성고의 2018학년도 수업일수와 수업시수

2018학년도		
수업일수	1학년	195
	2학년	193
	3학년	191
주당 수업시수		1,476
수업교원수		95
주당 평균 수업시수(교사 1인당)		15.5

※출처: 충남삼성고(2018). 충남삼성고 학교 알리미

▶ **자율적 면학 분위기 형성을 위한 노력**

삼성고의 학교 운영 현황을 조금 더 구체적으로 살펴보면 다음과 같다. 우선 눈에 띄는 것이 바로 자율적인 면학 분위기를 형성하기 위한 다양한 지원이다. 삼성고는 철저하게 계획된 학사 일정과 큰사넷(CNSA Net, 내부 인트라넷)을 통해 요일 고정식 시간표가 아닌 **블록식**으로 융통적인 시간표를 사전에 설계함으로써 수업결손을 최대한 줄이고 있다.

또한 자기주도적 학습의 습관화를 위해 주 30시간의 수업시간과 배움을 스스로 소화하도록 30시간의 자기주도 학습시간을 확보하도록 하고 있다. 이를 통해 학생들은 규칙적으로 매주 30시간의 수준 높은 수업을 들으면서 각각의 수업에서 주체성을 발현시킬 수 있는 과제들을 부여받아 지식을 온전히 자신의 것으로 내면화할 수 있는 기회로 삼고 있다.

더불어 학습 플래너를 활용한 학습 관리에도 만전을 기하고 있

다. 즉 학생들이 스마트 기기를 활용하여 개인별 학습 플래너를 작성함으로써 학생 스스로 자신의 학습 상황을 점검함은 물론 담임교사 및 학과교사에게 이에 대한 적절한 피드백을 받을 수 있도록 하고 있다.

▶ 스마트스쿨 시스템 구축

삼성고는 잘 알려진 것처럼 첨단 스마트스쿨 시스템을 구축하고 최신 IT 기기와 소프트웨어, 최적화된 콘텐츠 등을 제공하기 위한 노력을 아끼지 않고 있다. 우선 스마트 러닝을 구현하기 위해 첨단 교육 솔루션인 삼성스쿨(Samsung School) 및 큰사넷(CNSA Net)을 적극 활용하여 쌍방향 및 실시간 학습 구현과 개별학습 지도, 토론 등 다양한 형태로 학생들의 학습을 지원하고 있다. 아울러 학습목표 관리 및 학습 플래너를 통한 계획-실천-반성-피드백으로 자기주도적 학습을 도모하고 있다. 스마트 커뮤니케이션을 위해 학생 전원에게 갤럭시 노트 10.1을 제공하며, CNSA-Net 게시판, 공지사항 등을 교사-학생-학부모 간 상호 소통의 도구로 적극 활용하고 있다.

다음으로 스마트 매니지먼트를 추구한다. 즉 개인 시간표, 출결, 외출 신청, 상담 기록, 포트폴리오 관리 등 수업 매니지먼트를 지원하고, 학생 이동 상황 및 동선 관리를 위해 고화질 CCTV와 이상 행동 탐지 장비를 설치하는 등 사각지대가 없는 안전한 학교를 만들기 위한 노력을 기울이고 있다.

▶ **교육과정 기반 연구실 중심의 교육과정 운영**

삼성고는 교육과정 기반의 학교 시설을 적용하고 있다. 우선 통상적인 교무실 대신에 교과 연구실 및 러닝 센터를 두고 효과적인 교육과정 운영을 도모하고 있다. 모든 교사는 교과 기반의 연구실에서 6~8명 단위로 근무한다. 이러한 조치는 같은 교과의 교사들이 모여서 수업의 질을 개선하고, 학생들의 활동을 장려하기 위한 논의를 수시로 가질 수 있도록 배려하기 위함이다. 한편 교과 연구실에는 학과 조교가 1명씩 배치되어 있어 교사들의 업무를 보조하고 있다.

또한 삼성고는 다양한 **특별교실**을 운영하고 있다. 학생 이동의 중심이라고 할 수 있는 행정동(N동)에는 다양한 교과 활동과 함께 창의적 체험 활동을 지원하기 위한 특별교실이 갖춰져 있다. 음악실 옆에는 1인 1기를 지원하기 위한 악기 보관실 및 개인 연습실이 있고, 음악실과 함께 미술실, 환경교육실을 5층 남향에 배치하여 가장 좋은 전망에서 수업을 진행하고 있다. 아울러 S(자연공학)동에는 물리실험실, 생물실험실, 화학실험실 및 컴퓨터 공학실 등을 마련해 실험 중심의 살아 있는 교육을 실천하고 있다.

이외에도 학생들의 이동 수업을 지원하기 위해 중앙에 위치하고 있는 행정동(N동)에 홈베이스를 마련하고 있는데, 여기에 폭 50cm, 높이 210cm 크기의 넉넉한 개인 사물함을 제공하여 많은 교과서와 부교재, 체육복, 운동화 및 악기 등을 보관할 수 있도록 하고 있다. 창의관(면학실)은 1인 1좌석제의 면학실로 운영하고 있으며, 교육과정 운영과 연계한 학생들의 연구 활동 지원 및 독서교육의 강화를 추진하기 위한 공간인 다산관(도서관)을 두고 있다. 학생들은 이 공간을 문화적 휴식 공간으로 활용하며, 바쁜 학교생활 속에서 여유를 찾고 있다.

자율이수 교육과정, 어떻게 편성 및 운영되고 있나?

앞에서 설명한 것처럼 삼성고에서는 자율이수 교육과정 운영을 표방하고 있다. 원활한 학교생활을 위해 우선 입학하기 일주일 전부터 MSMP(Miracle of Sixty-six days Melting Pot) 과정을 운영한다[10]. 이 과정을 운영하는 목적은 신입생의 바른 생각, 좋은 습관을 형성하기 위한 것이다. 따라서 66일간은 오직 학교와 기숙사에서만 생활하도록 하고 있다.

학생들이 기숙사 생활을 하는 기간에는 인터넷, 핸드폰 사용이 전면 금지되며, 모든 수업시간을 인성교육의 장으로 규정하고 있다. 특히 교사와 학생 간에 5대 학습윤리(시간 엄수, 수업 참여, 과제 윤리, 역할 수행, 언어 품격)와 9대 습관(건강 습관, 식사 습관, 시간 준수, 인사 잘하기, 바른말 쓰기, 규칙 지키기, 바른 수업 태도, 학습 계획 수립, 자기주도 학습)을 정해 지키도록 하고 있다.

---

10. http://www.eduinnews.co.kr/news/articleView.html?idxno=8185

▶ 디플로마 제도의 운영

한편 삼성고는 CNSA(Chungnam Samsung Academy) 디플로마 제도를 운영하고 있다. 이수 과정을 정리하면 다음의 그림과 같다.

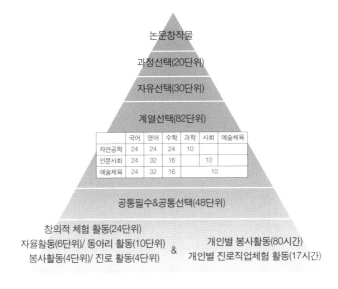

CNSA 디플로마 이수 모형도

디플로마 제도의 목적은 학생들이 자신이 선택한 과목을 모두 이수하게 되면 습득한 내용을 바탕으로 자기의 관심 분야에 대한 프로젝트 및 연구를 수행할 수 있도록 돕기 위함이다. 이러한 과정을 통해 논문이나 창작물 등의 산출물을 학교에 제출하면 졸업장 외에 디플로마를 추가로 취득할 수 있다.

　기본적으로 본인이 선택한 과정에 대해 CNSA 디플로마가 수여되는데, 만약 다른 과목을 15단위 이상 추가로 이수할 경우에는 융합 디플로마(Dual Diploma)를, 수학·과학 등의 과목 중 심화 과정을 이수해 학업성취가 높은 학생에겐 고급 디플로마(Honor Diploma)를, 외국어로 진행하는 교과목을 이수하여 외국어 강의 수강 능력이 있는 학생에겐 이중언어 디플로마(Bilingual Diploma)를 추가로 제공하기도 한다.

| 표 5-14 | 삼성고의 디플로마 종류 및 이수조건

계열	과정	종류 및 이수조건
자연공학	자연과학	CNSA Diploma 교과활동(180단위+논문/창작물) + 창의적 체험 활동(24단위+MSMP 수료+ 개별봉사 80시간 + 진로체험 활동(17시간)
	공학	
	IT	
	생명과학	
인문사회	국제인문	Dual Diploma(융합 디플로마) CNSA Diploma + 과정선택과목 30단위(6과목) 중 타과정의 과정선택을 최소 10단위(2과목) 이수
	사회과학	
	경제경영	
예술체육	예술체육	Honor Diploma(고급 디플로마) CNSA Diploma + 과정선택과목 중 각 학과에서 고급과정으로 개설한 과목(H) 3과목 이상 이수(고급 과목은 수강조건 및 이수조건을 충족해야 함) Bilingual Diploma(이중언어 디플로마) -CNSA Diploma + 영어로 진행되는 과목이나 영어 교재로 수업하는 과목(B)을 20단위(4과목) 이상 이수

※과정별 디플로마 취득을 위해서는 공통필수과목 48단위, 계열선택과목 20단위 이상을 이수 해야 하며, 학생들은 자유선택과목 30단위를 활용하여 융합 디플로마(Dual-diploma)를 취득 할 수 있도록 하여 융합형 인재로 성장할 수 있도록 한다.

▶ 학생 중심의 선택과목 편성과 운영

삼성고는 **무학년제·자율이수 교육과정**을 추구한다. 즉 학교에서 개 설한 공통선택, 계열선택, 과정선택, 자유선택 과목 중 이수단위에 맞게 개별학생이 자유롭게 선택해서 수강하는 시스템을 구축하고 있는데, 이는 마치 대학의 수강신청체계와도 유사한 형태라고 볼 수 있다.

삼성고는 교과 활동 영역 180단위, 창의적 체험 활동 영역 24단위의 총 204단위를 편성 및 운영하고 있다. 교과는 공통선택 48단위, 계열선택 82단위, 과정선택 20단위, 자유선택 30단위로 구분된다. 창의적 체험 활동 영역은 자율활동 6단위를, 동아리 활동 10단위, 봉사활동 4단위, 진로 활동 4단위로 편성되어 있다.

학생이 전공하게 될 계열은 자연공학계열, 인문사회계열, 예술체육계열 등 3개로 운영되며, 그 하위에는 8개의 세부과정이 마련되어 있다. 즉 자연공학계열은 자연과학, 공학, IT, 생명과학 과정을, 인문사회 계열은 국제인문, 사회과학, 경제경영 과정을, 예술체육계열은 예술 과정을 밟게 되는 식이다.

우선 공통선택 13개 과목을 지정된 학기에 편성·운영하고 있다. 이수 학기별로 자세한 편성 현황은 표 5-15와 같다(306쪽).

둘째, 계열 선택은 대학에서의 학업 수행에 필요한 기본 능력과 문제해결력 배양 및 자신의 진로에 입각한 상급학교 입학 준비와 필요한 학업 수행 역량을 갖추도록 하는 데 목적이 있다. 계열별로 교과 군을 편성·운영하여 지정된 교과군의 계열선택과목 중 원하는 과목을 선택하여 지정한 학기에 이수하도록 한다.

과정 선택은 대학에서의 전공 연계 및 학생의 전공 적합도를 향상시킬 수 있는 다양한 연계 과목을 개설·운영하려는 취지로 편성된다. 개설된 과정 선택과목 중 원하는 과목 4개를 선택하여 총 20단위를 이수시키고 있다. 또한 각 교과별 최고 레벨의 과목인 Honor 과목, 수업과 평가 문항이 외국어로 진행되는 Bi-Lingual 과목, 교육청의 교과 분류에서 보통교과 중 생활·교양 영역에 해당하는 과목, 전문교과에 해당하는 과목을 개설하여 수월성과 글로벌 역량을 개발할 수 있도록 하고 있다.

| 표 5-15 | 삼성고의 이수 학기별 공통선택과목 편성 현황

구분	과목명	이수학기별 수						소계
		1-1	1-2	2-1	2-2	3-1	3-2	
사회	한국사	3	3					6
	경제	2	2					4
과학	물리1, 화학1, 생명 과학1 중 택1	5						5
	물리1, 화학1, 생명 과학 1중 택1		5					5
체육	운동과 건강생활	2	2					4
	스포츠 문화			2	2			4
	스포츠 과학					1	1	2
생활 교양 교양	기술가정	2	2					4
	중국어1, 일본어1 중 택1	2	2					4
	철학	1	1					2
	진로와 직업					1	1	2
예술	음악과 생활	1	1					2
	미술문화			2	2			4
계								48

※출처: 학교 알리미 서비스(http://www.schoolinfo.go.kr/ei/ss/Pneiss_b01 _s2do#frame

삼성고에서는 모든 교과 과목의 기준단위를 5단위로 설정한다. 각 학과에서는 교사와 학생들의 요청을 수용하여 신규 과목을 개설할 수 있다. 만일 국내 교육과정 목록에 없는 과목을 신설할 경우에는 사용할 교재 개발 및 사용 계획을 함께 제출하여야 한다.

▶ 3계열 8과정 운영

삼성고는 학생들이 진학 진로에 적합한 역량을 갖출 수 있도록 3개의 계열 및 8개의 하위과정으로 교육과정을 편성하고 있다. 자연공학계열은 기초영역에서 국어, 수학, 영어의 단위를 각각 24, 24, 24로 배당하고 있다. 반면에 인문사회계열과 예술체육계열은 각각 24, 16, 32 단위가 배정된다. 다음의 그림은 각 계열별 하위과정들을 나타낸 것이다.

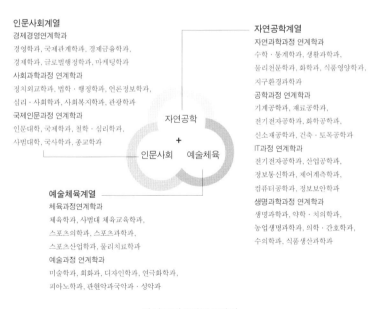

삼성고의 3계열 8과정

탐구과목 역시 계열의 특성에 상응하게 조정된다. 각 과정의 특성이 가장 잘 드러나는 것은 진로집중 선택 및 자유 선택 영역이다. 가령 공학 과정의 경우, 공학기술, 고급물리, 과제연구, 고급 수학Ⅰ, 로봇 제작, 전자회로, 제품 디자인과 같은 선택과목이 개설되는 반면, 사회과학 과정에서는 동아시아사, 세계사, 법과 정치, 국제정치, 국제관계와 국제기구, 세계문제, 비교문화, 사회과학방법론, 한국의 사회와 문화, 국제법, 논리학, 논술 등과 같은 선택과목을 개설하는 등 각 과정별로 특성에 알맞은 과목들을 배치하고 있다.

풍부한 인적·물적 지원을 바탕으로 한
교육과정 운영의 내실화를 위하여

삼성고는 학생의 선택에 기반을 둔 다양한 교육과정을 편성 및 운영하는 데 알맞은 시설이나 환경, 인적 구성 등을 고루 갖추고 있다. 가령 교원 1인당 학생 비율이 일반적인 고등학교 상황에 비해 훨씬 친화적인 11대 1의 비율로 나타난다든지, 다양한 교육과정 운영의 토대가 되는 교과교실이나 특별교실 등을 넉넉히 확보하고 있다는 점에서 여타 학교들에 비해 매우 좋은 조건을 갖추고 있는 게 부인할 수 없는 사실이다. 아울러 스마트스쿨 시스템을 통해 최신의 IT 및 디지털 기술 등을 교수·학습에 충분히 활용하고 있는 점 또한 그러하다.

이러한 배경에는 무엇보다 삼성고가 자율형 사립고등학교이며, 특정 기업과 특별한 관계를 맺고 있기 때문에, 즉 튼튼한 재정적 토대와 충분한 물적 지원이 가능한 특수한 상황조건 때문일 것이다. 그렇다면 결국 이 말은 삼성고에서 이루어지고 있는 일들이 일반적인 현행 고등학교 상황에서는 적용되고 일상화되기 어렵다는 뜻이 된다. 아울러 삼성고의 사례를 학점제의 전형으로 삼기도 어렵다는 것을 뜻한다.

그러나 역으로 생각해보면 삼성고의 사례는 학생의 선택권을 확대하고 미래 사회에 걸맞은 인재를 키워내기 위한 다양한 교육과정 편성·운영이 이루어지려면 앞으로 어떤 노력과 지원이 구체적으로 뒷받침되어야 하는가를 고스란히 보여주고 있다고도 할 수 있다. 즉 우리는 삼성고의 사례를 통해 다음과 같은 시사점을 도출해낼 수 있을 것이다.

▶ **교원 1인당 적정 학생 수에 대한 고민**

선택 과정을 충분히 개설하고 다양한 수강이 이루어질 수 있도록 하려면 교원 1인당 학생 비율이 현재 우리나라 평균 수준보다 현격히 낮아져야 한다는 것을 알 수 있다. 즉 역량 있는 교원들의 충분한 수급이 전제될 수 있어야 한다는 뜻이다. 그뿐만 아니라 학생의 선택을 충분히 고려한 탄력적인 교육과정 편성이 이루어지려면 교원 운영의 융통성도 필요하다. 가령 삼성고의 경우 33명이나 되는 기간제 교원과 그밖에도 다양한 강사 자원을 활용하고 있다는 점에 주목해야 한다. 고교학점제의 시행과 정착은 현재의 국공립학교의 교원 수급과 운용 시스템에 대한 숙고와 개선책 마련이 시급하다는 것을 인식하게 하는 데 중요한 계기가 될 것이라는 점은 분명하다.

▶ 학생들의 자기주도적 학습 지원을 위한 방안의 마련

학생들의 다양한 선택이 교육적 효과로 이어지려면 학생 스스로의 자율적이고 자기주도적인 학습을 장려하고 지원하는 방안을 모색할 필요가 있다는 것을 알 수 있다. 그 점에서 삼성고에서 자기주도적 학습 실현, 자율이수 교육과정을 표방하고 있다는 점은 시사하는 바가 크다. 왜냐하면 학생들의 선택권을 확대해주는 것만으로는 의미 있는 교육적 성과를 얻을 수도 없고, 또 학교와 교사가 모든 것을 책임지고 해결해줄 수도 없는 노릇이기 때문이다. 결국 교육과정의 내실 있는 운영을 위해서는 학생 스스로 그것을 자기주도적으로 수행할 수 있는 환경과 경험을 어떻게, 얼마나 만들어줄 수 있는지가 중요한 포인트가 될 것이다.

▶ 교육과정 기반의 학교 시설과 설비 구축

삼성고의 사례에서 볼 수 있는 것처럼, 전통적인 강의와 연구 관행에서 벗어난 창의적·혁신적 교육과정 운영을 위해서는 교수 조직, 시설 및 설비의 배치와 운용에 대한 진지한 고민과 개선 노력이 필요하다. 이에 교육과정 기반의 학교 시설과 설비를 갖출 필요가 있을 것이다. 아울러 교사들의 행정업무 부담을 줄여주기 위한 노력과 실질적인 지원 또한 요구된다.

▶ 비전과 철학의 공유

아무리 풍부한 인적·물적 지원을 해주어도, 정작 각 학교구성원들 사이에 학점제 운영에 관한 철학과 가치가 공유되지 않는다면 겉만 번드르르한 속 빈 강정에 불과하다. 따라서 각 학교는 구성원들이 함께 어떤 방식으로 비전과 철학을 공유할지에 대해 고민해야 할 것이다. 즉 학교의 명확한 비전 수립과 그 비전을 실현시켜갈 의지를 각 학교구성원들이 어떻게 공유하게 할 것인지에 대한 방안을 마련해야 한다. 그리고 이와 같은 학교 나름의 교육 노력이 순항하려면 각 학교의 교육과정 운영 자율성을 존중해주고, 중앙정부 차원에서 이를 섣부르게 통제하지 않는 인내심이 필요하다.

삼성고의 경우에는 사실 자립형 사립고등학교라는 환경이 이를 가능하게 만든 동력이기는 하다. 하지만 일반적인 고등학교 상황이라고 해서 결코 불가능한 일은 아닐 것이다. 다양성은 자율과 존중에서 나오는 것이지 규제와 지시에서 오는 것이 아니기 때문이다. 즉 근본적으로 각 학교의 의지와 방향을 믿고, 각 학교의 자율적인 교육과정 행위를 존중하는 교육정책 및 행정 분위기가 형성되어야 할 것이다.

05 우리나라 고교학점제의 현주소와 향후 과제

지금까지 우리나라에서 고교학점제가 어떤 식으로 운영되고 있는지 몇몇 학교 사례를 중심으로 살펴보았다. 비록 일부 학교의 사례이기는 하지만, 기존의 획일적인 교육과정 운영 방식과는 달리 학생들 개개인의 적성과 흥미를 고려한 다양한 과목들을 개설하고 그들의 선택권을 존중함으로써 수업 참여도라든가 학습동기, 학교생활 만족도 등을 전반적으로 높일 수 있었다. 사례 학교별로 처한 조건과 상황은 저마다 달랐지만, 다양한 교육과정 운영을 통해 학생들의 관심과 진로를 충분히 반영함으로써 수업에서 소외되는 학생들이 줄어드는 효과는 물론, 교사들 또한 가르침이라고 하는 본연의 업무에 좀 더 몰입하도록 적극 지원함으로써 전문성과 업무 만족도를 높여줄 수 있었던 것이다.

다만 앞으로 모든 학교에 고교학점제가 성공적으로 도입 및 정착되기 위해서는 현재까지 운영된 사례들에서 살펴본 각 학교들의 노력에 더해 정부 차원에서의 아낌없는 지원도 이루어져야 할

것이다. 이러한 관점에서 볼 때, 현재까지의 성과와 한계를 다시
한 번 짚어보는 것은 의미 있는 일이라고 생각한다. 이에 국내 사
례를 마무리하면서 고교학점제의 성과와 앞으로 제도의 전면 실
행을 위해 개선되어야 할 과제들을 정리해보려고 한다.

고교학점제, 어떤 성과를 거두었나?

우리나라는 **고교학점제 지원센터**를 통해서 학생 중심의 진로 맞춤
형 고교학점제를 도입·확산하고, 이를 통해 고교 교육의 체제 및
학교 운영의 혁신을 선도하고 있다. 아울러 학점제 실행에서 예견
되는 현장의 어려움을 파악하고 지원하여 고교학점제가 단위학교
에 안정적으로 도입될 수 있는 기반을 마련하고 있으며, 고교학점
제 실행 과정에 대한 상시 모니터링과 컨설팅 수행 등을 통해 학
교 현장을 전문적으로 지원하고 있다.

　고교학점제 도입 추진 방향 및 과제(1차), 교육과정 개선 방안(2
차), 교육평가 개선 방안(3차), 직업계고 학점제 실행 방안(4차), 교
원 수급 및 시설 개선 방안(5차) 등의 내용으로 5번의 포럼을 개최
하기도 했다. 또한 고교학점제 홈페이지와 수강신청 프로그램을
개발하여 보급하였으며, 연구학교를 대상으로 학교당 2회의 컨설
팅을 진행하였다. 이를 통해 연구학교의 애로사항을 해결하는 성
과를 이루어냈다. 구체적인 성과를 정리하면 다음과 같다.

▶ 교육과정 다양화를 위한 지속적 노력

2018학년도에 입학한 학생들이 2019년과 2020년에 수강하게 될 과목 선택의 확대를 통해 교육과정을 다양화하도록 노력하고 있다. 여러 차례의 과목 수요 조사를 실시하면서 학교 실정에 맞는 교육과정을 편성하였으며, 편성된 교육과정이 잘 운영될 수 있는지 가상의 시간표를 작성하는 작업들을 반복하여 진행하고 있다. 이러한 과정을 통해 다음해에 필요한 과목별 교사 수요를 파악할 수 있었다. 아울러 부족한 교사에 대한 대책을 마련하기 위한 근거가 되고 있다.

▶ 학습자 중심의 교육과정 운영

단 한 사람 학생의 요구라도 더 교육과정 편성 과정에 반영될 수 있도록 반복적인 수요 조사와 상담을 실시하였다. 비록 학교별로 차이는 있으나, 5회 이상의 반복적인 노력을 요하였다. 더불어 학부모에 대한 상담이 있어야 학생의 선택이 고정되는 만큼 일과 후의 시간을 이용하여 상담을 진행하는 학교들이 대부분이었다. 이를 통해 학교 교육에 대한 만족도를 높이는 데도 어느 정도 기여했다고 판단된다.

▶ 학교 운영체제의 자율성 확대

고교학점제의 가장 큰 장점은 학교 운영에 대한 자율학교 수준의 자율성 확대라고 할 수 있다. 이를 실현하기 위해 교원업무 조직을 유연하게 하고, 교사의 업무 경감을 위해 학교구성원 모두가 노력하였으며, 이는 탑다운(Top-down) 방식에서 바텀업(bottom-up) 방식으로 학교 문화의 변화를 가져왔다. 즉 과거에는 학교장에 의한 독단적인 의사결정 방식이 주를 이루었다면, 고교학점제를 통해 학교구성원들에게 권한이 고루 위임되는 **분산적 리더십**에 의한 의사결정 방식으로 바뀌는 계기가 마련되었다.

▶ **교육의 질 개선을 위한 실질적 조치**

고교학점제는 획일적인 교육에서 벗어나 다양한 교육을 추구하면서 학생 개개인에 맞는 **맞춤형 교육과정**을 제공하게 되었다. 이는 공동교육과정의 운영이나 교과중점학교, 지역사회 연계형 교육과정을 통해서 이루어지게 되었다. 1학년의 공통과목에서 벗어나 일반 선택과 진로 선택이 본격적으로 시행되는 2019학년도가 되면 이러한 현상은 한층 더 다양하게 전개될 것으로 예측된다. 또한 미이수 예방 프로그램들이 작동됨으로써 공교육의 질을 한층 향상시키는 역할을 하게 될 것으로 기대한다.

고교학점제 전면 실행을 위한 극복 방안

위에서 정리한 주목할 만한 성과에도 불구하고 고교학점제를 완전히 도입하기까지는 아직도 갈 길이 멀기만 하다. 실제로도 벌써

몇몇 한계와 문제점이 드러나고 있다. 이에 대해 고교학점제에 대한 인식 부족, 단계적 로드맵 제시 필요, 학교 현장의 현실적 제약에 대한 우려, 대입과의 연계 필요로 나누어 좀 더 자세히 살펴보고자 한다.

▶ 고교학점제에 대한 인식 부족 개선

고교학점제에 대한 논의는 지속적으로 이루어지고 있으나, 제도의 완성도에 따라 다양한 모습으로 구현될 수 있다 보니 아직까지는 학점제에 대한 공감대 및 인식이 턱없이 부족한 것이 사실이다. 고교학점제는 국가나 사회적 요구를 반영하는 것으로 학생과 학부모의 만족도는 높을 수 있다. 하지만 사실 교사들에게는 상당한 희생이 따를 수밖에 없다. 무엇보다 한 명의 교사가 담당하게 될 과목 수가 증가하게 됨으로써 이에 대한 수업 준비와 평가에 대한 부담이 증가한다. 따라서 고교학점제 개념과 취지, 도입 일정, 완성 모형 등에 대한 대국민 홍보 및 논의의 장을 마련해 인식 제고 및 의견 수렴의 기회를 좀 더 확대하여 예견되는 여러 가지 불만들을 줄이려는 노력을 아끼지 말아야 할 것이다.

▶ 단계적 로드맵 제시 필요

고교학점제의 이상적 운영 모델을 구현하려면 현행 **학사제도 전반의 큰 변화**가 요구된다. 따라서 종합적 제도 정비를 통한 단계적인 로드맵의 제시가 필요하다. 물론 고교학점제의 요소 중에는 내년부터 당장 시행해도 별 문제가 없는 부분들도 있다. 하지만 교원 수급이나 미이수제 대한 내용, 학교 시설 등과 같은 부분들은 상당한 기간을 두고 차분히 준비되어야 할 것들이다.

특히 교사의 경우는 예비 단계인 사범대학의 복수전공과 부전공에 대한 준비부터 이루어져야 하므로 장기적인 관점에서의 대책 마련이 필요하다. 이를 위해서 고교학점제의 비전과 이를 통해 구현될 학교 현장의 변화 모습을 제시하고, 제도의 안정적 정착을 위한 장·단기적, 구체적 추진 계획을 마련해야 할 것이다.

▶ 학교 현장의 현실적 제약에 대한 혼란의 최소화

아마도 이명박 정부의 교과교실제와 박근혜 정부의 자유학기제를 기억하고 있을 것이다. 도입 초기에 상당한 제약으로 인하여 학교 현장에서 부정적인 이미지를 키우고, 강한 반발을 야기했다. 아직까지도 그중 일부는 완전히 해소되지 못한 상태이다.

고교학점제도 별반 다르지 않다. 벌써부터 현장에서는 교원 및 교실의 부족, 평가 관리의 공정성·투명성 문제, 잦은 교육과정 개정 등에 대한 우려로 학점제 도입 초기부터 부정적인 의견들이 쏟아지고 있는 만큼 이에 대한 철저한 대비가 필요하다. 예컨대 좀 더 적극적으로 교원 및 인프라를 지원하고, 평가의 신뢰성을 확보해야 하며, 교육과정 개정 최소화 등 현실성 있는 대안들을 모색함으로써 학점제가 현장에 안정적으로 도입될 수 있도록 해야 할 것이다. 특히 현장의 수많은 교원들에게 신뢰를 심어주는 것이 중요하다. 이러한 노력들을 통해 제도 도입으로 인한 혼란을 가급적 최소화할 수 있을 것이다.

▶ 대학 입시와의 연계와 적극적 홍보의 필요성

우리나라의 고등학교 교육은 아직까지 대학 입시를 빼놓고 생각하기 어렵다. 오죽하면 항간에는 기-승-전-대입이라는 우스갯말로 고교 교육이 대학 입시에 종속된 현실을 빗대고 있는 형편이다. 벌써부터 대입 개선안(2018.8.17.) 발표에 따른 정시 확대 방침 등으로 인해 학생들의 자유로운 과목 선택이 제약될 테니 고교학점제 실행은 이제 어려워진 게 아니냐는 현장의 볼멘소리들이 쏟아지고 있다.

실제로 그 발표에 영향을 받는 대학은 수도권의 10여개 대학으로 모집정원도 2,000여명 정도 증가하는 데 그치는 것으로 조사되었다. 하지만 오직 정시 확대라는 메시지에만 매몰되어서 진로 선택과목에 대한 등급 폐지라든가, 수학능력시험에서의 수학과 국어의 선택 실시, EBS 연계 출제율의 축소 같은 부분과 학교생활기록부의 기록 변화 등에 관한 내용들은 상대적으로 대중에게 잘 전달되지 못했다는 점을 분명히 짚고 넘어가고 싶다.

기존에 찾아가는 정책설명회를 통하여 전국의 학부모들을 대상으로 설명회를 개최하였을 때 학부모들의 반응을 보면 언론의 보도가 얼마나 큰 역할을 하는지 확인한 바 있다. 학생부전형에 주력하여 학생들의 자기주도적 과목 이수 이력이 고려될 수 있도록 유도하는 등 학점제와 대입의 연계 방안에 대한 지속적인 홍보 전략을 모색해야 할 것이다.

최근에 대중적 분노를 일으킨 서울 모여고의 성적 조작 사건의 경우를 보더라도 실질적으로 영향을 미치는 것은 학생부 '교과'전형이다. 하지만 어찌된 영문인지 언론의 보도는 온통 학생부 '종합'전형을 비난하는 데만 초점이 맞춰진 것 같다. 대학 입시를 잘 알고 있는 관계자라면 언론이 얼마나 상황을 왜곡해서 보도하고 있는지를 잘 알 수 있을 것이다.

▶ 고교학점제 전반의 복잡성 해결

고교학점제의 비전을 제대로 추진하기 위해서는 추진 배경과 그 이유 또한 명확해야 하며, 고교학점제라는 개념 자체가 가진 생소함을 극복해야 한다. 아울러 교육과정 전반을 포함해서 모든 교육 영역을 손대야 하는 일인 만큼 그 추진 시기와 로드맵이 명확하게 제시되어야 할 것이다. 무엇보다 이제 교육이 단위학교를 넘어 학교 간 그리고 지역과 마을로 확장되고 있는 만큼 고교학점제가 실현되는 공간의 의미도 사뭇 달라진다. 이를 위해 교육부, 시·도교육청, 단위학교가 서로 소통하고 협력할 수 있을 때 실질적인 추진이 가능할 것이다. 실질적인 추진이 가능하려면 실천 방법 또한 명확히 제시되어야 한다. 다음의 그림(320쪽)에서 정리한 바와 같이 고교학점제는 앞으로 매우 복잡한 문제들을 차근차근 해결해 나가야 한다.[11]

고교학점제 전반에 관련된 복잡한 문제들

▶ **종합적인 대책 마련 필요**

고교학점제가 안정적으로 운영되려면 321쪽 그림처럼 교육과정, 평가, 졸업제도, 학교 문화, 교원, 시설, NEIS, 쟁점 등 여러 요소들이 착착 맞물려 돌아가야 한다. 만약 어느 하나라도 어긋나면 전체에 악영향을 미칠 수 있다. 따라서 각 분야의 전문가들이 함께 발생 가능한 온갖 문제들에 대한 구체적인 해법을 찾아야 한다. 교육에 대한 비판 중 가장 쓰라린 표현이 "왜 우리가 실험집단이 되어야 하느냐?"라는 점을 기억해야 할 것이다.

11. 김응현(2018), "고교 간 공동체성의 회복과 고교교육 혁신의 기제", 고교교육 정상화를 위한 고교학점제 미래포럼 자료집, p.8

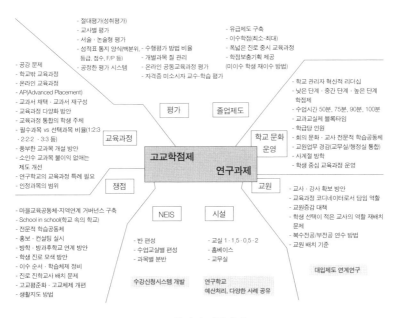

고교학점제 연구과제

평가
- 절대평가(성취평가)
- 교사별 평가
- 서술 · 논술형 평가
- 성적표 통지 양식(백분위, 등급, 점수, F/P 등)
- 공정한 평가 시스템
- 수행평가 방법 비율
- 개별과목 질 관리
- 온라인 공동교육과정 평가
- 자격증 미소지자 교수-학습 평가

졸업제도
- 유급제도 구축
- 이수학점(최소-최대)
- 폭넓은 진로 중시 교육과정
- 학점보충기획 제공
- (미이수 학생 재이수 방법)

교육과정
- 공강 문제
- 학교밖 교육과정
- 온라인 교육과정
- AP(Advanced Placement)
- 교과서 채택 · 교과서 재구성
- 교육과정 다양화 방안
- 교육과정 통합의 학생 주체
- 필수과목 vs 선택과목 비율(1:2:3 · 2:2:2 · 3:3 등)
- 풍부한 교과목 개설 방안
- 소인수 교과목 불이익 없애는 제도 개선
- 연구학교의 교육과정 특례 필요
- 인정과목의 범위

학교 문화 운영
- 학교 관리자 혁신적 리더십
- 낮은 단계 · 중간 단계 · 높은 단계 학점제
- 수업시간 50분, 75분, 90분, 100분
- 교과교실제 블록타임
- 학급당 인원
- 회의 문화 · 교사 전문적 학습공동체
- 교원업무 경감(교무실/행정실 통합)
- 사계절 방학
- 학생 중심 교육과정 운영

고교학점제

연구과제

쟁점
- 마을교육공동체-지역연계 거버넌스 구축
- School in school(학교 속의 학교)
- 전문적 학습공동체
- 홍보 · 컨설팅 실시
- 방학 · 방과후학교 연계 방안
- 학생 진로 모색 방안
- 이수 순서 · 학습체제 정비
- 진로 진학교사 배치 문제
- 고교평준화 · 고교체제 개편
- 생활지도 방법

교원
- 교사 · 강사 확보 방안
- 교육과정 코디네이터로서 담임 역할
- 교원증감 대책
- 학생 선택이 적은 교사의 역할 재배치 문제
- 복수전공/부전공 연수 방법
- 교원 배치 기준

NEIS
- 반 편성
- 수업교실별 편성
- 과목별 분반

시설
- 교실 1 · 1.5 · 0.5 · 2
- 홈베이스
- 교무실

수강신청시스템 개발

연구학교 예산처리, 다양한 사례 공유

대입제도 연계연구

고교학점제 도입을 위한
각 단위별 지원은 어떻게 이루어져야 하나?

이제 이 장을 마치기 전에 각 단위별로 고교학점제 도입을 위해 앞으로 어떤 역할들을 수행해야 하는지 살펴보려 한다. 고교학점제의 성공적 도입을 위해서는 각각의 단위에서 맡아서 수행해야 할 역할들이 다르기 때문이다. 이를 중앙정부(교육부) 차원의 지원, 도교육청 및 교육지원청 차원의 지원, 단위학교 차원의 지원으로 나누어 살펴볼 것이다.

▶ **중앙정부(교육부) 차원의 지원**

중앙정부 차원의 지원은 성취평가제 도입, 대학 교원의 고등학교 강의시수 인정, 교사 양성 정책, 대입제도 개선, 새로운 패러다임의 교과교실제 등이 있다.

① 학생평가의 성취평가제 도입

교육부는 발표(2018.8.17)를 통해 2019년 입학생부터 진로선택 영역의 학생평가를 **성취평가제**로 하기로 하였다. 이는 학생의 다양한 과목 선택을 위한 최소한의 조치로 판단된다. 진로 선택부터 시작해 일반 선택으로 확대되다가, 결국 고등학교의 모든 과목이 성취평가제로 전환될 것이다. 이것이 2025년 학점제가 본격적으로 도입되는 해부터 적용되기를 필자들은 기대해본다. 현장의 혼란을 줄이려면 이수 여부 판정을 위한 최소 성취수준을 개발하고(2025년 적용), 이 설정주체는 국가(교육부)가 중심이 되어야 한다. 또한 지필(선다형) 평가 축소, 서술·논술형, 수행평가의 확대 등 학습과정과 성장에 초점을 둔 과정 중심 평가로 전환해야 한다. 이는

최소 성취수준 설정

• **현황**: 국가 차원에서 교과별 성취수준(평가기준)이 개발·보급되고 있으며, 단위학교에서는 이를 활용하여 성취수준(A~E) 및 구분 점수(분할점수)를 결정·적용
  ※ 연구학교는 학기말 성적 40점, 성취도 E등급과 같은 최소 성취수준을 별도로 설정
• **검토사항**: 고교학점제 본격 실행 시 최소 성취수준의 설정주체(교육부가 되어야 함)
  ☞ 현장 의견에 의하면 수업·평가의 획일화에 대한 우려가 있으나 제도 도입 초기에는 학교의 부담 완화를 위하여 국가 차원에서 공통안 개발·제시 필요

학생평가 역량제고 교원연수, 평가모형 개발, 평가전문성 제고를 위한 학생평가 지원단 구성·운영 등을 통해 과정 중심 평가를 지원함으로써 가능하다.

② 다양한 교육과정 운영을 위한 유연한 교원 운영 방안 마련

현행 교원배치 기준인 학급당 교원 운영으로는 교육과정의 다양한 운영에 제한적이다. 따라서 수업시수에 따른 교원 배치로 바뀌어야 다양한 교과를 개설해도 교사들의 수업시수가 일정하게 유지될 수 있다. 이를 위해 시간제근무 기간제교원이나 겸임교원을 통해 교원 운영을 유연화해야 한다. 또한 중등교원들도 대학의 교수처럼 주당 수업시수에 대한 기준 마련과 1명의 교원이 다(多)과목 지도나 보직을 맡을 경우 수업시수를 일정량 줄여주어야 하며, 이를 위한 종합적인 검토와 연구 방안이 꼭 필요하다.

시간제근무 기간제교원

임용권자는 학교장으로 임용근거는 「교육공무원임용령」 제13조 제2항이다. 학교장이 담당교과 시수 및 예산 등을 종합적으로 고려해 근무조건(격일 또는 반일, 시간제 등 임용계약)을 다양화하고, 근무일수나 시간에 비례해 보수를 지급한다. 다양한 교육과정 개설·운영을 위해 학교운영위원회 심의를 거쳐 학교예산 범위 내에서 정원 외로 시간제근무 기간제교원을 임용할 수 있다.

「교육공무원임용령」 제13조 제2항: 법 제32조 제1항 제3호부터 제5호까지의 규정에 따라 기간제교원을 임용할 경우 주당 6시간 이상 35시간 이하 근무시간 범위에서 시간제로 근무하는 기간제교원을 임용할 수 있다.
  3. 특정 교과를 한시적으로 담당하도록 할 필요가 있는 경우
  4. 교육공무원이었던 사람의 지식이나 경험을 활용할 필요가 있는 경우

③ 교사 양성 정책 전환

교육과정 다양화에 맞추어 한 명의 교사가 다수의 과목을 지도할 수 있도록 교원 양성 기관 교육과정을 개선하여 복수전공·부전공을 이수한 예비교사의 양성을 적극 지원할 필요가 있다. 예비교사와는 별도로 기존 교원들도 부전공을 할 수 있는 기회를 확대 마련해야 하고, 복수자격 소지 및 다(多)과목 지도교사에 대한 인센티브 방안도 마련될 필요가 있다.

예컨대 복수·부전공 이수의 활성화, 복수교과에 걸친 교과 역량 및 수업설계 지원 등 교원의 전문성을 강화하는 연수를 확대함으로써 복수교과 지도 또는 교육 활동 지원을 위해 직무연수, 특별이수과정을 기획하는 등 각 시·도의 수요를 반영한 (복수)교과 재교육 및 연수를 강화할 필요가 있다. 아울러 각 학교 현장에서도 2019년부터 연구학교 등에서 신설되는 교과목에 대해 방학 등을 이용한 연수를 진행해주기를 희망하는 교사들의 요구가 점차 높아지고 있는 실정이다.

교원자격체계 제도 개선

- 다(多)과목 교수 교원 양성·임용·연수 지원
  - 교원자격 부여 시 표시과목에 부전공 포함(예: 화학 전공 / 과학 부전공) 검토
  - 교원 양성 기관 교육과정을 개선*하여 현장성 있는 교육을 받은 예비교원 양성
    *동일계열 전공학점 이수 인정범위 확대 등을 통해 복수전공 이수여건 개선 지원 등
  - 교원연수 확대를 통해 다(多)과목 지도역량 강화 및 인센티브 방안 마련

④ 학교 교육과정 다양화와 일치하는 대입제도 개선 방안

2018년 8월 17일에 발표한 2022년 대학 입시 개편안에서 정시를 30%로 확대한다는 내용은 학교 현장에 많은 혼란과 불안을 초래하였다. 심지어 고교학점제 연구학교 내에서의 추진동력 또한 많이 떨어뜨린 게 사실이다. 이를 이전의 상황으로 되돌리려면 학교 교육과정 다양화와 일치하는 대입제도의 근본적인 개선안이 마련되어야 한다. 예컨대 학생부종합전형의 방법을 한층 구체화할 필요가 있다. 특히 이 전형에서 전공 적합성에 대한 판단기준에 고등학교에서 이수한 과목들을 반영한다면 학생들의 희망에 따른 과목 선택이 확대되는 데 긍정적 영향을 미칠 것이다.

⑤ 새로운 패러다임의 교과교실제

교과교실제의 세 가지 중점이었던 집중이수, 블록타임, 이동수업은 사실 고교학점제가 이루어지기 위한 필수조건이다. 지금까지는 시설과 교원 중심으로 이루어진 교과교실제의 추진 동력을 앞으로는 **교육과정 다양화**에 초점을 맞출 수 있도록 지원해나가야 할 것이다. 이를 위해서는 학생 선택형 교육과정 운영에 적합하도록 지침을 개정하여 고교학점제 시설 구축을 위한 기본 사업으로 지속할 수 있어야 할 것이다. 예컨대 교과교실제 신규 도입 학교의 경우 고교학점제 선도학교로 지정하여 학점제 도입 기반의 확대와 연계하여 추진할 필요가 있다.

▶ **도교육청 및 교육지원청 차원의 지원**

고교학점제 전면 도입을 위해 도교육청 및 교육지원청 차원에서 이루어져야 하는 지원은 겸임교사제, 진로진학상담, 교육과정 운영 협의체, 교육과정 운영 중심의 인프라 개선 등으로 나누어 살펴볼 수 있다.

① 겸임교사제의 확대(일반고-일반고, 일반고-중학교, 특성화고-일반고)

현 시점에서 고교학점제를 도입하는 데 있어 가장 걸림돌이 되는 부분이 바로 교원의 운용이다. 이를 해결하기 위해서는 교사들의 근무가 지금보다는 훨씬 더 유연해질 필요가 있다. 예컨대 인근 고등학교 간 겸임(순회)교사를 활용하는 방법이 있다. 만약 이것이 여의치 않다면 병설학교의 중학교 교사를 활용할 수도 있을 것이다. 또한 일반고에서 특성화고의 과목이 개설될 경우, 특성화고 교사의 겸임(순회)교사 지원도 가능하도록 인사 규정이 마련되어야 한다.

② 진로진학 상담교사 역량 강화(학생 진로설계 코디네이터)

각 학교에 배치되어 있는 진로진학 상담교사의 역량 강화를 통해 학생 진로설계 코디네이터의 역할을 수행할 수 있게 하여야 한다. 만약 학교 규모가 커서 교사 혼자서 감당하기 어려울 경우에는 1학년 담임교사들을 대상으로 연수를 진행할 필요가 있다. 최종적으로는 2학년과 3학년의 경우 담임교사가 학생 진로설계 코디네이터로의 기능을 주로 담당하도록 전환할 필요가 있으며, 이와 관련된 직무연수의 실시가 요구된다.

③ 지역단위 교육과정 운영 협의체 조직 및 운영

지역교육청을 중심으로 하거나 4~5개의 지역교육청이 연합하여 지역단위 교육과정 운영 협의체를 조직하고 운영할 필요가 있다. 이를 통해 단위학교에 대한 교사 수급을 파악하여 부족한 부분에 대한 보완책을 마련해야 한다. 고교학점제가 시행되면 단위학교 안에서 모든 과목을 개설한다는 건 거의 불가능하다. 따라서 이러한 상설기구를 통해서 서로 협력관계를 유지해야 하는 것이다. 또한 이러한 협의체를 중심으로 교육과정 연수나, 교원학습공동체 활동을 활성화할 필요가 있다.

④ 교육과정 운영 중심의 인프라 개선 지원

단위학교에서 호소하는 가장 큰 불편 중 하나로 교무실과 행정실의 불통을 지적하는 사례들이 점점 더 늘어나고 있다. 이는 에듀

파인을 사용하게 되면서 한층 전문성을 띤 행정실의 업무가 그렇지 못한 교무실의 업무로 이동하면서 발생하게 된 것으로 파악해볼 수 있다. 이러한 문제에 대한 해결을 위해서는 교무실과 행정실 사이의 보이지 않는 유리벽을 허물고, 교육과정이 중심이 되는 학교로 점차 변화되어야 한다. 학생을 존중하는 과정 중심 학습의 질 관리는 교육과정과 평가, 기록이라는 측면에서 하나가 되어야 하고, 이를 위한 학업계획서나 진로에 대한 프로그램 마련이 절실히 요구된다.

▶ 단위학교 차원의 지원

끝으로 단위학교 차원에서 이루어져야 하는 지원을 살펴보려 한다. 단위학교 차원의 지원은 시설 보강, 교육과정 중심의 조직 운영, 철학의 공유, 학부모 공감대 확보 등으로 나누어 생각해볼 수 있다.

① 공강시간에 대비한 학교 내 시설 확충 및 재구조화

고교학점제가 시행되면 시간표의 운영은 학생의 다양한 선택에 따라 이루어지게 된다. 이러한 구조에서는 공강(空講)이 발생할 수밖에 없다. 따라서 이에 대비한 학교 내 시설 확충 및 재구조화가 필요할 것이다. 홈베이스는 학생들이 자기주도적인 학습을 할 수 있는 공간으로 기능해야 하며, 소수학생을 위한 카페 형태의 공간 또한 마련될 필요가 있다.

② 교육과정 중심의 학교 조직 운영

기존 행정 중심의 업무 분장 구조를 앞으로는 교육과정 중심의 업무 분장 구조로 개편할 필요가 있다. 특히 **교과협의회**를 통해 발휘되는 집단지성은 학교를 교육과정 중심으로 움직이게 하는 원동력이 될 것이다. 학교업무 정상화를 통해 교사들의 업무 경감을 위한 행정 및 상담 지원이 이루어진다면 학생 중심, 교육과정 중심의 학교로 한층 변모해갈 것이다.

③ 학교구성원의 교육과정 운영 철학 공유

고교학점제가 각 학교에 온전히 뿌리를 내리기 위해서는 모든 학교구성원이 한 방향을 바라볼 수 있는 철학의 공유가 중요하다. 신입생을 위한 학교 적응 프로그램과 다양한 학기제의 운영, 학생 성장 기록 누적 관리 등은 소수에 좌우되어 이루어질 수 없는 것들이다. 그렇기 때문에 학교구성원 모두가 한곳을 바라볼 수 있도록 철학이 공유되어야 한다. 또한 학교장 중심의 학교 경영관보다는 학교상, 학생상, 교사상의 마련을 통해 각 구성원들의 목표를 구체화할 필요가 있다.

④ 학부모의 교육 공감대 확보

학생, 교사, 학부모를 교육의 3주체라고 한다. 교육은 이 3주체가 함께 공감하고 협력할 때 진정한 시너지효과를 발휘할 수 있다. 즉 아무리 좋은 프로그램이라도 학부모의 동의가 전제되지 않으면 효과는 반감되기 쉽다는 뜻이다. 따라서 고교학점제의 연착륙을 위해서는 학부모들의 공감을 얻으려는 적극적인 노력이 필요하다. 일부 연구학교의 경우는 1학년 학부모들은 2·3학년 학부모들과 별도로 진행하면서 고교학점제에 대한 교육공감대를 더욱 깊이 형성하려고 노력하는 모습을 볼 수 있었다. 고교학점제는 학생의 진로와 적성에 대한 희망이 전제되지만, 아무리 취지가 좋아도 학부모의 동의 없이는 결코 실현해낼 수 없다. 다양한 학교 행사들을 통해 좀 더 적극적으로 학부모들의 공감대를 이끌어내는 것이야말로 단위학교 차원에서 이루어져야 할 또 하나의 중요한 지원이라고 생각된다.

CHAPTER 06

고교학점제,
어떻게 디자인할 것인가?

학점제가 나아가야 할 올바른 방향

지금까지 우리는 고교학점제 도입의 당위성과 도입을 위해 필요한 제반조건들을 살펴보았다. 좀 더 구체적인 이해를 돕기 위해 해외 여러 나라의 고교학점제 사례와 비록 일부 학교의 사례이기는 하지만 우리나라 고등학교에서 고교학점제가 어떤 식으로 성과를 거두고 있는지도 함께 살펴보았다. 하지만 아직 끝난 것은 아니다. 앞으로 2022년부터 고교학점제가 전면적으로 실시되기 위해서는 좀 더 확실한 큰 그림이 필요하다. 즉 올바른 방향의 정책 디자인이 그려져야 한다는 뜻이다.

뭔가 새로운 제도를 도입한다고 하면, 아무리 취지가 좋다고 해도 초기에는 제도 자체에 대한 반감이나 불안감을 가진 사람들이 있게 마련이다. 그리고 첫 단계의 기초공사가 부실하면 그 위에 아무리 튼튼한 건물을 올린다고 해도 결국에는 사상누각에 불과할 것이다.

이에 앞으로 우리나라 모든 고등학교에 학점제가 성공적으로 정착하기를 바라는 마음으로 전체적인 설계, 즉 고교학점제가 어떤 방향으로 또 어떤 모습으로 디자인되어야 하는지를 구체적으로 밝혀줄 필요가 있다고 생각한다. 아울러 우리가 함께 머리를 맞대고 극복해야 할 문제들에 관해서도 이야기해볼 것이다. 이를 통해 고교학점제 도입에 따른 혼란과 우려를 상당 부분 불식시킬 수 있다는 생각에 이 책을 마무리하기 전에 몇 자 더 덧붙이려고 한다.

HIGH SCHOOL CREDIT SYSTEM

01 학점제 도입을 위해 우리가 극복해야 할 난점과 대안

고교학점제는 미운 오리 새끼인가? 어찌된 영문인지 주변에 고교 학점제를 찬성하는 사람은 별로 없고, 우려하는 목소리만 요란하 게 들려온다. 이는 아직 가보지 않은 길이라는 점에서 두려움이 앞서기도 하고, 또 앞으로 찾아오게 될 변화가 개개인의 삶에 혹 시라도 부정적인 영향을 미칠 수도 있기 때문일 것이다.

사람들이 우려하는 것은 대체 무엇인가?

고교학점제를 누가, 왜 반대하는가? 전교조가 발표한 성명서 (2017.11.27.)에서는 첫째, 일방적으로 밀어붙여서는 안 된다. 둘 째, 고교학점제의 기본개념이 정립되어 있지 않다. 셋째, 편식교 육을 심화시킬 우려가 높다. 넷째, 비정규직 강사의 양산, 학급공 동체의 약화, 입시와의 부조화, 학사 운영의 어려움 등 많은 현실적 문제가 있다는 등의 이유를 들어 고교학점제 도입을 비판하고 있다. 이에 성명서의 내용 일부를 살펴보면 다음과 같다.

> 고교학점제를 도입하는 가장 중요한 근거로 제시하는 것은 학생의 진로·적성 교육을 강화하기 위해 과목 선택권을 대폭 확대하는 것이 필요하다는 논리이다. 그런데 현재 한국의 고등학교 교육에서 가장 큰 문제는 수능 중심의 대입 경쟁이 고등학교 교육을 지배하면서, 수능에서 비중이 높은 영어와 수학에 대해 과도한 몰입 교육이 이루어지고 있다는 것이다.
>
> 보편적 지성 발달과 가치관 형성에 있어 결정적인 시기인 10대 후반에 한국의 학생들은 영어와 수학 공부에 모든 에너지를 소모한다. 반면 인문학, 사회과학, 자연과학, 예술 등을 접할 수 있는 기회가 극히 협소하다. 고교학점제가 시행되면 여전히 국·영·수 중심의 학습을 기본으로 하는 바탕 위에 진로와 관련된 과목을 집중 선택할 것이기 때문에 학생들의 학습 불균형은 더욱 심화될 것이다.
>
> 2015 교육과정을 도입하면서 교육부는 미래에는 특수한 분야의 전문적 능력보다는 융합 능력이 중요하기 때문에 문·이과 칸막이를 없애 학생들이 여러 분야를 고루 공부할 수 있도록 하겠다는 입장을 발표하였다. 하지만 고교학점제를 추진하면서 진로·적성 교육 강화라는 명분으로 학생들의 특정 교과군 집중 이수를 장려하고 있다. 특히 2015 교육과정에서는 교과군별 필수이수단위가 매우 낮기 때문에 학습 편식 현상은 더욱 강화될 가능성이 높다. 교육부의 정책이 갈팡질팡하고 있는 것이다.
>
> — 전교조 성명서, 2017.11.27.

이와 같은 우려의 목소리에 대해서는 충분히 이해되는 바다. 좋은 취지로 정책을 발표했건만, 여러 단계를 거치면서 철학과 가치는 사라진 채 메마른 사업만 남았던 경험이 어디 한두 번인가? 하지만 고교학점제를 단순히 특정 프로그램의 도입 차원으로 바라봐서는 곤란하다. 고교학점제는 어찌 보면 '나비효과'를 일으킬 수 있다. 그만큼 파장이 어디까지 갈지 예측하기 어렵다는 뜻이다. 그렇기 때문에 한층 더 치밀하고 정교한 준비가 필요하며, 현장의 공감대를 형성해야만 한다.

그렇다면 고교학점제의 난점과 우려는 무엇일까? 또 누가 반대를 하는가? 사실 적지 않은 현장 교사들이 반대할 가능성이 크다. 왜냐하면 기존과 같이 공통교육과정 중심으로 운영하면 최소한 교육과정의 안정화가 가능하고, 이는 곧 교사 수급의 안정화로 이어지기 때문이다. 학생들의 요구 변동이 크지 않고 짜인 틀 안에서 교육과정을 운영하면 되므로, 학급이 줄지 않으면 최소 3년 이상 교육과정을 안정적으로 끌고 갈 수 있다. 그러나 고교학점제로 가게 되면 이야기는 크게 달라진다.

고교학점제는 기본적으로 다양한 학생들의 교과목 선택권을 보장해주는 방식이다. 일단 다양한 교과목을 개설해야 하는데, 이를 감당해야 하는 것은 결국 거의 교사들의 몫이다. 따라서 교사들로서는 여러모로 불편해질 수밖에 없다. 게다가 학생들이 과목을 선택하지 않으면 해당 교과의 교사는 다른 학교로 전근을 가거나, 순회근무를 해야 한다. 학생들의 교과목 수요 자체가 예측 불허이기 때문이다. 전교조의 성명서 역시 이러한 교사들의 불편한 속내를 담고 있다고 여겨진다.

또 하나는 교육과정에서 학생들의 선택권을 보장하는 게 과연 옳은가 하는 교육학적 논의이다. 이는 고등학교의 성격을 무엇으로 규정하느냐의 문제와도 연결된다. 초·중·고등학교는 시민으로서 보편 역량을 길러야 한다는 점에서 대학을 가지 않더라도 우리 사회를 살아가는 데 필요한 기본적인 지식과 가치, 태도를 배우게 하는 데 그 목적이 있다. 그렇다면 고등학교는 보편교육의 범주에 들어오게 되는데, 학생들에게 가르쳐야 할 핵심적인 내용과 요소, 성취기준 등을 어느 정도 정리하여 가르칠 필요가 있다. 그런데 선택교과목 중심으로 교육과정을 운영하게 되면 전교조의 성명서에서 언급한 것처럼 입시에 유리한 교과목 또는 흥미 위주로 교과목을 선택하게 될 가능성이 있다. 적지 않은 자율형 사립고가 그간 창의적인 교육과정을 운영하기보다는 국·영·수를 중심으로 입시에 특화된 교육과정을 운영했다는 비판을 많이 받았던 사례가 이를 뒷받침한다.

현장의 눈으로 바라본 고교학점제의 문제점

이와 같은 점을 고려하여 고교학점제 실행의 난점을 정리해보면 대략 다음과 같다. 첫째, **교육과정의 안정** 가능성을 해치고, 이는 교사의 불안감을 증폭시킬 것이다. 전교조 성명서에서도 비록 명시적으로 선언하지는 않았지만, 고교학점제가 가져올 파장과 우려를 묵시적으로 담아놓고 있다.

둘째, 고교학점제는 **시설 개선**에 많은 예산이 든다. 고교학점제의 정착을 위해서는 현재보다 여유 공간이 훨씬 더 많아져야 하는데, 그러한 여건이 아직까지 마련되어 있지 않다. 대부분의 학교는 교실이 규격화·획일화되어 있다. 하지만 고교학점제는 특정 교과목을 듣는 학생 수가 많을 수도 또는 적을 수도 있다. 이처럼 가변형 교실 공간을 만들거나, 유연한 수업 공간이 마련된 학교 시설을 만들려면 많은 예산 투입이 불가피하다.

셋째, 현재의 고등학교가 과연 다양한 교과목을 가르칠 수 있는 **시스템**인가에 관한 문제이다. 대부분의 교사들이 국어, 사회, 영어 등 특정 교과를 가르쳐왔는데, 기존에 가르치던 교과목 외에 다른 교과목을 더 가르치라는 게 과연 이 시스템에서 가능한 것인지에 대한 문제 제기가 일어날 수 있다. 여러 과목을 가르칠 수 있는 교사 양성 및 자격 시스템이 아직까지는 요원한 상황이기 때문이다.

넷째, **예산**의 문제이다. 통상 한 과목 정도를 감당할 시간강사를 한 학기 동안 초빙하는 데에는 대략 300만~500만 원 정도의 예산을 추정해볼 수 있다. 만약 10~20과목 이상 늘어나게 되면 현실적으로 단위학교 예산으로는 도저히 감당하기 어렵다. 학교는 늘 예산이 부족하다. 현장을 한번 가보라. 낡은 시설과 열악한 환경 속에서 교육이 이루어지고 있다. 시설 공사비라도 확보하려면 학교장은 교육청과 지자체를 수없이 다니면서 아쉬운 소리를 해야 하는 게 안타까운 현실이다.

　다섯째, **수능체제와 충돌**하기 때문에 고교학점제는 현실적으로 정착하기 어렵다는 주장이다. 교육부에서 발표한 2022학년도 대입제도 개편 방안 및 고교교육 혁신 방안 발표 보도자료(2018.8.17.)에서 제시한 2022 수능 과목을 기존 수능 과목과 비교해서 살펴보면 다음의 표 6-1과 같다. 기존의 수능 과목 구조를 보면, 국어과만 해도 독서, 문학, 화법과 작문, 언어가 수능 교과목에 반영되어 있다. 일선 학교는 아마 수능에 반영되는 이 과목들을 모두 편성할 것이다. 이처럼 수능 교과목에 반영된 과목들은 일단 고등학교 편제에 반영하지 않을 수 없는 게 현실이다. 고등학교 교육과정이 획일화되는 이유가 바로 여기에 있다. 한 마디로 수능 교과목 구조는 곧 단위학교의 필수교과로 이어지게 된다는 뜻이다. 이런 상황에서 선택교과라는 용어는 문서상에 그칠 뿐, 교육과정 편제의 현실로 작동하기는 어렵다.

　교육부가 발표한 2022학년도 대입은 고교학점제를 하겠다는 건지 말겠다는 건지 그 의지를 제대로 확인하기 어렵다. 정확히 말하면, 고교학점제를 공약으로 내세웠지만, 그것을 실현하겠다는 의지는 청와대로부터 확인하기 어렵다는 뜻이다. 고교학점제와 수학능력시험 정시 확대는 사실상 양립할 수 없는 모순체제라고 봐도 과언이 아니다. 공정성과 객관성을 여전히 중시하는 한국의 정서나 풍토상 수능의 위세는 아마 쉽게 꺾이지 않을 것으로 보인다.

| 표 6-1 | 기존 수능 교과와 2022 수능 교과의 비교

과목(영역)	2021 수능	2022 수능
국어	독서, 문학, 화법과작문, 언어와매체 중 언어	공통 : 독서, 문학 선택 : 화법과작문, 언어와매체 중 택1
수학	가형(이과) : 수학Ⅰ, 확률과통계, 미적분 나형(문과) : 수학Ⅰ, 수학Ⅱ, 확률과통계	공통 : 수학Ⅰ, 수학Ⅱ 선택 : 확률과통계, 미적분, 기하 중 택1
영어	영어Ⅰ, 영어Ⅱ	영어Ⅰ, 영어Ⅱ
한국사	한국사	한국사
탐구 탐구	일반계 : 사회/과학 계열 중 택2 * 사회 : 9과목 * 과학 : 8과목(과학Ⅰ·Ⅱ)	일반계 : 사회·과학 계열구분 없이 택2 * 사회 : 9과목 * 과학 : 8과목(과학Ⅰ·Ⅱ)
	직업계 : 직업계열 중 택2 * 직업 : 10과목 (농·공·상업·수 산·가사 5개 계열별 2과목씩)	직업계 : 전문공통(성공적인직업생활) + 선택(5개 계열 중 택1) * 직업 : 6과목 (성공적인직업생활, 농기초기술, 공업일반, 상업경제, 수산·해운산업의기초, 인간발달)
제2외국어 /한문	9과목 중 택1 (독일어Ⅰ, 프랑스어Ⅰ, 스페인어Ⅰ, 중국어Ⅰ, 일본어Ⅰ, 러시아어Ⅰ, 아랍어Ⅰ, 베트남어Ⅰ, 한문Ⅰ)	9과목 중 택1 (독일어Ⅰ, 프랑스어Ⅰ, 스페인어Ⅰ, 중국어Ⅰ, 일본어Ⅰ, 러시아어Ⅰ, 아랍어Ⅰ, 베트남어Ⅰ, 한문Ⅰ)

여섯째, 고교학점제는 일종의 규모의 경제를 요구하는 시스템인데, 단위학교 차원에서는 이를 도저히 감당하기 어렵고, 특히 농어촌 지역에서는 더더욱 어렵다. 따라서 **지역 간 교육 격차**만 더욱 심화될 것이라는 주장이다. 농어촌 지역의 현실을 보자면 기간제 교사, 시간제 강사를 구하는 것조차 어려운 형편이다. 정교사들도 선뜻 오지 않으려고 하는 이러한 학교에서 교과목 선택권 강화는

현실을 외면한 허무맹랑한 이야기라는 주장이 들리는 이유다.

고교학점제의 난점, 어떻게 풀어갈 것인가?

이상에서 제기된 문제점들은 모두 나름대로 타당한 주장이라고
할 수 있다. 그러나 문제점 때문에 매번 개혁의 문턱에서 그냥 주
저앉아버린다면 대학 입시에 종속되어 있는 현재의 고등학교 교
육은 영원히 바뀔 수 없을 것이다. 비록 쉬운 일은 아니겠지만, 고
교학점제의 난점은 함께 차분히 풀어가야 한다. 교육의 봄은 서서
히 찾아온다. 난점에는 정책적 대안이 필요한 영역과 관점의 전
환이 필요한 영역, 실천으로 풀어가야 할 영역으로 나누어 해법을
찾아야 할 것이다.

▶ 학교 간 연계와 공동교육과정 개발

현실적으로 오직 개별학교의 힘만으로 학생들 개개인이 가진 교
육과정의 다양한 요구와 수요를 감당하기란 불가능에 가깝다. 따
라서 우선은 **학교 간 연계와 네트워크**가 무엇보다 중요하다. 즉 학교
와 학교 간 돈독한 연대가 필요한 것이다.

  이미 본문에서도 설명했던 공동교육과정이 대표적인 예이다.
우리 지역에 3개 고등학교가 있다고 가정해보자. A고등학교에서
연극교과목을, B고등학교에서 영화를, C고등학교에서 소설쓰기

교과목을 진로선택 영역에서 개설했다고 가정하자. A고 학생 중에서 B고와 C고에 가서 수업을 듣는다면 교과목 개설에 필요한 최소한의 요건을 갖출 수 있다. 이미 전국적으로도 공동교육과정은 개설되어 있다.

다만 공동교육과정을 운영하는 과정에서 드러난 문제점도 있다. 공동교육과정은 주로 야간에 개설을 하다 보니 학생들에게 피로감을 준다. 그리고 선택교과 영역에 포함시키기보다는 기준이 수단위보다 더 듣는 방식으로 수업이 진행되다 보니 주로 학업이 우수한 학생들이 신청하는 경향도 있다. 또한 내신 상대등급에 대한 부담감으로 인해 13명 이하로 교과목을 유지하려다 보니 소수의 학생들만 듣게 되는 경향이 있다. 무엇보다 정규교과이기 때문에 교사에게 수당을 지급하기 어렵다. 그러다 보면 결국 외부 강사를 활용하게 되는데, 이러한 경우 공동교육과정이 단위학교의 온전한 자산으로 남기 어렵다.

한두 과목 특색교과를 여는 방식을 넘어서야 하는데, 현재로서는 캠퍼스형 고교가 그런 시도를 하고 있다고 본다. A고등학교를 사회과학으로, B고등학교를 어학으로, C고등학교를 과학으로, D고등학교를 예체능으로 특화시키고, 4개교 학생들이 교과목을 상호 호환하여 듣는 방식으로 전환한다면 지역 자체가 하나의 넓은 캠퍼스로 기능할 수 있다. 이는 연대와 협력, 네트워크를 통해서 개별학교만의 자원으로 감당하기 어려운 고교학점제 관련 난제를 돌파할 수 있는 시사점을 제공해준다.

여기에 진로선택교과라든지 소인수교과의 경우, 쌍방향 온라인 과정을 운영할 수도 있다. 만약 우리 학교에는 스페인어를 배우고 싶어 하는 학생들이 딱 5명 있다고 가정하자. 그런데 해당 지역에는 스페인어를 가르칠 수 있는 교사가 1명뿐이다. 그래서 해당 지역에 스페인어를 배우고 싶어 하는 학생들을 모두 모아보니 20명 정도가 나왔다면 쌍방향 온라인 공동교육과정을 개설할 수 있다. 필요에 따라서 온·오프라인 결합 수업도 가능하다. 쌍방향 온라인 교육과정 역시 이미 실행되고 있는 모델이다. 이 모델은 지역 단위를 중심으로 또는 생활권역을 중심으로 모든 고등학교가 교육과정을 인근 학교와 연계하여 운영하는 등 앞으로 더욱 적극적으로 방안을 모색해야 할 것이다.

▸ 지역사회와 연계한 교과 운영

학생들이 이수해야 할 학점의 일부를 지역사회로 연계하는 방법은 어떠한가? 지역의 대학이라든지 공신력 있는 기관을 학점제 인정기관으로 실사 후에 지정하면 어떨까? 그러한 선례는 특성화고에서 찾아볼 수 있다. 특성화고에서는 기업과 연계한 직업교육 프로그램을 이미 많이 진행하고 있기 때문이다. 학교 안에서 모든 배움을 끝내야 한다는 생각을 버리고, 과감하게 관점을 확장하면 마을과 지역 자체가 하나의 거대한 배움터가 된다.

그렇다고 모든 교과를 그런 식으로 끌고 가는 건 불가능하고 또 바람직하지도 않다. 다만, 교양교과나 진로선택교과라면 충분히 가능하고 본다. 이렇게 지역사회와 연계하여 일부 교과를 운영하게 되면 단위학교가 감당해야 하는 부담을 상당 부분 덜 수 있다. 이를 위해서는 교육지원청의 역할과 기능이 매우 중요해진다. 학교 간 협업과 소통이 필요하고, **지역사회 네트워크**를 구축해야 하기 때문이다. 그러나 적지 않은 지역에서는 본청에서 고교를 관할하고, 교육지원청에서는 초등학교와 중학교를 관할하고 있는데, 교육지원청에서 고교를 네트워크화하고, 장학할 수 있는 역할과 기능을 부여해야 한다. 필요시 교육지원청에서 일부 교과 교사를 근무시키면서 필요한 학교에 교사를 지원해줄 수 있는 시스템을 구축해야 한다. 지금도 교육지원청에서는 위센터 업무를 위해 상담 교사가 근무하고 있는데, 그런 모습이 비단 생활지도 영역뿐만 아니라 교과 영역으로도 확장될 필요가 있다는 뜻이다. 만약 이렇게 된다면 단위학교의 교과별 수요에 좀 더 유연하게 대응할 수 있을 것이다. 여기서 잠시 지역사회 네트워크를 잘 활용한 사례인 경기 꿈의대학 참여 학생의 이야기를 들어보자.

저는 사회복지에 관심이 많아요. 경기도교육청이 주관한 꿈의대학에서 사회복지사가 들려주는 생생한 이야기를 들었어요. 매주 다른 사회복지 분야에 계신 분들에게 장애인, 아동, 마을복지 등에 관한 이야기를 듣고 있는데, 복지 분야가 생각보다 매우 다양하다는 사실을 깨닫게 되었어요. 다양한 분야에서 실천을 하신 분들을 직접 만나서 많은 이야기를 들어서 좋았어요. 질의응답 시간을 통해서 내가 궁금한 내용을 물어

봤고, 사회복지 현장에 계신 분들이 여기에 친절하게 답을 해주셨는데, 제 인생의 진로를 결정하는 데 도움이 되었습니다.

이 학생의 이야기는 지역 자원과 학생의 배움이 어떻게 연결될 수 있는지를 잘 보여준다. 사실 사회복지 분야의 전문성을 가진 교사를 확보하기란 어렵다. 하지만 꿈의대학이라는 프로그램을 통해 관련 분야의 전문가와 만나게 되었고, 이 과정에서 진로 선택에 도움을 많이 받았다고 학생은 말한다. 이러한 프로그램의 일부를 방과후가 아닌 정규교육과정으로 연결시킬 순 없을까?

최근에 마을교육공동체나 혁신교육지구사업의 일환으로 지역사회의 기관 프로그램을 체험 활동이나 방과후 프로그램으로 활용하는 경향이 강해지고 있다. 앞으로 전문성을 가진 단체와 기관, 사람을 학점형 기관으로 인증한다면 교육과정은 매우 풍성해질 것이다. 그야말로 마을에 의한, 마을을 위한, 마을을 통한 교육과정 설계가 가능해진다(최창의 외, 2016)[1]. 고교학점제는 바로 이러한 단초를 제공하고 있는 것이다.

▶ 3원화된 대입제도의 개선 방안

학교 간 네트워크나 지역사회와의 연계를 통해 다양한 교육과정을 개발·운영하는 것은 중요하다. 하지만 뭐니 뭐니 해도 가장 큰

---

1. 최창의 외(2016). "혁신교육지구사업 비교분석을 통한 협력적 교육거버넌스 발전방안 연구", 경기도교육연구원

문제는 대입제도이다. 사실 수능과 고교학점제는 서로 성장이 반비례한다. 즉 수능의 영향력이 커질수록 고교학점제는 위축될 수밖에 없다. 공정성과 객관성을 중시하는 우리나라의 정서상 수능을 완전히 폐지하기는 현실적으로 어렵다고 본다. 학생 중심의 시각에 의하면 수능 중심으로, 내신 중심으로, 학생부종합전형 중심으로 트랙을 3원화하여 선택하는 방식이 공정할 수 있다. 문제는 각각의 비중일 텐데, 수능 중심의 정시가 지나치게 확대되면 고교학점제가 정착하는 데 상당한 난항이 예상된다.

나아가 **공정성에 대한 재해석**이 필요하다. 교육학적으로 보면, 학생들이 일상적으로 교육과정에 참여하는 과정을 상시로 평가하고 기록하는 방식이 단 하루 만에 치러지는 수능보다는 교육적 타당성이 훨씬 높다. 다만 문제는 교사에 대한 신뢰가 높지 않고, 사교육의 영향력이 매우 큰데다, 상당수의 국민 정서 역시 수능이 제일 공정하다고 인식하고 있는 상황일 것이다.

그러나 학령인구가 지속적으로 감소하고 있는 현실을 감안할 때 대학교에서 무작정 정시만 고집한다는 건 현실적으로 무리수(無理手)다. 수시를 통해서 사전에 학생들을 미리 확보해두지 않으면 막판 정시단계에서 학생들이 연쇄 이동을 하게 됨에 따라 신입생 충원이 어려워지기 때문이다. 신입생 충원이 제대로 되지 않으면 사립대학교는 유지 자체가 어려워진다.

이러한 점을 종합적으로 감안할 때, 고교학점제에 가장 부합한 대입제도는 **학생부종합전형**이다. 안타깝게도 기존의 학생부종합전형은 비교과 영역에 비중을 두면서 정작 교과 교육과정에 집중하지 못했던 문제점이 있었다. 동시에 교육과정과 수업, 평가가 바뀌지 않은 상태에서 기록만 강조하다 보니 온정주의나 부풀리기, 상위권 학생 중심의 기록, 형식주의 등 여러 가지 부작용을 드러냈다. 하지만 목욕물을 버리려다가 아이까지 버릴 순 없지 않은가? 문제점이 있다면 이를 개선하면서 미래교육에 맞는 대입전형을 끊임없이 모색해야 함이 옳다.

고교학점제는 정규교육과정을 통해 학생의 성장 경로를 파악하는 데 유용한 시스템이다. 왜냐하면 교육과정을 통해서 학생들의 진로 성숙과 성장 경로를 파악할 수 있기 때문이다. 교과전형과 학생부종합전형은 기본적으로 학생부종합전형 친화적인 대입제도인데 그 비중이 여전히 높은 상황임을 감안하면, 고교학점제가 생존할 수 있는 대입제도의 최소 여건은 형성되어 있다고 볼 수 있다.

▶ **교과별 절대평가의 확대**

내신 성취평가제는 차분한 준비가 필요하다. 학령인구가 점차 감소하고 있는 현재의 상황에서 학생들 한 명 한 명 모두가 소중한 형편이다. 그들 개개인이 가진 특성을 발현시키는 시스템은 기존의 상대평가로 줄을 세우는 방식이 아닌 **절대평가 시스템**이다. 상위권 학생의 변별력이라는 관점 하나로 보자면 상대평가 유지를 주장할 수도 있겠지만, 이미 대세는 달라지기 시작했다. 절대평가는 반드시 이루어야 할 공교육의 과제이다. 절대평가제가 제대로 작동하지 않는 한 고교학점제 활성화는 어렵다. 왜냐하면 과목 간 선택 유불리를 따지는 시스템으로는 학생들의 흥미와 적성, 수준을 고려한 교과목 개설 자체가 실질적으로 어렵기 때문이다.

성취평가제는 교사들의 평가 전문성을 상당히 요하는 시스템이다. 단순히 90점은 A, 80점은 B로 나누기 어려운 지점이 있다. 어떤 학생을 A로 줄 것인가에 대한 기준을 설정함에 있어 합의가 필요하다. 이미 내신 절대평가를 시도했지만, 온정주의에 의해 내신 부풀리기로 귀결되어 다시 상대평가로 환원된 경험을 가지고 있기 때문에 더욱 철저한 준비가 필요하다. 진로선택교과 → 일반선택교과 → 공통교과 순으로 내신 성취평가제를 적용하면 현장에 준비할 수 있는 시간을 충분히 주면서 연착륙할 수 있으리라고 본다. 또한 부풀리기 방지를 위해서 성적 분포 비율을 제공하는 방식도 필요하다. 상대평가로 인한 공교육의 폐해와 절대평가제 도입의 필요성을 다시 한 번 강조하려는 차원에서 사교육걱정없는세상 발표문의 일부를 여기에 소개하려 한다.

고교 내신 절대평가 전면 도입은 수능의 절대평가 도입보다 더욱 중요하다. 수능이 보이지 않는 60만의 동년배, 선후배와의 경쟁이라면 내신은 우리 반의 옆 친구와의 경쟁이다. 그 고통과 강도가 더욱 심하다. 또한 고교 내신 상대평가로 인한 공교육의 폐해, 학생의 교육과정 선택권이나 교사의 평가권 제약을 생각하면 공교육 정상화를 위해서도 시급한 문제다. 그러나 이렇게 시급한 고교 내신 절대평가의 장애물이 세 가지가 있는데, 그중 가장 심각한 것은 고교서열화 문제다. 현재 고교 체제 서열화의 상층에 있는 특목고·자사고의 거의 유일한 약점은 고교 내신의 불리함이다. 특목고·자사고는 우수 학생이 몰려 있기 때문에 서로 물고 물리면서, 필연적으로 일반고보다 평균적인 상대평가 내신 성적이 나쁠 수밖에 없다. 이러한 내신 부담이 유일하게 특목고·자사고의 발목을 잡고 있다. 그런데 고교 내신 절대평가 도입으로 이러한 내신 부담이 사라지므로 고교서열화가 더 심각해질 수 있다.…[중략]… 고교 내신 절대평가 전면 도입에 반대하는 주장에는 내신 부풀리기 현상에 대한 지적도 많다. 김영삼·김대중 정부 시절에 내신 절대평가, 즉 수우미양가 방식인 5단계 평어제가 내신 부풀리기를 조장하여 결과적으로 내신 변별력 하락, 내신의 대입반영 축소, 공교육 위기를 가져온 사례를 제시한다. 그리고 당시 이런 부작용 때문에 2005년도 고교 신입생부터 고교 내신 절대평가를 폐지했는데, 이에 대한 해결책 없이 다시 절대평가를 전면 도입하는 것은 무리라는 입장이다. 만약 내신 부풀리기 현상이 심화되어, 수능 전형이 강화되고 학생부 중심 전형이 축소된다면 공교육 정상화에는 부정적인 영향을 미칠 우려가 높다. 이렇게 되어 다시 고교내신 상대평가로 회귀한다면 문제는 심각해진다.…[중략]… 절대평가의 필요조건 중 하나는 교사의 충분한 평가 역량이다. 절대평가는 교사가 자의적으로 평가하는 것이 아니라, 성취기준과 성취수준에 따른 평가를 한다는 의미다.…[중략]… 고교 내신 절대평가 전면 도입을 위해서는 교사가 성취기준과 성취수준에 따라 평가할 수 있도록 역량을 갖춰야 한다[2].

▶ 교원 양성제도의 근본적 개선

이상의 내용들과 아울러 교사 양성 교육과정도 함께 개편되어야 한다. 사회과와 과학과의 경우, 지나치게 전공이 세분화된 경향이 있다. 분절적으로 깊이 들어가는 방식으로는 고교학점제에 대응하기 어렵다. 학부에서는 사회과나 과학과 교과군으로 학습을 하고, 필요하면 심층전공을 더하거나, 대학원에서 좀 더 깊게 배우는 방식도 검토해볼 만하다. 부전공과 복수전공 활성화는 예비 교원뿐만 아니라 현직 교원에게도 길을 열어주어야 한다. 물론 이러한 제도가 이미 적용되고 있기는 하다. 하지만 아직까지는 특별한 메리트가 없다 보니 굳이 부전공과 복수전공을 해야 할 동인(動因)이 별로 없었던 게 사실이다. 그러나 고교학점제는 다과목 시스템이고, 학생들의 교과 요구에 대해 교사들이 유연하게 대응할 수 있어야 한다. 따라서 유연성을 갖춘 교사 양성 및 연수 시스템은 절실히 필요하다.

혹자는 전문성을 운운하면서 복수전공과 부전공 시스템에 대해서 부정적인 반응을 보이기도 한다. 하지만 평생교육의 시대 그리고 지식의 유효성이 점점 더 짧아지고 있는 점, 교육과정체계가 기존 교과 중심에서 통합과 융합, 역량을 강조하는 시대로 전환된 점을 감안한다면 전문성의 성격을 기존의 전통적 학문체계에 깊이를 더하는 방식보다는 지식과 지식의 결합과 적용에 그 방점을

---

2. 교육부 제1차 대입포럼 자료집, 사교육걱정없는세상 발표문, pp.35-37

찍을 필요가 있다. 그렇다고 사회교과 교사가 수학도 함께 가르치는 방식을 적용해야 한다는 의미는 아니다. 다만 연계교과목을 체계적으로 배울 수 있는 기회를 제공해줄 필요가 있고, 이와 동시에 기존의 분과 학문체계를 깰 수 있는 교과목 개설이 많이 필요한 것만은 분명하다.

02 고교학점제는 이미 오래전부터 시작되었다

2장에서도 충분히 설명한 바 있지만, 고교학점제는 어느 날 별나라에서 뚝 떨어진 제도가 아니다. 이미 그간의 우리나라 교육과정역사 속에서 학생들의 선택권을 확대해가는 방향으로 조금씩 흘러왔다. 다만 이것이 고교학점제를 통해서 본격화된 것이라고 보는 편이 옳다.

앞에서 살펴본 교육 선진국의 사례만 보더라도, 고등학교 교육은 진로와 연결하여 학생들의 선택권을 강화하고 있다. 그리고 그 선택권은 비단 흥미뿐만 아니라 수준도 함께 포함하고 있다. 이러한 시스템이 대입제도와 무리 없이 연결되고 있는 것이다. 우리나라에서 교육과정의 다양화를 추구했던 일부 학교들의 사례만 살펴봐도 고교학점제의 전면 실현 가능성은 더 이상 꿈이 아님을 알수 있다. 다음은 고교학점제와 연계해 학생 선택 중심 교육과정을 운영하고 있는 영광고등학교 재직 교사의 이야기다. 고교학점제도입의 필연성을 다시금 확인할 수 있을 것이다.

교사들은 현실적으로 과목 선택 과정에서의 지도뿐만 아니라 학생들의 과목 선택 기회 확대로 인해 상대적으로 늘어난 수업 과목 수의 증가로 수업 준비나 여러 면에서 상당한 어려움을 겪고 있습니다. 특히 수도권과 지방을 막론하고 교사의 평균 연령이 높은 학교의 경우 이에 대한 부담이 더 큰 게 사실이고, 교사의 수업 과목 수 증가는 평가와 기록에 그대로 연결되므로 상당한 부담을 느낄 수밖에 없습니다.

그럼에도 불구하고 학생들을 위해 정년을 얼마 앞두지 않은 교사들부터 신임교사들까지 최대한 학생들의 진로에 맞게 과목을 선택하도록 돕고 수업에 참여하게 하고 있으며, 다음해 2월말 학년이 끝날 때까지 학생 교육 활동에 대한 학교생활기록부 기록을 위해 방학을 사실상 반납하면서까지 학생들이 고등학교 시절을 단지 입시경쟁을 위한 시간이 아니라 본인의 진로를 위해 성장한 교육공동체로 느낄 수 있게끔 하고, 대학에서도 학교 교육과정, 학생 진로, 학교생활기록부 기록에 대한 수시 컨설팅 및 점검을 통해서 점차 학교를 신뢰하게 되면서 오히려 학점제 운영 이전보다 더 많은 학생들이 원하는 대학으로 많이 진학하고 있습니다.

물론 고교학점제 운영을 처음 시작했을 때만 해도 일부 구성원들의 걱정도 있었습니다. 사실 확실한 모델도 없는 상태에서 기존의 익숙해져 버린 대입 중심의 정형화된 교과 선택 및 운영 스타일을 벗어던지고 다양한 과목 개설로 인해 부담이 늘어나는 게 처음에는 얼마나 힘들었는지 모릅니다. 하지만 피할 수 없는 교육의 흐름에 교장, 교감 선생님을 비롯한 전체 선생님들이 필요성을 인식하고 그만큼 노력해주셨으며, 진로 탐색 과정과 다양한 과목 선택에 이어 '거꾸로수업' 등의 학생

주도적인 수업 방법으로 선생님들도 하나 둘 변화되셨습니다. 그리고 그게 또 다른 물줄기가 되어 다른 학교로 점점 더 퍼져나가고 있습니다.

주주자 외(2017)[3]의 연구에서는 낮은 수준이든 높은 수준이든 고교학점제를 구현하고 있는 7개 학교를 분석하였는데, 그 특성을 다음과 같이 정리하였다.

- 학생들의 수요가 반영된 다양한 교과목 개설
- 5명에서 10명 사이의 학생들이 소수교과목을 요구하면 이를 개설하는 시스템 구축
- 무학년 학습집단 편성으로 특정 과목의 반복 개설이 가능하며, 전통적인 문·이과식 계열 장벽 해소 및 학생 선택폭 확대
- 교육과정 재구성도 활발하며, 필요시 교과목을 개설도 함
- 학점제 운영 과목의 단위를 일치하여 학생들의 과목을 선택하는 데 용이하게 함

고교학점제의 세 단계 흐름

이 책에서 언급한 사례들만 보더라도, 고교학점제는 이미 우리 주

---

3. 주주자 외(2017), "고교 무학년 학점제 구현 방안 연구", 경기도교육연구원

변에 매우 가까이 다가와 있다고 봐도 과언이 아니다. 고교학점제도 어찌 보면 그 나름의 수준과 단계를 거치는 것이 불가피하다. 고교학점제는 급하게 서둘러 진행할 일은 아니다. 하지만 지금부터 차근차근 준비를 하고, 차분히 실행하지 않는다면 10년이 지나도 결국 제자리일 수밖에 없을 것이다. 그런 점에서 미루어볼 때, 고교학점제는 하나의 거대한 흐름으로 이어가야 할 것이다. 고교학점제는 크게 세 가지 흐름, 즉 초기단계, 성장단계, 완성단계로 분류할 수 있다.

초기단계는 이미 그 모델과 사례들이 넘쳐난다. 초기단계는 학교 간 협력과 협업, 네트워크 모델 등을 통해서 **단위학교의 한계를 극복**하는 단계이다. 세종특별자치시교육청 등에서 지도하고 있는 캠퍼스형 고교 모델은 단위학교 특성화를 통한 공유 모델이다. 기존의 경직된 교육과정에서 벗어나, 즉 단색교육과정에서 다색교육과정으로 전환해가는 과정이라고 할 수 있는데, 현실적인 한계로 인해 많은 색깔을 입히지는 못하는 여건 속에서 한두 가지 색을 덧입히는 수준으로 볼 수 있다.

다만, 동일한 여건 속에서도 일정한 변화를 만들어가는 사례들이 있는데, 이러한 학교들이 주는 시사점을 우리는 눈여겨볼 필요가 있다. 학사일정을 아침 9시에 시작해서 오후 5시 안에 끝내야 한다는 강박관념을 버리고, 인근 학교와 연계하거나 야간강좌 개설을 시도한다면 현실적인 어려움, 예컨대 교사당 수업시수 부담도 그리 가중되지는 않을 것이다. 교과목에 따라서 학생들이 다인

수로 들을 수도 있고, 소인수로 들을 수도 있다. 이러한 유연한 시스템을 적용한다면 수업시수가 생각보다 크게 늘어나지는 않을 것이다. 다만, 교과목 수가 늘어날 가능성은 있다.

다음 흐름인 성장단계에서는 **전면화**를 시도해야 한다. 교육부에서 발표한 고교학점제 2022학년도 부분시행은 연구시범학교에 해당되는 사항이 아니라, 모든 학교가 시행하는 사항으로 인식해야 할 것이다. 이 단계에서는 전면시행을 특징으로 하되, 학점제의 추진 근거를 마련해야 한다.

우선은 교육과정 개정을 통해 고등학교가 단위제에서 학점제로 나아가기 위한 근거를 만들어야 할 것이다. 아울러 지역 내 학점 이수기관의 지정 근거를 확실히 하고, 관련 모델들을 활성화해야 한다. 필수단위는 최소화하면서 선택단위를 점차적으로 늘려야 하는 것이 필요하다.

끝으로 완성단계의 핵심은 유급과 조기졸업으로 이어지는 **제도화**의 단계이다. 단, 한두 과목을 통과하지 못했다는 이유로 무조건 유급을 시키는 방식은 별로 바람직하지 않다. 우선 고등학교 학생들이 이수해야 할 학점제 최대치 또는 기준을 제시하고, 그중 한두 과목을 통과하지 못해도 졸업이 가능하다는 식으로 뚜렷한 졸업기준을 제시해줄 필요가 있다. 무엇보다 중요한 것은 학점을 성취하지 못한 학생들에 대한 지원 시스템의 구축이다. 이에 동일 과목 반복이수, 대체교과목 이수, 학점제 인정 활동 등의 유연한 제도적 장치가 필요하다.

| 표 6-2 | 세 가지 흐름에 따라 나눠본 고교학점제(안)

초기단계	• 교육과정 다양화·특색화 모델 일부 제시 　(예: 이우고, 도봉고, 충남 삼성고, 신현고 등) • 온라인 공동과정과 공동교육과정(교육과정 클러스터) 적용 • 캠퍼스형 고교 모델 제시 • 일부 학생만 증배 방식으로 추가 교과목 수강 • 연구학교와 선도학교, 일부 혁신학교와 자사고 모델 제시 • 교육과정 편제표와 달리 학생들의 실질적 선택권 제약
성장단계	• 단위제에서 학점제로의 전환 및 관련 근거 마련 • 필수단위와 필수교과, 기준단위 조정 및 축소 • 교과목 선택권의 실질적 보장 및 소인수 교과목 개설 확대 • 지역 내 학점이수 기관(단체) 지정 및 운영 • 지역 내 학교 간 교육과정의 호환 확대 • 학점 미이수 학생에 대한 교육과정 이수 경로 제시 • 단위학교 교과목 개설 보장 • 모든 고등학교 적용 • 제도화 초기·보편화 단계
완성단계	• 무학년제 적용 • 개별학교와 교사에게 교과목 개설권 보장 • 필수이수단위 대폭 축소 및 선택교육과정 중심 운영 • 과정 제시 및 과정 형성형 등 다모델 구축 • 유급 및 조기졸업제 적용

절대평가를 확대하기 위한 방안

고교학점제 활성화를 위한 내신과 수능 환경의 조건을 최적 조건과 현실적 수준 그리고 최악의 조건으로 나누어보면 다음 표 6-3과 같다. 가장 최적의 조건은 1안처럼 수능과 내신 모두 절대평가제로 유지되는 것이다. 이 안이 고교학점제의 실현을 위해서는 가장 바람직하다. 그러나 현실적으로 대학에서 아직까지는 절대평가의

|표 6-3| 고교학점제 활성화와 내신 및 수능 환경의 관계

내신＼수능	전 과목 절대평가	절대평가+ 상대평가	절대평가+ 상대평가
절대평가제	① 최적 조건		
절대평가제+ 9등급제		② 현실 방안	
상대평가제 (9등급제)			③ 최악의 조건

변별력을 신뢰할 수 없다는 관점을 고수하고 있고, 국민의 인식이 공정성을 제1의 입시 가치로 여기는 상황에서 대통령 차원의 결단 없이 1안을 고수하기란 솔직히 무리가 있다.

　3안은 고교학점제의 성장에 상당한 제약을 줄 것이다. 하지만 이미 수능은 상대평가와 절대평가가 혼재한다. 절대평가인 과목을 다시 상대평가로 되돌리기는 어려울 것이다. 앞으로 수능 교과의 절대평가 확대 요구는 점점 더 거세질 것이다. 학령인구가 감소하면서 지방에서는 대규모 미달 사태가 발생하고 있는데, 굳이 서울 상위권 대학 중심으로 대입질서를 유지해야 할 이유가 없다. 중장기적으로 점진적 절대평가 과목 확대는 불가피해 보인다.

▶ 현행 고교체제의 개편

내신 절대평가 전환의 가장 큰 어려움은 고교체제의 개편이 이루어지지 않은 상태라면 자칫 특목고와 자사고만 신나는 일이 될 수 있다는 점이다. 하지만 고교학점제는 굳이 특목고나 자사고에 가지 않더라도 학교 간 연계를 통해서 학생들의 진로에 도움을 줄 수 있는 시스템이라는 점에서 현행 고교체제의 개편은 반드시 필요하다.

자사고와 특목고에 대한 평가를 제대로 실시함으로써 교육과정을 설립 취지에 맞게 운영하는 학교만 남기고 나머지는 일반학교로 전환하는 방법도 있고, 또 일정 시점 이후부터는 자사고와 특목고의 설립 근거를 삭제함으로써 제도를 일몰시킬 수도 있다. 하지만 분명한 건 관련 학교의 물리적·법적·정서적 저항이 결코 만만치 않을 것이라는 점이다.

나아가 자사고와 특목고의 선발권을 회수하고, 교육과정 자율학교로서의 지위를 인정하는 방안도 검토해볼 수 있다. 이 경우에는 자사고와 특목고를 사실상 일반고로 전환한다고 해도, 이 학교에 교육과정 다양화의 자산이 남아 있다는 점을 감안하다면 지역 단위로 교육과정을 공유하는 시스템으로 전환할 수 있다. 그렇게 되면 자사고와 특목고의 교육과정을 공공재로 활용할 수 있을 것이므로, 이 학교에 대한 지원 명분도 생길 수 있다.

고교체제 개편이 완전히 이루어지 않은 상태라면 내신 절대평가(성취평가제)를 단계적으로 시행할 수도 있다. 진로교과 → 일반선택 → 공통교과 순으로 절대평가를 전환함으로써 특목고와 자사고 쏠림 현상을 어느 정도 방지할 수 있다. 대신 일정 기간 이후에는 현행의 고교체제에는 상당한 변화가 불가피하다.

▶ 수능 반영 교육과정의 최소화 및 수능 등급제 전환

현실적으로 보자면 아마도 2안(357쪽 표 6-3 참조)으로 가게 될 가능성이 높다. 가능하면 수능에서는 반영 교과를 최소화해야 할 것이다. 1학년 때 배우는 공통교과를 수능 범위에 넣고, 선택교과에서 한두 과목 정도만 추가한다면, 적어도 교육과정이 수능에 종속되는 현상만큼은 최소화할 수 있을 것이다. 여기에 교육부에서 발표한 수능 선택교과를 강화한다면 고교학점제 운영에 다소나마 숨통이 트일 것으로 예상된다. 예컨대 2022 수능에서는 공통: 수학Ⅰ, 수학Ⅱ, 선택: 확률과통계, 미적분으로 과목 구조를 발표했는데, 적어도 2025 수능에서는 공통을 1학년 공통수학이나 수학Ⅰ로 반영하고, 선택과목을 추가하여 수학Ⅱ, 확률과 통계, 미분과 적분 정도로 제시한다면 전공에 따라서 그 선택의 범주가 달라질 수 있다.

궁극적으로 수능은 등급제로 전환해야 하고, 내신 또는 면접 등을 통해 동점자를 확인하는 시스템을 정착시켜야 한다. 그리고 학생부종합전형에서는 진로와 연결된 개별학생의 모든 교육과정 성장 스토리를 확인할 수 있는 시스템이 불가피하다. 이를 실현하기 위해서 앞으로 학교의 역량은 **교육과정**에 집중해서 쏟아야 할 것이다.

03 고교학점제 정착을 위한 정책 디자인 제안

고교학점제는 미래교육과 혁신교육의 화두를 말이 아닌 삶으로 보여주는 체제이다. 고교학점제는 분명 학생들을 지금보다 훨씬 더 행복하게 만드는 데 도움을 줄 수 있다. 청소년들의 삶과 철저하게 분리된 현재와 같은 교육과정이 아니라 교육과정이 청소년들의 삶과 미래와 충분히 결합될 수 있기 때문이다. 교사들로서는 고교학점제를 통해 국가가 주도하는 교육과정에 얽매이지 않고, 일정하게는 단위학교와 교사가 주도하는 교육과정을 그려볼 수 있다. 그동안 쌓아온 공교육의 역량은 앞으로 고교학점제를 통해서 아낌없이 표출되어야 마땅하다.

중앙정부의 적극적인 협조가 필요하다

이제 고교학점제는 선택이 아닌 필수사항이다. 그럼에도 불구하고 아직까지는 고교학점제의 필연성에 대한 인식이 매우 낮은 편이다. 무엇보다 청와대 보좌그룹들부터 인식의 전환이 필요하다.

막연한 희망이나 기대만으로는 부족하다. 그렇기 때문에 학습이 필요한 것이다. 정무적인 판단만 놓고 보면 학점제에 대한 부담은 클 수밖에 없다. 예컨대 처음으로 쓰레기 종량제를 적용하는 과정을 생각해보자. 환경오염 차원의 순기능에도 불구하고 쓰레기 종량제에 대한 국민들의 초기 저항은 상당했다.

고교학점제 역시 마찬가지다. 앞으로 쓰레기 종량제와 같이 좋은 정책으로 정착할 가능성이 있는데, 현재로서는 풀어가야 할 숙제들이 만만치 않다. 더 큰 문제라면 고교학점제는 종량제보다 훨씬 더 복잡한 메커니즘을 안고 있다는 점이다. 즉 저항에 더해 대입제도와의 호응, 현장의 준비도, 행·재정적 지원 등도 함께 고민해야 한다. 이런저런 고민을 하다 보면 결국 자꾸만 시행을 주저하게 될 수 있다.

고교학점제 시스템 적용은 정치적 판단보다는 미래교육을 위해서 어떤 시스템이 적합한가를 따지는 교육적 판단이 필요하다. 고교학점제 활성화를 위해서는 일정한 예산 투입이라든지 교사 증원, 제도 개선 등이 수반되어야 하는데, 이는 교육부만의 힘으로는 감당할 수 없다. 중앙부처 차원의 협조 없이는 현실적으로 실행이 쉽지 않은 것이다. 그런 점에서 청와대 정책관계자들의 학습이 무엇보다 필요하며, 대통령의 의지가 참으로 중요하다. 향후, 국가교육위원회의 역할이 매우 중요해질 것으로 기대한다.

고교 관련 정책과 사업을 고교학점제로 통합한다

교육부에서는 고교 관련 정책과 사업을 고교학점제로 과감하게 **통합**해야 한다. 현재 교육부와 교육청에는 고등학교를 살리기 위한 나름의 예산과 정책, 사업이 존재한다. 하지만 여전히 분절적이다. 다행스럽게도 교육부에서 고교학점제팀에 고교교육력제고사업을 함께 묶었다는 점은 의미가 있다. 왜냐하면 교과중점학교라든지 고교교육력제고사업, 고교학점제는 이제 별개가 아닌 하나의 사업으로 풀어가는 것이 바람직하기 때문이다.

고교학점제는 연구학교만 적용하는 차원이 아니라 전체 고등학교가 함께 가야 하는 흐름인데, 이미 고교교육력제고사업이라든지 교과중점학교 등 적지 않은 학교에서 예산을 받고 있다. 하지만 문제는 현장조차 이러한 정책과 사업들이 전면적 고교학점제로 나아가기 위한 중간단계의 정책이라는 인식 자체가 매우 부족하다는 점이다.

강력한 시그널은 **정책과 사업의 통합**에서 나온다. 현장에서도 교육부의 사업과 정책을 통합해야 한다는 요구가 상당히 크다. 이 기회에 유사 사업과 정책, 예산을 하나로 묶어야 한다. 고교학점제 정책에 하위사업들을 과감하게 통합하여 한마디로 교육과정 다양화와 특성화를 하는 데 따른 단위학교의 불편을 최소화해야 한다. 동시에 고교학점제는 소수 학교만의 몫이 아닌 전체 고등학교의 몫이라는 점을 분명히 해야 한다. 다음은 고교학점제를 경험하고 있는 현직 교사의 이야기다. 학점제 활성화를 위한 그의 조언은 우리에게 많은 시사점을 준다.

어쩌면 지금 가장 힘들지만 가장 변화가 필요한 곳은 교육부라고 볼 수 있습니다. 현재 단위학교들의 각종 요구들(매뉴얼 등)과 이수기준, 수강 신청 프로그램 개발, 성적 평가 기재 방식, 대입제도와의 연계 문제 등의 행정적 문제에 대해 흔들리지 않는 확실한 기준을 세워 더 이상 고교학점제 운영이 지체되지 않도록 해야 합니다. 하지만 앞서 말씀드렸듯 고교학점제 운영에 있어서는 무엇보다 학생들의 과목 선택 이전의 충분한 진로탐색 기회 제공이 우선되어야 합니다.

얼마 전 진로교육집중학년제 연구학교 발표회에서 이런 이야기를 들었습니다. 교육부 장학사님이 진로교육집중학년제 프로그램이 고교학점제 운영과 어떻게 연결될 수 있겠는가에 대해 발표교사(진로업무담당교사)에게 질문했을 때, "현재 고등학교 진로교육은 과목 선택과 특별히 연계되어 있지도 않고, 솔직히 자사고도 아닌 일반고에서 그럴 수 있는 학생이 얼마나 있겠냐"며 답변한 것입니다.

물론 그렇습니다. 일반고는 더더욱 고등학교 입학 전에 꿈을 확실히 정하고 오는 아이들이 드물고, 고등학교 재학 중에도 100% 결정은 거의 없으니까요. 하지만 그렇다고 해서 진로탐색 문제를 이대로 좌시할 순 없습니다. 가능한 한 고등학교 1학년 때 진로탐색에 집중하고 본인에게 맞는 교과를 선택할 수 있도록 교육부 차원에서 직업능력개발원 등 유관기관과 함께 노력해야 합니다. 진로교육에 힘을 더 실어주어야만 고교학점제가 살아날 수 있습니다.

- 영광고등학교 노병태 교사

장기적 관점에서 고교체제 및 대입제도 개편은 불가피하다

대입제도, 고교학점제, 성취평가제, 고교체제 개편은 사실상 세트로 묶여 있는 정책이다. 그렇기 때문에 고교체제가 개편되지 않으면 성취평가제 적용은 어려움이 생길 수밖에 없다. 대입제도가 개선되지 않으면 고교학점제 실행은 차질이 불가피하다. 성취평가제 적용 없이는 고교학점제의 활성화가 쉽지 않다는 것이 단적인 예이다. 이렇게 서로 연결되어 있다는 점에서 4세트 정책에 대한 정교한 로드맵이 필요하다.

우리는 앞에서 이러한 로드맵이 어떻게 구현되어 실현되고 있는지 해외 사례를 통해 살펴볼 수 있었다. 무엇보다 대학이 절대평가로 이루어지는 고교 내신 성적을 신뢰하여 학생 선발에 비중 있게 반영한 점은 고교 교육 정상화에 기여하였고, 학생들이 재수로 대학 진학에 도전하는 기회를 축소했다. 그러면서도 학생들이 전문대학 진학을 통해 종합대학으로 이동하는 것을 활성화하고, 공교육체제에서 심화과정에 대한 가산점을 인정하는 방식으로 고등전문교육을 희망하는 학생들에 대한 기회를 마련한 점은 우리나라 대학 입시제도에 시사하는 바가 크다.

고교학점제 활성화를 위한 대입제도 방안 중 하나는 모집단위별 특성화 전형이다. 전공과 관련한 교과목을 해당 학생이 얼마나 수강했는지를 살펴보고, 이를 자격기준으로 활용하거나 가점을 부여하는 방식이 가능하다. 우리 학과에 들어올 학생은 이런 종류의 교과목 수강을 권장한다는 식으로 메시지가 들어간다면 고교학점제를 더욱 촉진할 수 있을 것이다.

아울러 학령인구의 감소는 대학교의 절박성으로 이어질 가능성이 크다. 신입생이 충원되지 않으면 대학들은 재정 위기를 맞을 수밖에 없다. 과거에 학생들이 넘쳐날 때만 해도 효율성을 앞세운 대량교육 시스템을 적용해왔지만, 이제는 달라져야 한다. 학생 한 명 한 명을 모두 소중히 생각해야 할 때다. 과거와 현재의 관점에서 대입제도를 고민할 게 아니라, 적어도 5년 이후의 상황을 내다보면서 대입제도를 모색하지 않을 수 없다. 교육과정의 개정, 고교학점제의 시행, 대선체제 결과 등의 상황을 고려하면 위에 제시한 4세트 정책에 변화를 촉진하는 흐름이 충분히 올 수 있다. 다음은 고교학점제 성공을 위해 정부의 근본적인 체제 개편과 대책 마련을 촉구하는 현직 교사의 조언이다.

교육정책을 보면, 국가 수준, 교육청 수준에서 제대로 준비하지 않고 학교에만 부담을 안기는 경향이 있는 것 같고, 학교는 우롱당하는 느낌을 받기도 합니다. 고교학점제는 성취평가(절대평가)와 함께 가겠다는 정부의 과감한 선택이 필요합니다. 대학 입시의 변화는 당연히 필요하죠. 수능, 내신 평가제도 등을 기존 상태로 유지한다면 무늬만 고교학점제가 될 가능성이 크니까요. 기초교과는 상대평가, 탐구교과는 성취평가제를 해야 합니다. 전공과 관련된 과목인데 꼭 상대평가가 필요할까요? 필수교과는 상대평가로 하더라도, 선택과목은 성취평가제가 가능합니다. 기초과목 중 수능 응시과목은 상대평가로 해도 되겠지요. 고교학점제의 성공을 위해서는 교원의 교원 전문성 향상(교사, 교감, 교장)이 절대적으로 필요합니다. 교사들이 다과목을 가르칠 수 있는 역량 신장 및 교육 환경 조성도 시급하고요. 요즘 학생들이 물리 선택을 안 하는 이유가 뭘까요? 고등학교에서 물리도 안 배운 학생이 물리교육과에 진학하고 있는 게 우리의 현실입니다. 대학과의 연계가 필요합니다. 대학 전공별로 고등학교 수준에서 반드시 이수해야 할 필수과목을 선정해줄 필요가 있어요. 현행 석차내신 시스템은 농어촌 학교 학생에게 너무 불리하죠. 내신 산출 방식에 대한 고민이 필요합니다.

- 신현고등학교 교사

고교학점제 전담팀을 구성하고, 지원 시스템을 구축한다

교육청에서는 분권과 자치, 자율의 관점에서 고교학점제에 관심을 기울여야 한다. 고교학점제 **전담팀**을 구성해야 한다. 장학사 업무담당자 한 명으로는 감당할 수 없는 시스템이다. 고교학점제를 대비한 팀 정비가 필요하며, 이 팀에서 고교 관련 사업을 함께 통합해야 한다. 공동교육과정과 온라인 교육과정의 적용을 통해 고교학점제를 위한 준비운동을 과감하게 실시해야 한다. 교육청에서는 연구학교와 선도학교의 성과와 과제가 무엇인지를 파악하여 네트워크를 통해서 일반학교의 준비를 촉진시켜야 한다.

최근 교육청에서는 마을과 지역을 결합한 정책을 실행하고 있다. 혁신교육지구사업이라든지 마을교육공동체가 대표적인 예이다. 이러한 정책은 교육 거버넌스 차원에서 유용한 정책임에 틀림없지만, 현장에서의 피로감이 존재할 수밖에 없다. 자칫하면 사업성으로 예산이 책정되고, 이 과정에서 교육적 효과 없이 공회전만 되풀이할 가능성이 있기 때문이다.

고교학점제는 마을교육과정 모델을 제시하는 데 유용하다. 공통교과나 일반선택교과는 차치하더라도, 예컨대 교양교과나 진로선택교과는 지역사회와 결합함으로써 일정 영역에서 시행 가능하다. 그렇다면 특정 단체나 기관을 학점제 인정 기관으로 지정해야 하는데, 문서만으로는 확인하기 어렵다. 평소 사회자본을 구축하면서 신뢰를 형성하고, 이후 지속적인 네트워크를 구축해야 한다. 이러한 역할은 교육지원청에서 담당해야 한다. 동시에 학교와 학교 간 교육과정 연계와 호환을 강화해야 하는데, 교육지원청에서 이러한 연결의 장을 적극 모색해야 한다. 앞으로 지자체와 지역기관, 학교를 연결하는 데 교육지원청은 주축이 되어야 한다.

요약하면 본청 시스템만으로는 고교학점제를 감당하기 어렵다는 뜻이다. 교육지원청의 교육장부터 고교학점제를 위한 지역사회 네트워크를 어떻게 구축할 것인가를 모색해야 한다. 물론 지자체의 지원도 빼놓을 수 없다. 특히 예산과 시설 활용, 기관 연결, 인프라 구축 등의 작업은 지자체 차원의 협조가 꼭 필요하다. 지자체와 연계하여 학교 건물을 다용도로 사용하게 만드는 '학교시설복합화'는 고교학점제 활성화에 도움을 줄 수 있다. 그리고 농어촌 지역의 경우, 학점제 시행에 상대적으로 불리한 조건을 지니고 있다. 이에 대한 대안도 함께 모색해야 한다. 다음의 현직 교사 이야기는 시·도교육청과 학교 현장 사이의 불협화음으로 인한 고충과 이를 어떤 식으로 풀어나가야 할지를 잘 보여준다.

시·도교육청은 교육과정 편성 운영 지침을 정하는 기관입니다. 시·도교육청은 학교 현장의 현실을 감안하여 세부 가이드라인을 정하겠지만, 정작 학교는 그 가이드라인에 맞추다가 학생의 과목 선택권을 제한하게 되어 교육과정 컨설팅 현장에서 많은 교무부장들이 볼멘소리를 내는 것을 종종 보게 됩니다. 이 문제는 단지 학교장의 강한 리더십 문제가 아닙니다. 시·도교육청 나름대로 한계가 있겠지만, 고교학점제의 원활한 운영을 위해서는 과목 간의 특별한 위계 문제가 아닌 이상 운영 지침을 최대한 학교에 자율적으로 풀어줄 필요가 있습니다.

사실 지역교육청(교육지원청)은 고등학교의 상위기관은 아니지만 떼려야 뗄 수 없는 협력기관이기에 말 그대로 지원 기관으로서의 역할을 다 해주어야 합니다. 특히 지방 공립고의 경우 학생 과목 선택권 확대로 인해 순회교사가 과도하게 늘어날 수 있는데, 실제로 지방일수록 학교들이 개별적으로 모여서 이 문제를 협의하고 해결하기가 어렵기 때문에 지역교육청에서 이런 부분에 대한 지원과 조정 역할을 해줄 것이 더욱더 요구됩니다. 예컨대 부천교육지원청처럼 고등학교 특색을 살리는 교육을 적극 지원하는 부분들을 참고해볼 필요가 있고, 중-고 교사 수업 지원도 생각해볼 수 있을 것입니다.

- 영광고등학교 노병태 교사

모든 학생의 성공을 지원하는 책임교육제도를 구축한다

고교학점제는 공교육에 학생의 진로에 따른 과목 선택권 보장과 학습에 대한 책임을 부여한다. 핀란드, 캐나다, 미국은 학생 맞춤형 교육과정 개발, 온·오프라인 통합적인 교육과정 운영, 지역사회와의 협력 등을 통해 학생의 과목 선택권을 확대하였다. 그리고 동시에 학생이 자신의 학습에 대한 책임을 인식하고 완수할 수 있도록 교과 교육과정 이수학점, 봉사활동, 졸업시험의 조건 등을 포함하는 졸업 자격요건을 제시하고, 지역사회의 기업, 지방 자치단체, 교육기관과 협력하여 상담을 통해 학생의 생활과 학습에 대한 체계적이고 적극적인 지원을 제공하고 있다.

그러나 우리나라는 현재 교육과정과 관련된 졸업 자격요건이 없고, 「초·중등교육법」에 따라 총 수업일수의 2/3 이상 학교에 출석하기만 하면 졸업이 가능하다. 그리고 기초학력 보장과 다문화가정을 지원하는 교육정책이 도입되어 운영 중이기는 하지만, 아직까지 모든 학생의 성공을 지원하는 책임교육제도와 지원은 매우 미흡한 수준이다.

따라서 앞으로 고교학점제가 전면 시행되면 모든 학생들이 자신이 선택한 학점을 이수할 수 있도록 평등하고 적극적으로 지원할 수 있는 제도를 구축해야 한다. 그리고 학교가 학생의 학습과 생활을 지원하는 것에는 한계가 있고, 이는 지방 자치단체와 지역사회가 함께 감당해야 할 역할과 책무이다. 또한 단위학교는 전문

상담교사의 배치와 역할을 강화하고, 교장과 교사가 함께 학생의 어려운 점을 적극적이고 종합적으로 관찰하고 필요한 해결 방안을 지역사회와 함께 강구하고 지원해야 할 것이다. 말하자면 고교학점제는 모든 학생의 성공을 지원하기 위한 국가의 결단이자 책임인 것이다.

교원들의 정책 공감을 확보하기 위해 노력한다

고교학점제는 단지 정책과 예산의 물량공세만을 퍼붓는다고 해서 성공할 수 있는 게 아니다. 교원의 정책 공감대 형성과 준비에 따라서 그 결과물은 크게 달라진다. 고교학점제 정책은 현장 교사들에게 플러스(+) 요인보다는 마이너스(-) 요인이 더 많다는 느낌을 줄지도 모른다.

하지만 과거 교육개혁의 역사를 들여다보면, 위로부터의 구조와 정책에 의해서 현장이 변화되기보다는 가야 할 방향을 미리 설정한 교사들의 뚝심에 의해 변화가 만들어진 측면이 있다. 예컨대 국정교과서만으로는 아이들에게 질 높은 수업을 할 수 없었기 때문에 교재를 별도로 개발했고, 일제고사만으로는 아이들에게 제대로 된 평가를 할 수 없었기 때문에 수행평가와 과정평가를 실행하지 않았던가? 교사들 스스로 학교 안팎에 학습공동체를 만들고, 좋은 교육과정-수업-평가를 위해 노력하지 않았던가? 학교를 바꾸기 위해 뜻 맞는 선생님들과 학부모들이 함께 노력하지 않았던가? 우리는 이 점을 결코 간과하지 말아야 할 것이다.

사실 교사들의 입장에서는 국가가 제시한 교육과정대로 가르치고, 교과서를 요약해서 아이들에게 전달하고, 중간고사와 기말고사 중심으로 평가를 적용하고 서열화시키는 방식이 편리하다. 그리고 수능 위주로 문제풀이 수업만 반복하면 굳이 수업 준비에 공을 들일 필요도 없다. 그냥 시키는 대로, 흘러가는 대로 내버려두면 그만이다.

하지만 교사들은 누가 시키지 않아도 잘못된 흐름에 문제의식을 제기하고, 더 나은 변화를 만들어내기 위해서 스스로 학습하는 존재이다. 우리는 꽉 막힌 교육의 숨통을 조금이나마 트이게 하려고 애써온 자발적 교사운동의 흐름을 기억해야 한다. 그리고 이제 그러한 흐름이 일정하게는 고교학점제로 이어지고 있다고 봐야 한다. 교사별 평가, 교육과정-수업-평가-기록의 일체화, 학교혁신, 교사학습공동체, 학교민주주의, 단위학교 교과목 개설권, 교과서 자유발행제 등은 교사들이 놓칠 수 없는 화두인데, 고교학점제야 말로 바로 그 모든 것들의 열매라고 볼 수 있다.

이제 고교학점제는 기존에 교과운동을 해왔던 분들의 총력전으로 이어져야 한다. 특정 교과에서 성과를 내고 있는 연구회와 교사들이 얼마나 많은가? 이러한 연구회를 주도하는 교사들이 고교학점제를 정책적 압박요인으로 받아들이기보다는 실천의 결과로 해석하는 흐름들이 나타나야 할 것이다.

최근 들어 학교 현장에 전문성과 소통 능력을 두루 갖춘 학교장과 교감들이 많이 늘어나고 있다. 바로 이런 분들이 고교학점제의 중심에 서서 선생님들과 함께 큰 그림을 그려가야 한다. 고교학점제는 교육과정 편제와 맞물린 문제이므로 교실에서 교사 혼자서 교육과정을 재구성하는 것과는 전혀 차원이 다르다.

좋은 교육과정이란 무엇인가, 어떤 학교가 좋은 학교인가, 학생들은 무엇을 원하는가, 시대의 변화 앞에서 학교는 무엇을 해야 하는가, 그것을 위해서 우리는 무엇을 해야 하는가? 등등과 같이 단위학교의 비전과 철학을 세워야 한다. 그리고 이러한 비전과 철학은 다시 문화와 교육과정의 편제로 이어져야 한다.

편하지만 의미 없는 교육을 반복할 것인가, 조금 불편하지만 의미 있는 교육을 디자인할 것인가? 미래교육은 누가 대신 만들어주는 것이 아니라 우리가 스스로 만들어가야 한다. 고교학점제는 우리 교육의 과거이자, 현재이고, 미래이다.

부 록

① 고교학점제 도입 관련 주요 쟁점
② 고교학점제 연구학교 운영 사례분석

부록 1 고교학점제 도입 관련 주요 쟁점*

① 필수와 선택 규정

현황·문제점	개선 방향
1. [현황] 선택의 유형과 정도: 자율선택이 180단위 중 50% 정도임	
▶ **문제점: 학생 선택 보장 미비** • 학교 차원의 선택 위주, 학교 지정과목의 필수 이수 • 학생의 선택 요구 조사 부재 또는 미반영 • **선택 대상 과목의 범위 협소**	▶ **개선 방향: 학생 선택을 보장하기 위한 장치 마련** • 요구조사(수요조사)를 통한 **학생 선택의사 확인** • 학생 요구조사의 반영·소인수 과목
2. 필수 규정: 국가수준에서는 '공통 과목'과 교과별 '최소이수단위'의 2가지로 제시함	
▶ **필수과목이 학교 지정과 혼재됨** • 교과 최소이수단위가 10단위로 기술되어 이를 충족하기 위해 공통과목 외 1과목을 필수로 선택해야 한다는 규정을 이해하기 어려움 • 학교 편의에 따른 과목 선택권 제한 • 학교 지정과목을 학생들은 **필수과목으로 인지함**	▶ **필수 규정의 명시** • 국가 수준의 필수 규정 최소화 • 필요한 필수과목의 지정 외에 **교육청, 학교가 필수과목을 지정할 경우 이의 지정 근거 명시**
3. 진학 계열에 따른 안내 장치: '과정'선택은 없음	
▶ 진로·진학을 위한 **맞춤형 지도 부족** • 국가 교육과정에 명기되지 않았으나 **학교별 문·이과 등 '과정' 운영** • **과목 선택을 위한 안내 부족**	▶ 진로 진학 지도를 위한 체계적 인프라 구축

② 이수기준과 졸업요건

현황·문제점	개선 방향
1. 이수기준 - '교육과정을 운영해야 한다.', '교육부장관은 교육과정의 기준과 내용에 관한 기본적인 사항을 정하며, 교육감은 (중략) 지역의 실정에 맞는 기준과 내용을 정할 수 있다.' 등으로 기본적인 사항만 규정 - 명확한 '이수기준'은 없으며 '단위'의 정의만 존재(50분17회 수업량) - 총 이수단위 수: 고등학교 3년간 이수해야 할 '최소이수단위'	

*출처: 학점제 도입을 위한 고등학교 교육과정 재구조화 방안 검토 워크숍 자료집. 한국교육과정평가원. 2018.

2. 졸업요건

- '수업일수'가 유일하게 명시된 졸업요건, '학생의 각 학년 과정의 수료에 필요한 출석일수는 제45조의 규정에 의한 수업일수의 3분의 2 이상으로 한다.'
- 졸업 인정의 주체는 학교장임.
  '학교의 장은 학생의 교육과정의 이수 정도 등을 평가하여 학생의 각 학년 과정의 수료 또는 졸업을 인정한다.'

▶ 과목별 이수기준, 졸업기준이 없어 교과 질 관리가 어려움 • 명확한 '이수기준'과 '졸업기준'이 부재하고, 졸업 인정의 주체가 개별학교의 교장이기 때문에 국가 수준에서의 교육과정 질 관리가 어려움	• 과목별 이수기준 마련 및 트랙(track) 마련 • 교육과정 이수를 포함한 졸업요건 마련 • 국가 주체의 교과 최소이수기준을 마련하여 졸업요건으로 제시

③ 미달자(미이수자) 문제

현황·문제점	개선 방향
1. 미달자 구제 방안: 과목별 미달자에 대한 구체적인 구제 방안 마련 필요	
▶ 미달자 문제해결을 위한 방안 부재 • 과목별 최소 학점 및 이수기준 부재 • 미달자의 성취수준을 고려한 구제 방안 부재 • 과목별 특성을 반영한 미달자 문제해결을 위한 구체적인 해결 방안 부재	▶ 미달자에게 별도 보충 학습 및 별도 과제 제시 • 미도달자에게 방과 후 또는 방학 중 별도의 보충 학습 실시 • 미도달 과목에 대한 별도의 과제 제시 • 미달자의 성취수준을 고려한 수준별 수업 운영 • 미달자별 맞춤형 교수·학습 방안 마련
2. 재이수기준 및 유급제: 재이수 및 유급제도를 운영되고 있지 않음	
▶ 재이수 및 유급제도의 부재 • 재이수 및 유급제 도입에 필요한 관련 법령 및 제도의 부재 • 재이수 및 유급제 운영을 위한 구체적인 운영 방안의 부재 • 학년제로 운영되고 있는 현 교육과정에서의 재이수 및 유급제 운영의 제한점	▶ 재이수 및 유급제 도입 • 재이수 및 유급제 도입을 위한 관련 법령 정비 및 도입 • 미이수 과목만을 재이수 • 학습에 대한 학생 스스로의 책임감 고취
3. 학교 밖 평생학습기관과 연계	
▶ 평생학습기관과의 연계 및 활용 부족 • 학교와 학교 밖 평생학습기관과의 연계 방안 마련 필요 • 미달자를 구제할 수 있는 평생학습기관의 구체적인 운영 방안 마련 필요 • 미달자의 요구와 필요를 충족시켜줄 수 있는 다양한 프로그램 부족	▶ 평생학습기관 등의 활용 • 평생학습기관을 활성화하여 미이수자에게 재이수의 기회를 부여 • 평생학습기관 등 다양한 재이수 경로 마련 • 미이수 과목만을 재이수 • 평생학습기관의 교수학습 인프라 구축 • 미달자의 수요를 반영한 수요자 맞춤형 과목 개발

부록 2 고교학점제 연구학교 운영 사례분석**

교육부는 고교학점제 추진 방향 및 연구학교 운영 계획을 발표하면서 연구학교 54개교(일반고 31개교. 직업고 23개교)와 선도학교 51개교를 지정하였다(2017.11.7). 이 중 6개 학교를 대상으로 살펴본 운영 현황이다.

1) 연구학교 개요

학교명	설립구분	학급수	학생수	교원수	비고
중마고	공립 (2006)	22 (7/7/8)	556 (남278, 여413)	50 (남22, 여25)	• 교과교실학교
장흥고	공립 (1951)	18(6/6/6)	459 (남195, 여264)	42 (남25, 여17)	• 기숙형 고교
다사고	공립 (1974)	17 (5/5/5)	433 (남144, 여289)	45 (남34, 여22)	• 기숙형 고교 • 선지원 학교(1월 초 입학생 결정)
갈매고	공립 (2017)	16 (8/8/0)	434 (남279, 여155)	36 (남14, 여22)	• 자율학교 • 2017년 신설교
고색고	공립 (2009)	30 (10/10/10)	871 (남871)	67 (남31, 여36)	• 자율형공립고 • 교과교실학교
광주 빛고을	공립 (2011)	28 (9/9/10)	897 (남455, 여442)	75 (남23, 여52)	• 교과교실학교

※전라남도, 경기도, 대구시, 광주시 등의 학교를 대상으로 하였다.

2) 연구학교 운영 현황

연구과제, 교육과정, 수강신청, 진로, 시설, 공감대형성, 기초학력프로그램, 운영 특징 등으로 구분하여 알아보았다. 1차 컨설팅을 바탕으로 실시한 2차 컨설턴트 워크숍 자료집의 내용을 바탕으로 재구성함. 각 학교 소개는 두산백과 참고.

**출처: 2018년 3차 고교학점제 시도교육청 업무 담당 장학사 협의회 자료집

(1) 중마고등학교   전라남도 광양시 마동에 있는 공립학교로 2004년 6월 5일 24학급 설립인가를 받아 2006년 3월 2일 개교하였다. 24학급 규모로 학생 753명, 교원 49명의 남녀공학이다.

연구과제	1. 수강신청제 도입에 따른 학생 개인별 교육과정 지도 2. 과목별 성취기준 미달자의 보충 기회 계획 수립 운영 3. 학습 참여형 수업 및 과정 평가에 정착으로 학교생활기록부 내실화
교육과정	• 학생 희망 과목 모두 편성 - 지자체의 예산 지원 • 100대 교육과정 우수학교(2016), 일반고역량강화 우수학교(2017)
수강신청	• 교원·학부모·학생연수 → 1차 선택과목 조사(5월) → 학생 대상 선택과목 설명회(6월, 교과별) → 학생 대상 선택과목 조사(6월)
진로	• 진로 검사, 직업 흥미검사, 홀랜드계열 적성검사, 진로 학업 상담 실시 등 • 진로 관련 다양한 안내서 제작 배포
시설	• 개교부터 교과교실로 구성, 40여개 실 보유 ※ 소형·대형 교실 구축, 홈베이스 확보, 학생 사물함 제공 등
운영 특징	▶ 학교는 수능응시를 고려하여 교과 180단위 중 학교지정 111단위를 편성하고, 학생 자율선택을 69단위(3학년 1학기 20단위, 2학기 27단위)로 지정함 ▶ 시간표 편성의 편리, 공강 시간 발생 예방 등을 위하여 모든 선택과목을 학기별 3단위로 일치시킴 ▶ (학생 수요조사에서) 가급적 모든 과목을 선택할 수 있도록 개방하였으나, 학생들이 학습하기 곤란한 과목들은 선택을 회피함

(2) 장흥고등학교   전라남도 장흥군 장흥읍 건산리에 있는 공립학교로 1951년 9월 25일 개교하였다. 18학급 규모로, 학생 501명, 교원 40명의 남녀공학이다.

연구과제	1. 고교학점제 운영을 위한 홍보 및 여건 조성 2. 진로 기반 학생 선택형 교육과정 편성·운영 3. 맞춤형 학습관리 지원을 통한 학교 책무성 제고
교육과정	• 전면 개방형 교육과정으로 편성
수강신청	• 학교 탐방 → 교원연수 → 교육과정위원회·전교과협의회 → 선택과목 사전교육 (6월) → 선택과목선호도/희망계열 조사(6월)
진로	• 진로 검사, 직업 흥미검사, 계열 탐색 검사, 홀랜드계열 적성검사, 대학전공 선 택 검사 등 실시
시설	• 1973년 준공 ※ 교사가 여러 동으로 분리되어 있음, 학생 사물함을 반 교실에 비치 – 신축 예 정(예산 확보 됨) • 기숙사 있음(현재 50% 정도의 학생이 입실, 공실 30% 있음)
운영 특징	▶ 고교학점제에 따른 학생, 교사, 학부모 학교문화 형성을 위한 노력을 기울임 ▶ 수능 출제 과목 이수로 인한 타 과목 선택권 축소를 최소화하되, 진학 목표 학생 또한 수능과목을 누락 없이 이수하도록 학년별·학기별 선택과목군의 면밀한 구성

(3) 다사고등학교　　　1974년 다사고등학교 설립인가를 받아 1975년 개교
하였다. 1993년 다사종합고등학교로 교명 변경 인가를 받고 1999년 다
사고등학교로 교명 변경 인가를 받았다. 17학급 규모이며, 학생 362명,
교원 40명의 남녀공학이다.

연구과제		1. 학교의 업무구조와 문화 혁신 2. 학생 선택형 교육과정 편성 운영 3. 맞춤형 학습 관리 지원
교육과정	편성	• 기초작업(학점제 이해, 교육과정 편성 규정 마련) → 교육과정위원회-교과협의회 (개설과목 범위 및 이수단위 결정) → 학생·학부모 연수/과목안내서/상담 → 수요조사 (5~6월) → 교육과정위원회(개설가능 과목 확정) → 과목 설명회(박람회 형식, 7월)
	특징	• 1학년 대상 교양 선택과목 운영(논술, 환경, 실용경제, 철학, 보건) • 거점형 공동교육과정 운영(공학기술, 프로그래밍, 철학, 고급물리, 생명과학)

진로지도	• 입학전 진로탐색 프로그램 운영(진로비전 스쿨, 학부모·학생 일대일 진로코칭*), 진로검사 및 결과활용특강, 진로진학 책자 제작 * 대구 진로진학상담교사 14명 활용
기초학력 프로그램	• 시범적으로 국영수 교과에서 교과별 최소 성취수준 및 프로그램 마련 ※ 입학생 학력이 균질하게 우수한 편으로 주로 운동부 학생이 선정
운영 특징	▶ 연초 워크숍을 통해 학점제 연구학교 운영에 대한 구성원 공감대를 어느정도 형성한 편이며, 전반적으로 연구학교 운영 계획서 및 매뉴얼을 최대한 적용 노력 중 ▶ 교육과정위원회, 교과협의회 등 각종 협의 기구를 효율적으로 활용하여 학점제 교육과정 운영 관련 교과간 의견 조율이 상당 부분 이루어짐 ▶ 진로검사 결과를 바탕으로 희망 계열별 이수 과목 정보를 제공함으로써 진로지도와 수강신청 간 연계 노력 ▶ 교육과정지원팀(1학년 부장/진로진학부장/교육과정부장)을 통해 담임-진로진학상담교사-학점제담당부서 간 역할 분담이 원활히 이루어지는 편임

(4) 고색고등학교　　　경기도 수원시 권선구에 있는 고등학교이다. 2008년 9월 25일 설립인가를 받아, 2009년 3월 7학급 203명으로 개교하였다. 31학급 규모로 학생 862명, 교원 64명의 남학교이다.

연구과제		1. 고교학점제 운영을 위한 기반 구축 2. 학생 선택형 교육과정 편성 운영 3. 학생 맞춤형 학습관리 지원
교육과정	편성	• 기초작업(학점제 이해, 교육과정 편성 규정 마련) → 교육과정위원회-교과협의회(개설과목 범위 및 이수단위 결정) → 학생·학부모 연수/과목안내서/상담 → 수요 조사(5월) → 2019학년도 개설과목 확정(6월)
	특징	• 2학년 지자체(수원시청)과 MOU 체결을 통해 강사 지원을 받아 '공연실습', "영상제작의 이해'과목 신설(음악교사와의 코티칭 형태로 진행 예정) • 학년은 탐구교과 중심(10과목 중 택3), 3학년은 기초 및 탐구 교과 중심으로 (27과목 중 택8) 학생에게 선택권 부여 ·경기도교육청과의 협조를 통해 주문형 강좌 8과목 편성 운영
진로지도		• 입학전(2~3월) 진로검사 (스쿨멘토링, 커리어 넷) • 15개 진로별 이수 과목을 정리하여 학생들에게 안내 • 교육과정박람회(5월) 개최: 학생 스스로 진로 과목 이수 탐색, 모의수강신청 실시

공감대 형성	• 시범적으로 국영수 교과에서 교과별 최소 성취수준 및 프로그램 마련 ※ 입학생 학력이 균질하게 우수한 편임
기초학력 프로그램	• 경기도 교육청 학력진단프로그램을 통해 기초교과(국영수)에 대한 학습부진학생 선별 → 교과교사 및 담임교사와 연계해 학업 상담 및 과제 부여 등의 방법으로 지도 중
운영 특징	▶ 교육과정위원회의 구성원을 학생, 학부모 대표 및 외부전문가도 참여할 수 있도록 확대하고, 지속적인 협의를 통해 교육과정 운영의 공감대 형성에 노력 ▶ 학교 자체적으로 학생 진로에 따른 과목 선택 유형 15가지를 만들어 학생 진로지도 및 과목 선택 자료로 활용하고 있으며, 교육과정박람회를 통해 학생에 대한 실질적인 교육과정 안내가 되도록 노력 ▶▶ 교육과정지원팀(1학년 부장/진로진학부장/교육과정부장)을 통해 담임-진로진학상담교사-학점제담당부서 간 역할 분담이 원활히 이루어지는 편임

(5) 광주 빛고을고등학교　　　광주광역시 북구 신용동에 있는 공립 고등학교이다. 2011년 3월 1일에 개교하였다. 현재 28학급 규모로 학생 970명, 교원 58명의 남녀공학이다.

연구과제		1. 고교학점제 교육과정 운영을 위한 인프라 구축 2. 진로교육을 통한 자기주도적 진로 역량 강화 3. 고교학점제 선택형 교육과정을 위한 학교공동체 역량 강화
교육과정	편성	• 교육과정위원회, 교과협의회(수시, 교육과정편제표 조정) → 과목설명서 제작(6월) → 학생 대상 설명회(선택과목 안내, 6월) → 학생 대상 2차 설명회(7월, 수강신청프로그램) → 학부모 대상 설명회 → 학생 1, 2차 선택(7월) → 학생 상담 주간(8월) → 학생 최종 선택(8월) → 정정기간(9월)
	특징	• 국가 수준 보통 교과 전(全) 과목 개설에 대한 사전 교사 합의 ※ 학생 수요 조사 전 교육과정편제표 정선 및 교사 동의 과정에 집중 - 학생 선택 대상: 보통 교과(공통, 일반, 진로) 및 전문교과 일부 - 그 외 전문교과, 시·도 인정 과목은 공동교육과정 및 강사 채용 등으로 수요 충족 • 선택과목 3단위·6단위* 기준으로 이수단위 통일 * 과학·사회 교과 해당, 1년 편성

진로지도	• 진로 현장 체험(5.17.), 진로탐색 검사(5.30.), 학과계열 탐색(20여개, 7.25.) • 진로설계 컨설팅 집중 기간(6월 셋째 주) • 진로전담교사가 1학년 전체 수업을 담당하며 진로지도 및 과목 선택 간 연계 지도
교원	• 교사 1인 평균 담당 과목수: (2018) 1개/60과목 → (2019) 1.18개/71과목
시설	• 경기도 교육청 학력진단프로그램을 통해 기초 교과(국영수)에 대한 학습부진학생 선별 → 교과교사 및 담임교사와 연계하여 학업 상담 및 과제 부여 등의 방법으로 지도하고 있음
기타	• 선택과목 확대에 따른 교수·학습 및 평가 개선 노력(교사 수업나눔동아리 운영 등)
운영 특징	▶ 학과 박람회(대학 재학 졸업생 활용) → 진로설계탐구대회 → 해당 직업인 방문(동문 및 학부모 지원) ▶ 대학 입학사정관과 고 1·2학년 담임 교사와의 간담회 실시, 학교 소개 프로파일(대학 제공) 내용을 내실 있게 구성하고, 전교사 숙지

(6) 갈매고등학교　　　경기도 구리시 갈매순환로 75 (갈매동 410-2)에 새롭게 조성된 택지지구에 위치한 남녀공학 인문계 공립고등학교이다. 2017년 3월 1일 개교하였다. 8학급 규모로 학생 434명, 교원 31명의 남녀공학이다. 학교 특징은 남학생 144명(65%), 여학생 79명(35%)으로 교장 공모제 자율학교이다.

연구과제	1. 학점제의 효율적 운영을 위한 물적 인적 기반 조성을 조성. 2. 진로와 연계한 선택 중심 교육과정을 편성 운영하여 학생에게 진정한 배움과 성장이 일어날 수 있도록 함. 3. 학점제 안착을 위한 단계별 학교 운영 방안을 마련하고 학생의 성장 과정을 검증하여 학점제의 효과성을 검증

교육과정	편성	• 기초작업(학점제 이해, 교육과정 편성 규정 마련) → 교육과정위원회-교과협의회 (개설과목 범위 및 이수단위 결정) → 학교 과목 안내서 발간 → 수요 조사(5월) → 2019학년도 개설과목 확정(6월)
	특징	• 전체 72과목 중 47과목에 대해 학생 과목 선택권 부여 : 교과협의회를 통해 교사가 개설할 수 있는 과목을 우선 선택하고, 학생 수요를 받아 가르칠 수 있는 교사는 확보한 상황 • 민주시민교육의 실질적 시행을 위해 관련 과목을 3개년간 편성·운영(민주시민-세계시민-철학) • 국·영·수 기초 교과 중심 교육에서 벗어나 다양한 예술, 교양 교육 강화(연극, 문예창작입문, 텃밭 가꾸기, 사회적 경제, 패션마케팅 등) • 학생 선택과목에 대한 이수단위가 달라 시간표 편성 가능 여부 검토 요청
진로지도		• 입학생 전원에 대한 진로 검사 및 상담, 진로별 과목 선택 안내를 통해 학생 선택형 교육과정 운영을 위한 준비는 어느 정로 이루어지고 있는 상황
공감대 형성		• 시범적으로 국영수 교과에서 교과별 최소 성취수준 및 프로그램 마련 ※ 입학생 학력이 균질하게 우수한 편으로 주로 운동부 학생이 선정
운영 특징		▶ 수능 중심의 교육과정보다는 학생의 흥미를 고려한 진로 중심의 교육과정을 운영하기 위해 노력 중 → 다만, 학생 진로에 따른 선택과목의 연계성에 대한 재검토 필요 ▶ 학교장이 혁신학교 근무 및 연구 경험을 학교 교육과정에 반영하여 고등학교를 혁신하고자 하는 의지가 강함

4) 연구학교 운영의 애로사항

(1) 교육과정   총 이수단위 축소는 반드시 필요하다. 또한 학력 수준이 낮은 학생을 위해 중학교 수준의 기초과목을 학교가 개설·운영하고, 학점으로 인정받게 하는 방안이 필요하다. 소인수 과목 선택 시 일부 대학에서 입시 불이익을 주는 사례가 있으므로 이에 대한 조사 및 대안이 요

구된다. 아울러 온라인 교육 활동[1]에 대한 교육과정 이수기준의 종합적 검토 및 지침을 마련해야 한다.

교육과정 경과 조치 요구

- 총 이수단위 204단위 또는 17회 축소
- 일부 과목 성취평가제 완전 적용(9등급 미제공) 필요
  - 특히, 일반고에서 전문교과Ⅱ 과목을 편성하면 보통교과(진로선택)로 편성하면, 성취도(A-B-C)와 석차등급(1-9등급)을 제공하고 있어 직업계고와 차별(직업계고의 전문교과Ⅱ 성적은 성취도(A-B-C-D-E)만 산출

---

(2) **수업 및 평가**　　2015 개정 교육과정의 신설 과목인 진로 선택과목에 대한 학생 참여형 교수·학습 및 과정 중심 평가 방안 자료가 필요하다.

(3) **교원**　　교양교과의 경우 유사 교과에서 담당하고 있으나, 심리학 같은 전문적 내용은 관련 자격 교사 확보가 필요하며, 교사의 다과목 지도는 필수인 만큼, 동계 방학을 이용하여 차년도 담당 과목에 대한 연수가 필요하다.

교육지원청 차원에서 운영할 수 있는 소인수 선택과목 지도 교사 배치를 위한 행안부 협조 및 관계 법령 개정의 추진과 시·도교육청 '계약제 교원 운영 지침'에 의해 강사제도가 운영되고 있어 개정 요구사항[2]에 대한 시도교육청의 개선 노력이 필요하고, 고교학점제 및 학생 선택형 교육과정 운영 활성화를 위한 (가칭) '고교학점제 특별강사'제 도입 및 예산 지원이 절실하다.

---

1. 방송통신고등학교 프로그램, 전입학생 미이수 과목 대체 수강, 병원학교 등
2. 강사료 현실화, 강사의 중등교원자격증 소유 여부, 강사 채용 절차 간소화 등

(4) 시설　　교실 부족으로 실험과목 같은 선택과목 개설이 어렵고 체육관 리모델링 및 증축을 희망하고 있으며, 연구학교를 교과교실제로 지정해도 실제 환경 개선에는 2년 이상 소요되므로, 특별예산을 편성해 시설 개선 지원[3]이 필요하다.

(5) 연수, 홍보　　'학점제를 왜 해야 하는가?'에 대한 교원, 학부모, 학생이 인식을 공유할 수 있는 연수가 필요하다. 아울러 고교학점제에 맞는 교육과정 운영을 위해 교장 · 교감 선생님들의 인식 전환을 도모하는 지속적인 관리자 연수가 필요하다. 연구학교에서 학점제 운영 방향을 정립하기 위해 평가 및 대입제도 등 관련 제도 개선 방향에 대한 연구가 진행되어야 할 것이다.

---

3. 사물함 개선, 홈베이스 구축, 학생 휴게 시설 조성, 가변형 교실 구축 등

참고문헌

CHAPTER 01

교육정책디자인연구소(2018).《미래교육이 시작되다》, 즐거운학교.

김성천(2018). "혁신학교 정책의 여섯가지 차원의 딜레마". 〈교육문화연구〉, 24권 2호.

서지연 외(2018).《학교 자치》, 즐거운학교.

오재길 외(2015). "통계로 보는 교육정책", 경기도교육연구원.

이광호 외(2017). "경기교육중장기발전방안2", 경기도교육청.

백병부·김성천 외(2014). "경기도 일반고등학교 활성화 방안 연구", 경기도교육연구원.

최승복(2018).《교육을 교육답게 우리교육 다시 세우기》, 맘에드림.

CHAPTER 02

교육과학기술부(2010). 기초·심화과정 도입 등 고교교육력제고 방안 추진, 교육과학 기술부 보도자료 2010. 4. 8.

교육과학기술부(2012). 초·중등학교 교육과정 총론집. 7차 교육과정 ~ 2009 개정 교육과정, 서울: 우신기획.

교육부(1997). 초 중등학교 교육과정. 교육부 고시 제1997-15호[별책 1].

교육부(2015). 개정 교육과정(교육부 고시 제2015-74호, 2015.9.23.)'

교육부(2015). 초중등학교 교육과정 총론 해설.

교육부(2017). 교육과정 다양화로 고교 교육혁신을 시작한다.-고교학점제 추진 방향 및 연구학교 운영 계획 발표. 교육부 보도자료. 2017. 11. 27.

구자억, 남궁지영(2011). "학점제 도입 방안", 포지션페이퍼 2011, 한국교육개발원 현안보고 OR(2011.3.5.).

국정기획자문회의(2017). 문재인 정부 국정운영 5개년 계획. 2017년 7월.

교육부(2018). 2022학년도 대학 입시제도 개편방안 및 고교교육 혁신방향 (2018. 8. 17).

김정빈 (2017). "고교학점제 도입을 위한 기초 논의", 〈교육비평〉, (40).

김정빈 (2017). "고교학점제 도입을 위한 교육과정 및 학생평가 재구조화 방안", 서울특별시교육연구정보원.

서울특별시교육청(2017). 진로·적성 맞춤형 고교학점제 도입 추진 방안. 2017. 6. 미간행자료.

이광우(2018). 2018년 제1차 고교학점제 정책 포럼 자료집, 한국교육과정평가원.

이광우 외(2017). 지능정보사회 대응을 위한 중장기 고교 교육과정 방향 탐색 연구, 한국교육과정평가원.

정광희 외(2016). "다양한 진로수요 맞춤교육을 위한 고교 운영체제 혁신 방안: 일반고 선택교육과정 운영과 지원체제 혁신 방안", 한국교육개발원, RR 2016-27.

허숙(2009). "하고 싶은 공부, 즐거운 학교", 미래형 교육과정 구상(안), 제8차 국민대토론회 자료집 (2009.7.24), 국가과학기술자문회의.

국립국어원(2017). http://stdweb2.korean.go.kr/search/List_dic.jsp. 2018. 11. 3. 검색

CHAPTER 03

주주자·김위정·이현미·이동배·박수진(2017). "고교 무학년 학점제 구현 방안 연구", 경기도교육연구원.

이찬승(2017). 온타리오 주 학교교육 혁신이 주는 시사점(2). 교육을 바꾸는 사람들. http://21erick.org/bbs/board.php?bo_table=11_5&wr_id=100350

모이라 고등학교 http://mss.hpedsb.on.ca/

온타리오 주 교육부 https://www.ontario.ca/page/ministry-education

CHAPTER 04

교육부·한국교육과정 평가원(2018). 고교학점제 연구학교 운영 매뉴얼, ORM2018-20.

교육부(2016). 고교 교과중점학교 지원 계획. 2016. 5. 11.

교육부(2017). 2017 고교교육력제고사업 계획. 2016. 12.

교육부(2018). 2018 고교교육력제고사업 계획. 2017. 12.

부천교육지원청(2017). 2017 고등학교 교육과정 특성화 시범지구 설명회 자료집, 부천교육지원청.

서울시교육청(2016). 개방 - 연합형 선택교육과정 편성·운영 방안.

세종특별시교육청(2018). 캠퍼스형 공동교육과정 기반 세종형 고교학점제 추진 계획, 세종특별시교육청(2018년 1월).

CHAPTER 05

김상래(2017). 2015 개정 교육과정의 현장 연착륙을 위한 주요 과제 및 사례.

김응현(2018). 고교 간 공동체성의 회복과 고교교육 혁신의 기제, 고교교육 정상화를 위한 고교학점제 미래포럼 자료집.

도봉고등학교(2017). 학교교육계획서.

도봉고등학교(2018). 학교교육계획서.

도봉고등학교(2018). 도봉고등학교 학교 알리미.

이광우 외(2017). "지능정보사회 대응을 위한 중장기 고교 교육과정 방향 탐색 연구", 한국교육과정평가원.

충남삼성고(2018). 충남삼성고 학교 알리미.

충남삼성고(2018). 충남삼성고 학교 홈페이지.

한서고등학교(2017). 제15회 전국 100대 교육과정 운영 결과 보고서.

한서고등학교(2017). 학교교육계획서.

한서고등학교(2018). 한서고등학교 학교 알리미.

CHAPTER 06

주주자·김위정·이현미·이동배·박수진(2017). "고교 무학년 학점제 구현 방안 연구", 경기도교육연구원.

최창의 외(2016). "혁신교육지구사업 비교분석을 통한 협력적 교육거버넌스 발전 방안 연구", 경기도교육연구원.

교육부(2018). 2022학년도 대학입학제도 개편 방안 및 고교교육 혁신 방안 발표 보도자료, 2018.8.17.

전교조(2017). 고교학점제 관련 성명서, 전교조, 2017.11.27

삶과 교육을 바꾸는
맘에드림 출판사 교육 도서

나는 혁신학교에 간다

경태영 지음 / 값 14,000원

공교육을 바꾸겠다는 거대한 희망을 품고 시작된 '혁신학교'. 이 책은 일곱 개 혁신학교의 이야기를 담고 있다. 지금 우리 교육이 변화하는 생생한 현장의 모습과 아이들이 꿈을 키우고 행복하게 공부하는 희망의 터로 새롭게 자리매김하는 학교들을 이 책에서 만날 수 있다.

혁신학교란 무엇인가

김성천 지음 / 값 15,000원

교육공동체가 만들어내는 우리 시대 혁신학교 들여다보기. 혁신학교 전반에 관한 이야기를 다루고 있는 책으로, 공교육 안에서 혁신학교가 생기게 된 역사에서부터 혁신학교의 핵심 가치, 이론적 토대, 원리와 원칙, 성공적인 혁신학교의 모습을 보이고 있는 단위학교의 모습까지 담아냈다.

학부모가 알아야 할 혁신학교의 모든 것

김성천·오재길 지음 / 값 15,000원

학부모들을 위한 혁신학교 지침서!
'혁신학교에서는 무엇을, 어떻게 가르치고 있는지, 교사·학생·학부모는 어떻게 만나서 대화하고 관계를 맺어가는지, 어떤 교육목표를 지향하고 있는지 등 이 책은 대한민국 학부모들의 궁금증에 친절하게 답을 한다.

덕양중학교 혁신학교 도전기

김삼진 외 지음 / 값 14,500원

이 책의 1부는 지난 4년 동안 덕양중학교가 시도한 혁신과 도전, 성장을 사실과 경험에 기반한 스토리텔링 방식의 성장기로 전개하고 있다. 그리고 2부는 지역사회와 협력하여 펼치고 있는 교육프로그램, 배움의 공동체 수업 등을 현장 사례 중심의 교육적 에세이 형태로 담고 있다.

학교 바꾸기 그 후 12년

권새봄 외 지음 / 값 14,500원

MBC 〈PD 수첩〉에 방영되어 화제가 되었던 남한산초등학교. 아이들이 모두 행복하고, 얼굴 표정이 밝은 아이들. 학교 가는 것을 무엇보다 좋아하고, 방학을 싫어하는 아이들. 수업과 발표를 즐겼던 이 학교를 졸업한 아이들이 그 후 12년의 삶을 세상에 이야기한다.

혁신교육 미래를 말한다

서용선 외 지음 / 값 14,000원

혁신교육 정책을 입안하고 추진하는 데 기여해왔던 6명의 교사 출신 연구자들이 혁신교육 발전에 필요한 정책 과제들을 모아 하나의 책으로 제시한다. 이 책은 교육철학, 교육과정, 교육행정과 학교 운영(거버넌스) 등에서 주요 이슈들을 정리하고 혁신교육의 성과와 과제를 보여준다.

좋은 엄마가 스마트폰을 이긴다

깨끗한미디어를위한교사운동 지음 / 값 13,500원

스마트폰은 '재미있고 편리하다'. 그러나 스마트폰 때문에 아이들은 시간을 빼앗기고, 건강이 나빠지고, 대화가 사라지며, 공부와 휴식, 수면마저 방해를 받는다. 이 책은 이러한 사례들을 생생하게 소개하고 부모들에게 아이들의 스마트폰 사용에 어떻게 대응해야 하는지 대안을 제시한다.

행복한 나는 혁신학교 학부모입니다

서울형 혁신학교학부모네트워크 지음 / 값 16,000원

이 책은 학부모가 자신의 눈높이에서 일러주는 아이들의 혁신학교 적응기일 뿐만 아니라, 학부모 역시 학교를 통해 자신의 삶을 고양시켜가는 부모 성장기라는 점에서 대한민국의 모든 학부모들에게 건네는 희망 보고서이기도 하다. 이 책은 혁신학교 학부모로서의 체험을 미리 하는 데 부족함이 없을 것이다.

일반고 리모델링 혁신고가 정답이다

김인호 · 오안근 지음 / 값 15,000원

서울의 한 일반계 고등학교가 혁신학교로서 4년간 도전과 변화를 겪으면서 쌓은 진로, 진학의 비결을 우리 사회 모든 학생, 학부모, 교사, 시민 등에게 낱낱이 소개해주는 책. 무엇보다 '혁신학교는 대학 입시에 도움이 안 된다'는 세간의 편견을 말끔히 떨어 없앤다.

교사, 어떻게 살아야 하는가

김성천 외 지음 / 값 15,000원

오랫동안 교육현장에서 교육과 연구를 병행해온 저자 5인이 쓴 '신규 교사를 위한 이 시대의 교사론'. 이 책은 학교구성원과의 관계 맺기부터 학교현장에서 맞닥뜨리게 되는 여러 가지 문제들과 극복 방법 등 어떻게 개인의 성장을 도모해야 하는지를 두루 답하고 있다.

다섯 빛깔 교육이야기

이상님 지음 / 값 16,000원

충북 혁신학교(행복씨앗학교)인 청주 동화초등학교의 동화 작가 출신 선생님이 아이들과 함께 보낸 한해살이 이야기다. 초등학생의 특성에 맞도록 활동 중심의 교육과정을 재구성하는 한편, 표현 위주의 교육을 위한 생활 글쓰기 교육을 실천하면서, 학교교육을 아이들의 삶과 연결시키고자 노력한 이야기들을 담고 있다.

만들자, 학교협동조합

박주희 · 주수원 지음 / 값 14,500원

이 책은 학교협동조합이 무엇인지, 어떤 유형의 학교협동조합이 가능한지, 전국적으로 현재 학교협동조합의 추진 상황은 어떠한지 국내외 사례를 통해 소개하고 안내하는 한편, 학교협동조합을 운영하는 원리와 구체적인 교육 방법을 상세하게 풀어놓고 있다.

혁신 교육 내비게이터 곽노현입니다

곽노현 편저 · 해제 / 값 17,000원

서울시 18대 교육감이자 첫 번째 진보 교육감으로서 혁신 교육을
펼쳤던 곽노현은, 우리 사회 전반을 아우르는 주요 교육 현안들을
이 책에서 포괄적으로 다루고 있다. 2014년 3월부터 1년간 방송된
교육 전문 팟캐스트 '나비 프로젝트' 인터뷰에 출연한 전문가들과
나눈 대화와 그에 대한 성찰적 후기를 담고 있다.

무엇이 학교 혁신을 지속가능하게 하는가

권성호 · 김현철 · 유병규 · 정진헌 · 정훈 지음 / 값 14,500원

독일 '괴팅겐 통합학교', 미국 '센트럴파크이스트 중등학교', 한국
혁신학교의 사례들을 통해 성공적인 학교 혁신의 공통점을
찾아내고 그것을 지속가능하도록 만들기 위해서 필요한 것은
무엇인지를 보여준다. 독자들은 '좋은 학교'를 만들기 위한 학교
혁신의 세계적인 공통점을 찾을 수 있다.

혁신학교의 거의 모든 것

김성천 · 서용선 · 홍섭근 지음 / 값 15,000원

이 책은 혁신학교에 대한 100가지 질문에 답하면서 혁신학교의
역사, 배경, 현황, 평가와 전망을 구체적인 증거를 통해 설명하고
있다. 이 책은 우리 사회에 필요한 교육은 무엇인지, 교사와
학생들이 더 즐겁게 가르치고 배우면서 성장할 수 있는 교육을
위해 필요한 것이 무엇인지 등을 더 깊이 생각해보게 한다.

혁신학교 효과

한희정 지음 / 값 15,000원

이 책에서 저자는 혁신학교 효과를 살펴보기 위해 혁신학교가
OECD DeSeCo 프로젝트에 제시된 '핵심 역량'을 가르치고 있는지,
학생 · 학부모 · 교사가 서로 배우는 교육공동체를 이루고 있는지,
학생의 발달을 위한 다양한 교육과정을 운영하고 있는지 등을 반
학교와 비교하여 설명한다.

더불어 읽기

한현미 지음 / 값 13,500원

이 책은 교사들이 학습공동체를 통해 교직의 전문성과 자율성을 새롭게 발견하며 성장하는 이야기를 다룬다. 이 책에서 저자는 이러한 비인격적인 제도와 환경 아래서 교사들이 행복을 되찾기 위해서는 서로 협력하며 같이 배우면서 아이들과 함께 성장할 수 있어야 한다고 말한다.

I Love 학교협동조합

박선하 외 지음 / 값 13,000원

학교에 협동조합을 만드는 일에 참여했던 학생들의 협동조합 활동과 더불어 자신과 친구들이 어떻게 성장했는지를 이야기한다. 글쓴이 중에는 중학교 1학년 때부터 사회복지사라는 장래 희망을 가지고 학교협동조합에 참여한 학생도 있고, '뭔가 재밌을 것 같다'는 호기심을 가지고 시작한 학생 등 다양한 사례를 담고 있다.

내면 아이

이준원 · 김은정 지음 / 값 15,500원

'내면 아이'가 자녀/학생과의 관계에서 어떠한 영향력을 행사하는지, 어떻게 갈등을 일으키는지 볼 수 있게 한다. 그 뿌리를 찾아 근원부터 치유하는 방법들은 필자의 경험을 바탕으로 종합한 것이다. 또한 임상 경험을 아주 쉽게 소개하여 스스로 자신의 '내면 아이'를 만나고 치유할 수 있도록 하는 데 중점을 두었다.

어서 와, 학부모회는 처음이지?

조용미 지음 / 값 15,000원

두 아이의 엄마인 저자가 다년간 학부모회 활동을 하면서 알게 된 노하우와 그간의 이야기들을 담은 책. 학부모회 활동을 처음 시작하는 이들이나, 이미 학부모회에서 활동 중이지만 학교라는 높은 벽에 부딪혀 방향성을 고민 중인 이들에게 권한다.

학교협동조합 A to Z
주수원 · 박주희 지음 / 값 11,500원

'학교협동조합'의 설립 및 운영과 관련해 학생, 학부모, 교사들이 궁금해할 만한 이야기들을 질문과 답변 형식으로 풀어냈다. 강의와 상담을 통해 자주 접하는 질문들로 구성했으며, 학교협동조합과 관련된 개념들을 좀 더 쉽고 빠르게 이해하는 데 중점을 두었다.

혁신교육 정책피디아 – 2018 세종도서(학술부문)
한기현 지음 / 값 15,000원

이 책의 저자는 교육 현장은 물론, 행정 프로세스에 대한 경험을 모두 갖춘 만큼 교원 업무 정상화, 학폭법의 개정, 상향식 평가, 교사 인권 보호, 교육청 인사, 교원연수 등과 관련해 교육 현장의 가려운 곳을 제대로 짚어 긁어주면서도 현실성 높은 다양한 정책들을 제안한다.

공교육, 위기와 도전
김인호 지음 / 값 15,000원

학생들에게 무한경쟁만 강요하는, 우리 교육 시스템과 그로 인해 붕괴된 교실에서 교육주체들은 길을 잃고 말았다. 이 책은 이러한 시스템 속에서 고통을 겪고 있는 교사, 학생, 학부모, 지역사회가 연대하여, 교육과정·수업·평가·진로 등 모든 영역에서 잘못된 교육 제도와 관행을 이겨낼 수 있는 대안과 실천 사례를 상세히 제시한다.

학교, 민주시민교육을 만나다!
김성천, 김형태, 서지연, 임재일, 윤상준 지음 / 값 15,000원

2016년 '촛불 혁명'의 광장에서 보인 학생들의 민주성은 학교에서는 찾아보기 힘들다. 민주시민교육은 법률과 교육과정 총론에 명시되어 있지만 그 중요성을 실제로는 인정받지 못해왔다. 또한 '정치적 중립성이 대체로 '정치의 배제'로 잘못 해석됨으로써 구체적인 쟁점이나 현안을 외면해왔다. 이 책은 교육과정, 학교문화 등 다양한 측면에서 시민교육을 성찰하고 정책 대안을 제시한다.

학교, 민주시민교육을 실천하다!
교육정책디자인연구소시민모음 지음 / 값 17,000원

학교에서 어떤 식으로 민주시민교육이 이루어져야 하는지를 이야기한다. 특히 학생들의 눈높이에 맞춰 민주주의를 그들의 삶과 어떻게 연결시킬지에 초점을 맞추었다. 18세 선거권, 다문화와 젠더 등 다양한 차별과 혐오 이슈, 미디어 홍수 시대의 시민교육, 통일 이후의 평화로운 공존 방안 등의 시민교육 주제들을 아우른다.

고교학점제, 어떻게 실천할 것인가?
김삼향, 김인엽, 노병태, 정미라, 최영선 지음/ 값 20,000원

이 책은 고교학점제의 구체적인 실천 방안을 중심으로 풀어간다. 특히 소통과 협력이 원활한 학교문화, 체계적인 학교운영, 학생들이 주체가 된 과목 선택과 진로교육을 위한 다양한 교육과정 편성 및 운영, 발달적 관점에서의 질적 평가, 학점제에 최적화된 학교 공간혁신 등을 아우른다. 특히 마이스터고와 특성화고의 실천 사례들도 함께 소개하고 있다.

시인 체육교사로 산다는 것
김재룡 지음 / 값 16,000원

이 책은 정년퇴임까지의 한평생을 체육교사이자 시인으로서 살아온 저자가 솔직하고 담담한 자세로 쓴 일상의 기록이며, 한편으로는 구술사를 꾸준히 고민해온 저자 자신의 역사가 담긴 사료(史料)이다. 그는 자신의 삶 속에서 타인의 고통과 접속하며 자신의 고통을 대면하여 가볍게 만드는, 자기치유의 가능성을 말한다. 사소한 순간의 기억이 모여 운명처럼 완성된 한 생애의 이야기가 여기에 있다.

포스트 코로나 시대, 학교가 디자인하는 미래교육
송영범 지음/ 값 15,500원

이 책은 인류의 생존마저 위협하는 다양한 글로벌 문제들의 해결에 있어 학교교육의 역할과 포스트 코로나 시대 미래학교의 방향성을 인본주의 관점에서 다시 짚어본다. 교육사조를 통해 미래교육의 집중 방향을 조명하는 한편, 실제 학교교육의 진화로 이어지는 실천을 위해 최근의 국내외 교육 트렌드와 함께 구체적인 실천 방법에 관해서도 이야기한다.

나의 첫 쌍방향 온라인 수업

상우고등학교 온라인교육과정연구회 지음/ 값 17,500원

이 책은 교사들이 함께 힘을 모아 차근차근 만들어간 '쌍방향' 온라인 수업 실천 기록이다. 교과별 주요 특성과 교육 목표 및 온라인이 가진 장점을 최대한 반영해 교육과정과 수업, 평가를 운영하기 위해 고뇌한 흔적이 엿보인다. 교과 수업뿐만 아니라, 학급경영이나 시스템 구축 및 온·오프라인으로 병행한 진로·진학 및 체험활동에 관한 이야기도 함께 담았다.

고교학점제, 진로교육을 다시 디자인하다

정미라, 곽충훈, 노병태, 박기윤, 서승억 지음/ 값 17,900원

이 책은 진로학업설계를 기반으로 학교의 일상과 함께하는 지속가능한 진로교육을 제안한다. 전담조직의 구성부터, 진로지도, 과목선택지도, 과목이수설계지도, 학업관리지도 등의 전 과정을 포괄적으로 살펴본다. 또한 중학교, 나아가 유·초등과도 연계한 장기적 체계적인 진로학업설계의 필요성과 실천 방안 및 해외의 진로학업설계 사례 등도 폭넓게 아우른다.

독자 여러분의 소중한 원고를 기다립니다

맘에드림 출판사는 독자 여러분의 소중한 원고를 기다리고 있습니다. 원고가 있으신 분은 momdreampub@naver.com으로 원고의 간단한 소개와 연락처를 보내주시면 빠른 시간에 검토해 연락을 드리겠습니다.

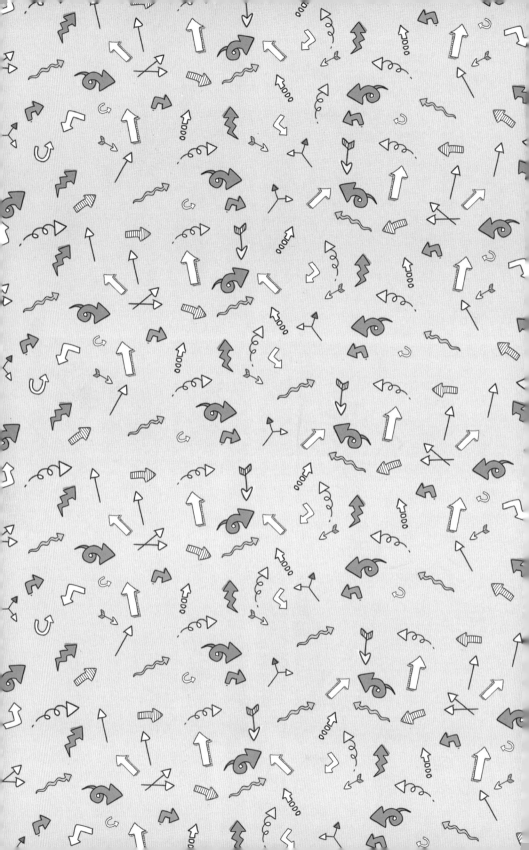